JN411830

AI, DEIB, 저출산·고령화 시대에 살아가는
MZ 회사원들을 위한 조직문화 지식백서

2030년, 우리 회사는 좋은 회사일까?

2030년, 우리 회사는 좋은 회사일까?

AI, DEIB, 저출산·고령화 시대에 살아가는 MZ 회사원들을 위한 조직문화 지식백서

초판 1쇄 발행 2026년 1월 30일

지은이 권지은, 정대식, 강요셉, 김정훈, 정지훈, 조가영, 한진희
펴낸이 장길수
펴낸곳 지식과감성#
출판등록 제2012-000081호

교정 주경민
디자인 강샛별
편집 강샛별
검수 한장희, 정윤솔
마케팅 김윤길

주소 서울시 금천구 벚꽃로298 대륭포스트타워6차 1212호
전화 070-4651-3730~4
팩스 070-4325-7006
이메일 ksbookup@naver.com
홈페이지 www.knsbookup.com

ISBN 979-11-392-3060-4(03320)
값 17,000원

AI, DEIB, 저출산·고령화 시대에 살아가는
MZ 회사원들을 위한 조직문화 지식백서

2030년, 우리 회사는 좋은 회사일까?

권지은, 정대식, 강요셉, 김정훈, 정지훈, 조가영, 한진희 지음

AI 대전환의 시대! 기술은 앞서가고, 조직은 길을 잃었다.
우리는 무엇을 바꾸고 무엇을 지켜야 하는가?

"조직문화 형성의 기준점이 될 책!"

김난도 서울대 명예교수, 『트렌드 코리아』 시리즈 대표 저자

저자 약력

권지은

비즈니스에 대한 모든 답은 고객에게 있다. 하지만 고객이 쉽게 그 답을 알려주지는 않는다.

기업은 다양한 고객과 상호작용하고 상황을 분석하며, 답을 이끌어내야 한다. 이러한 과정은 때로 복잡하고, 혼란스러우며, 조직원들 간의 일관된 팀워크를 필요로 한다. 조직문화는 조직원들이 한 팀이 되어 답을 찾아가는 과정이다. 저자는 집단지성의 힘을 중요하게 생각한다. 그리고 집단지성을 최대화할 수 있는 문화를 탐구하고 지향한다.

저자는 특히 디자인씽킹 철학에 기반한 문제 해결과 조직문화 혁신을 연구하고 실천해 왔다. 고객의 숨은 니즈에서 출발하여, 이를 바탕으로 비즈니스 솔루션을 도출하고 이에 딱 맞는 조직 거버넌스와 문화까지 설계하는 것이 그의 일의 중심이다. 현재, 이 일을 가장 잘할 수 있는 기업 컨설팅에 몸담고 있으며, 디자인씽킹 기반의 아이디에이션 및 조직문화 혁신 강의를 진행하고 있다.

조직문화는 각 조직원들의 목표가 하나로 합쳐질수록 더 강력해진다. 이 목표를 서로 공유하고, 합의하는 과정에서 때로는 제도의 변화, 때로는 외부의 영향이 필요하다.

저자는 앞으로도, 각 조직원들이 즐겁게, 그리고 자의적으로 한 팀이 될 수 있는 '넛지'로서의 역할을 할 것이다.

정대식

저자는 26년간 삼성SDS에서 조직문화 혁신과 애자일(Agile) 전환을 주도하며, 변화관리의 현장을 깊이 있게 경험해 온 전문가다. HR과 기술기획, 지식경영, CoP(Community of Practice) 제도 설계까지 사람, 기술, 지식에 대한 폭넓은 경험을 쌓으며, 구성원들이 스스로 배우고 성장하는 '살아 있는 조직문화'를 만들어왔다.

그는 변화란 구성원이 자발적으로 참여하고 공감 속에서 함께 만들어가는 과정이라고 여긴다. AI와 애자일을 결합해 '사람 중심의 디지털 전환'을 실험하며 기술보다 사람의 성장을 우선해 왔다. 효율만을 좇기보다 학습과 협력의 가치를 중시했고, 신뢰와 자율이 균형을 이루는 문화를 만들어가는 데 힘쓰고 있다.

조직 내 문화 리더들을 직접 코칭하고 양성하며, 후배들이 현장에서 변화를 이어갈 수 있도록 돕고 있다. 변화는 하루아침에 완성되는 것이 아니라 일상의 소통과 작은 실천이 쌓여 만들어진다고 믿는다. 구성원들이 실패를 두려워하지 않고 실험을 즐기며 서로의 성장을 응원하는 조직, 그것이 그가 현장에서 지향하고 실천해 온 문화의 모습이다. 오늘도 작지만 지속적인 변화를 통해 일의 의미와 조직의 가능성을 넓혀가고 있다.

강요셉

조직문화는 구성원들의 사고방식과 행동 그리고 그들이 공유하는 비전을 담아내는 그릇과 같은 역할을 한다. 금융권을 비롯한 다양한 공공기관에서 인사·조직, 재무, ESG 경영 등 여러 분야를 경험하며 조직의 발전 과정을 직접 체득해 왔다.

조직문화의 중심에는 언제나 '사람'이 있다. 조직의 지속 가능한 성장과 성과는 구성원들 간의 투명성의 트라이앵글(공정, 신뢰, 소통)을 바탕으로 형성된다.

저자는 ESG, 사회공헌, 금융, 인사, 청년 정책 및 관련 전문가로서 활동하며 차세대 리더들이 조직 내에서 성장하고 역할을 다할 수 있는 환경과 기회를 고민하였다. 약 50여 개의 국가 부처와 공공기관에서 자문 및 평가 활동을 수행하며 조직 내 투명성의 트라이앵글(Transparency Triangle)의 중요성을 실감하였고 이에 대한 구체적인 개선 방안을 제안해 왔다.

조직문화는 제도적 변화만으로 완성되지 않는다. 리더의 책임감과 구성원의 적극적인 참여가 조화를 이룰 때 공동체적 가치가 살아 숨쉬는 조직으로 거듭날 수 있다. 앞으로도 저자는 '소통과 공감', '신뢰와 혁신' 그리고 '공정과 다양성'을 핵심 가치로 삼아 계속 고민하며 행동할 것이다.

김정훈

저자는 세정그룹의 인재개발실장으로서 인사 제도와 문화 혁신의 최전선에서 일하며, 조직의 변화를 데이터와 사람의 이야기로 엮어내는 일에 노력해 왔다.

그는 성과 연동형 인사제도 도입을 위해 상시 평가제도 도입, 핵심가치를 바탕으로 한 360도 다면 평가제도, AI 마에스트로 육성 프로그램 등 새로운 시도를 통해 조직의 자율과 몰입, 그리고 혁신의 DNA를 설계해 왔다.

조직의 지속 가능한 성장은 제도나 시스템이 아니라 구성원 간의 신뢰, 공감, 협력에서 비롯된다는 믿음 아래, "좋은 조직은 일을 잘하는 곳이 아니라, 사람이 성장하는 곳"이라고 믿고 있다.

MZ세대와 베이비붐 세대가 공존하는 일터에서 세대 간 다름을 '갈등'이 아닌 '배움의 자원'으로 전환시키며, 공감과 존중의 리더십을 실천해 왔다.

최근에는 AI 기술을 조직문화 혁신의 새로운 동력으로 바라보며, 'AI 커뮤니티' 프로젝트를 통해 AI가 단순한 효율의 도구가 아니라, 구성원의 학습과 성장, 그리고 협업 방식을 바꾸는 파트너가 되기 위한 과정을 만들어가고 있다. 조직의 문화는 누군가의 지시로 만들어지지 않는다.

작은 대화 하나, 신뢰를 주고받는 순간, 함께 웃으며 일하는 경험 속에서 서서히 자라난다. 조직문화란 완성된 결과가 아니라, 함께 걷는 사람들의 걸음으로 완성되어 가는 여정임을 믿는다.

정지훈

이화여자대학교에서 특수교육학을 전공하며 인간 존재의 고유성을 탐구했다. 특별한 학문적 배경을 가지고 현재 글로벌 컨설팅 펌에서 현대, SK, LG 등 국내 주요 대기업들과 협업하며 각 조직이 가진 독특한 문화적 정체성을 흥미롭게 관찰하고 있다. 저마다 뚜렷한 색깔을 가진 팀들과 단기간 밀도 있게 일하며 끊임없이 질문해 왔다. '그들의 문화를 어떻게 빨리 파악할 수 있을까?'

그 답은 가까운 곳에 있었다. 조직문화는 미팅 장소, 복장, 막내 팀원의 표정 같은 일상의 디테일에 숨어 있었다. 이런 작은 신호들을 재빨리 포착하며 각 조직의 문화를 읽어내는 법을 익혔고, 하나의 확신에 도달했다. 어떤 조직에서든 빛을 발하는 사람은 자신의 고유한 특성과 조직의 핵심가치가 자연스럽게 맞물린 사람이라는 것을.

이 확신을 취업 준비생들에게 실질적인 도움으로 전하고자 개인과 조직의 적합도를 분석하는 생성형 AI 기반 채용 플랫폼을 기획했다. 동시에 브런치에서 혁신 서비스를 배출한 기업들의 업무 방식을 탐구하는 글을 연재하며, 현장의 관찰을 언어로 옮기는 작업도 이어가고 있다.

꾸준히 전 세계 선도 조직들이 '우리답게 일하는 법'을 찾아가는 과정을 관찰하고 실험하며, 그 여정에서 얻은 통찰이 필요한 곳에 닿기를 바라는 마음으로 이 책을 썼다.

조가영

국내 최대 편의점 프랜차이즈 CU를 운영하는 BGF리테일에서 영업관리 직무를 거쳐 현재는 조직문화 전문가로 성장하고 있다. 특히 영업관리 직무를 경험한 덕분에 비즈니스와 문화에 대한 이해도가 높아 탁월한 현장 감각과 실무 능력을 겸비한 핵심 인재로 인정받고 있다.

구성원의 '성장'은 급변하는 시대 속에서 조직의 핵심 경쟁력이라는 철학을 갖고 있다. 이를 위해 조직의 행동 나침반인 핵심가치와 BGF만의 일하는 방식을 내재화하여 구성원이 성장할 수 있는 문화를 만들어가고 있다.

또한 조직 활성화 프로그램과 계층별 소통 프로그램을 기획·운영하며, 구성원의 몰입 저해 요소를 미리 파악하고 해결책을 제시함으로써 활력 넘치는 조직을 만드는 데 기여하고 있다. 그 과정에서 다양한 세대의 구성원들이 하나로 모여 시너지를 발휘할 수 있는 방법을 찾기 위해 노력하고 있다.

저자는 조직문화는 비즈니스의 성공을 뒷받침하는 핵심 '전략'이라고 생각한다. 그렇기에 앞으로도 끊임없는 학습과 치열한 고민을 통해 구성원이 몰입하고, 성장할 수 있는 문화를 만들어 비즈니스 발전에 기여할 것이다.

한진희

저자는 조직문화란 '다름이 존중받고 그 다양성이 조화를 이루는 순간 생명력을 갖는 생태계'라고 정의한다. 호텔과 제조, 헬스케어, 공공기관 등 다양한 산업 현장에서 HRD와 교육을 담당하며, 저자는 '다름의 에너지'가 조직의 혁신으로 이어짐을 경험해 왔다.

14년 차 기업교육 전문강사로서 대기업부터 공공기관까지 다수의 강의를 진행하며 건강한 조직문화의 해법을 전파하고 있다. 조직 내 소통, 계층별 리더십, 정서조절 등 실질적인 주제를 다루며, 참여자들이 '바로 현장에서 쓸 수 있는 솔루션'을 얻을 수 있도록 돕는 것이 특징이다.

국내 유일의 '조직문화 테라피스트'로서 미술과 HRD를 접목한 창의적 접근을 조직문화에 시도하고 있으며, 현재 고려대학교 심리융합과학대학원에서 조직심리를 연구하며 전문성을 확장하고 있다. 저자는 조직문화가 단순한 제도나 규칙을 넘어, 구성원 개개인의 감정이 존중되고 다양성이 힘이 되는 생태계로 성장해야 한다고 믿는다. 오늘도 서로의 차이를 인정하며 함께 성장하는 일터를 만들기 위해 현장의 목소리에 귀를 기울이고 있다.

들어가는 말

오늘날 우리가 발을 딛고 있는 비즈니스 생태계는 그 어느 때보다 거칠고 불투명하다. 불과 몇 년 전까지만 해도 상상에 그쳤던 생성형 AI는 이미 인간의 지적 노동 영역을 깊숙이 파고들며 '일의 정의'를 송두리째 바꾸고 있다. 여기에 요동치는 글로벌 정치 지형과 경제적 변동성, 그리고 유례없는 저출산과 고령화는 조직의 존속 자체를 위협하는 거대한 파도가 되어 몰려오고 있다. 이러한 변화는 일부 기업이나 특정 산업의 문제가 아니라, 대한민국 대부분의 조직이 마주한 공통의 현실이 되었다.

2030년, 우리 회사는 여전히 좋은 회사로 남아 있을 수 있을까? 아니, 그때도 여전히 존재하고 있을까? 이 질문은 더 이상 경영진만의 고민이 아니다. 이 거친 바다 위에서 노를 저어야 하는 지금의 MZ세대 회사원들에게는 자신의 삶과 커리어, 그리고 조직 안에서의 선택을 결정짓는 현실적인 문제가 되었다. 지금의 선택이 몇 년 뒤 나를 어디로 데려갈지, 이 조직이 나와 함께 성장할 수 있을지에 대한 질문은 더 이상 미룰 수 없는 과제가 되었다.

우리는 이 책을 통해 그 해답을 찾고자 한다. 이 글은 변화의 시대에 조직이 무엇을 지켜야 하고, 무엇을 바꿔야 하며, 어떤 선택을 내려야 하는지를 묻는다. 기술을 도입하거나 제도를 바꾸는 것만으로는 충분하지 않다. 결국 핵심은 조직을 이루고 있는 '사람'이 누구인지를 묻는 데서 출발한다. 이 책의 첫 장이 '오늘날의 일꾼'에 대한 이야기로 시작하는 이유다.

먼저 우리 산업과 조직의 미래를 이끌 새로운 주축인 MZ세대의 특징을 살펴본다. 이들은 현재 세대교체가 진행되는 과정에서 이전 세대와 함께 일하며 업무 방식과 관계의 변화를 실제 현장에서 만들어 가고 있다. 특히 한국의 M세대는 유년기에 IMF 외환위기를 경험하면서, 조직에 대한 무조건적인 충성보다 개인의 생존과 선택을 중시하는 태도를 형성하게 되었다.

이에 조직은 더 이상 '평생 몸담을 곳'이 아니라, 지금의 나에게 의미 있는 선택인지 끊임없이 평가받는 대상이 되었다. 이들의 가치관은 개인주의라는 한 단어로 말하기 어렵다. 어린 시절부터 디지털 환경에 익숙했던 이들은 사회와 세계를 비교하며 조직이 제공하는 의미와 성장, 공정성을 민감하게 받아들인다. 그 과정에서 '일과 삶의 균형'은 선택적 혜택이 아니라, 일을 지속하기 위한 기본 조건으로 인식되기 시작했다. 동시에 이들은 성과의 크기만큼이나 의사결정의 과정과 기준이 공정하고 투명한지도 중요하게 여긴다. 그래서 이들이 조직에 요구하는 것은 형식적인 웰니스나 복지가 아니다. 일의 방식은 합리적인지, 판단의 기준은 명확한지, 그리고 내가 기여한 노력과 성장이 어떻게 인정받는지에 대한 설명이다. 실제 현장에서 만난 MZ세대 구성원들은 끊임없이 묻는다. "왜 해야 하는지", "이 일이 무엇을 바꾸는지", "이 경험이

나에게 어떤 성장을 남기는지". 그러나 안타깝게도 대한민국의 조직문화는 이러한 변화에 충분히 응답하지 못하고 있다.

'회사가 구성원의 성장을 위해 충분히 노력하고 있다'고 느끼는 사람은 아직 많지 않다. 문제는 조직이 여전히 사람을 '관리해야 할 대상'으로 바라보는 인식에서 크게 벗어나지 못하고 있다는 데 있다. 그렇다면 조직은 어떤 방향으로 바뀌어야 할까? 이 문제를 고민하기 위해 여러 분야의 현장 전문가들이 모여 각자의 시선으로 이 책을 집필했다. 우리는 경영 컨설턴트, 애자일 코치, HR 리더, 조직문화 실무자로서 현장에서 직접 목격한 변화의 흐름을 세 개의 파트로 정리했다.

첫 번째 파트에서는 이 시대의 주요 노동층을 차지하는 MZ세대가 중요하게 여기는 '행복'이 무엇인지 알아보고 이에 맞춰 조직들이 질 높은 노동력을 유지하고 있는 우수 사례들을 살펴보았다. 두 번째 파트에서는 챗GPT와 같이 이전에는 없던 새로운 기술의 등장과 이에 따른 조직의 변화를 알아보았다. 마지막 파트에서는 변화하는 시대에서도 놓칠 수 없는 조직의 가치에 대한 이야기를 다루었다. 이 책은 우리는 누구이고, 우리 조직은 어떻게 변화하고 있으며, 지켜야 할 가치는 무엇인가에 대한 내용이다. 새로운 시대의 조직문화 방향성을 고민하는 이들에게 이 책이 하나의 가이드이자 나침반이 되기를 바란다.

목차

1-3. 오늘 가장 필요한 리더십 _69

새로운 조직

2-1. AI와 상생하는 조직 _102

2-2. 실험적 조직과 학습형 조직의 등장 _142

2-3. 데이터가 다 말해줘 _172

3. 변하지 않는 가치

3-1. 트럼프가 버린 DEIB, 정말 필요 없을까? _208

3-2. 방 안의 코끼리, ESG _250

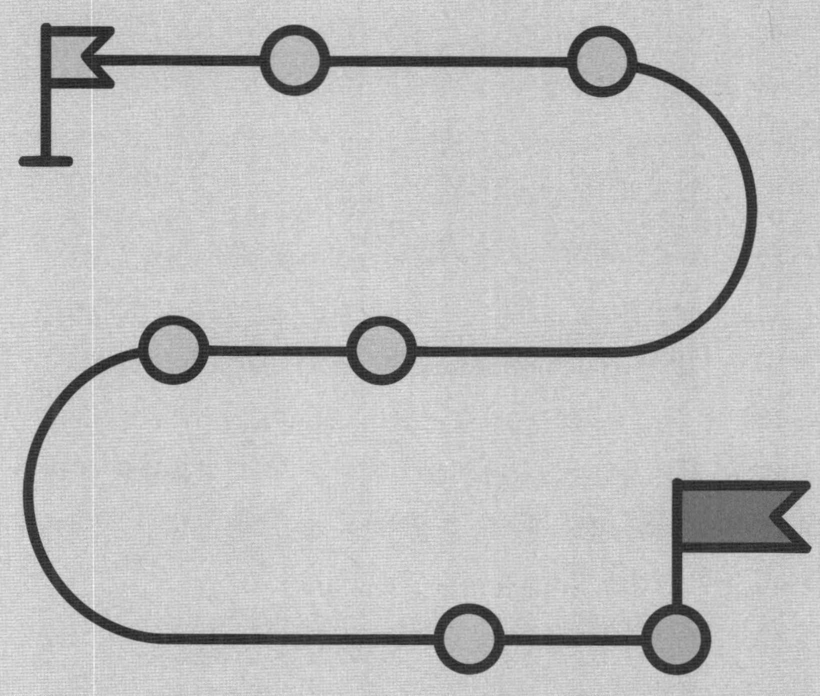

1.

새로운 인재

1-1 MZ 일꾼, 우리는 누구인가

M은 국내 박사 취득 후 실무 경력 4년 차인 엔지니어다.

그는 90년생으로, 그의 친구들은 대부분 결혼도 하고 직장에서 자리도 잡았지만 학력을 중요시하는 부모님 덕에 박사까지 하고 취직하느라 모든 것이 조금 늦어졌다. 그는 미혼인 데다 경력으로 따지면 사실 사회 초년생에 가깝다. 하지만 지난 4년간 벌써 두 번의 이직을 성공했고 빠르게 과장이라는 타이틀을 달았다. 아마도 부모님이 그렇게 강조하던 학벌 덕분이리라.

그는 국내에서 자기 분야의 최고 학교인 A 대학에서 공학 박사를 취득했고, 첫 직장인 대기업에 수월하게 입사했다. 첫 직장 생활은 나쁘지 않았다. 처음부터 석박사 학위를 경력으로 인정받아 회사 내에서도 인재들이 간다는 인공지능 혁신실에 대리로 입사했다. 회사에서는 '핵심인재'라며 좋은 처우를 해주었고, 지도교수님과 박사 동기들도 모두 잘되었다며 축하해 주고 부러워했다. 성과도 꾸준히 잘 나왔고, 실적 평가에서도 늘 우수했다. 매년 성과급을 받고, 연봉이 오르는 재미도 느꼈다. 이렇게만 가면 대기업 임원도 금방 될 수 있을 것 같았다. 꿈꾸던 멋진 직장인의 삶이었다.

그러나 그가 이 생활에 불편함을 느낀 건 3년 차에 들어서면서부터였다. 하루 일과는 늘 칼같이 짜여 있었다. 오전 9시 회의, 10시 보고서 리뷰, 점심은 팀과 함께. 오후에도 대여섯 개씩 들어와 있는 회의들, 그리고 그 사이사이를 메꾸는 메신저 알림들. 매일이 꽉꽉 채워져 있었다. 아무리 열심히 일해도, 일은 끊임없이 생겨났다. 그리고 그 일들이 모여 무엇이 만들어지는지 잘 보이지 않았다. 더 이상 이 회사에 다니는 게 행복하지 않았다.

"나, 이렇게 30년 버틸 수 있을까?"

그는 고민했다. 이런 이야기를 하면 그의 부모님은 아마 '행복을 왜 회사에서 찾냐'며 뭐라고 할 게 뻔했다. 안정적인 고연봉 대기업보다 더 좋은 직장이 도대체 어디에 있냐며 꾸짖으실 것 같았다. 그 말도 틀린 건 아니다.

"취업도 잘 안되는 이 시기에, 감사하는 마음으로 다녀야 하는데…."

그런데 그게 마음대로 잘 안된다. 다람쥐 쳇바퀴 굴러가듯이 매일이 똑같은데, 그 안에서 M은 마치 커다란 기계의 부속품이 되어버린 느낌이었다. 그러던 중 그에게 '넛지'[1)]를 제공하는 사건이 발생한다. 바로 그의 조직에 있던 김 상무의 퇴직이었다.

1) 특정 방향으로 부드럽게 유도하다, 가볍게 밀다.

김 상무는 M의 롤모델이었다. 80년대에 입사해서 지금까지 한 회사에 충성하며, 수많은 프로젝트를 성공시켜 온 김 상무는 일만 잘하는 것이 아니라 인성도 대단했다. 아랫사람이 잘못해도 나쁜 말 한 번 안 하고, 실력으로 성공을 이끌어내는 김 상무를 보며 M은 '진정한 리더십'이라고 믿어왔다. '저런 사람이 전무를 거쳐 사장까지 가야 되지 않을까?'라는 생각을 은연중에 하기도 했다. 그런데 연말 임원 인사 발표에서, 아무런 예고 없이 김 상무의 재계약이 이루어지지 않은 것이다(대기업의 임원은 보통 1년 계약직이며, 연장 여부가 매해 정해진다).

쓸쓸한 얼굴로 떠나는 김 상무를 보며 M은 알 수 없는 불안감에 휩싸였다. 그리고 김 상무의 빈자리는 M에게는 큰 허무함으로 다가왔다. '30년을 버텨도 남는 게 없네.'라는 생각이 들었다. 김 상무가 떠난 지 한 달쯤 되었을 때, M은 드디어 이력서를 수정하기 시작했다. 아직 어딘지는 모르지만, 이 조직보다는 나의 미래 모습이 조금 더 잘 보이는 조직으로 가고 싶었다. 그는 얼마 전 이직한 친구를 통해 헤드헌터를 소개받았고, 그 헤드헌터를 통해 갈 만한 몇 개 조직을 추천받기로 했다. 한 달 정도 지났을 때 헤드헌터에게 전화가 왔다.

M에게 딱 맞는 자리 같다며 헤드헌터가 추천한 곳은 바로 K 스타트업이었다.

예전에는 한 직장에서 몇십 년간 청춘을 바쳐가며 일하는 사람들이 많았다. 부모님 세대만 보아도 한 직장에서 정년퇴임을 하는 것이 자연스러운 현상이었다. 그러나 요즘 직장인들은 더 이상 금전적인 보상에만 목메지 않는다. 산업의 고도화가 자연스레 물질적 풍요를 가져다주면서 경제적 이익이나 사회적 지위를 우선시하기보단 자신이 하고 싶은 일을 하며 '행복한 삶'을 보내는 것을 중시하는 문화가 형성되고 있기 때문이다. 이러한 문화를 '옴니웰빙(Omni Well-being)'이라 부르고자 한다.

옴니웰빙은 '모든 것, 모든 방식'을 의미하는 접두사 옴니(Omni)와 복지나 안녕, 행복의 정도를 의미하는 웰빙(Well-being)을 합친 단어다. 즉, 육체적 정신적 건강과 행복, 복지와 안녕, 삶의 질을 중요한 가치로 보는 모든 문화를 일컬어 옴니웰빙이라고 말한다. 팬데믹 기간을 거쳐오면서 건강과 즐거움을 모두 챙기는 생활 방식인 헬시 플레저(Healthy Pleasure)가 우리의 생활 속에 자연스레 스며든 것도 '옴니웰빙' 문화 형성에 한몫한다. 전 세계적으로 건강에 대한 인식과 중요도가 높아지고 있는 만큼 하루에 8시간 이상 머무는 공간인 우리의 직장에서도 옴니웰빙이 더욱 중요해지고 있기 때문이다. 그뿐만 아니라 흔히들 말하는 요즘 세대들은 자신만의 좋은 직장의 기준을 세우고 그에 일치하지 않으면 취업하지 않는 경우도 빈번하다. 또한 개인의 가치와 일치하지 않고 스스로 만족할 만한 성공과 행복이 함께 공존하지 않으면 과감히 조직을 떠나기도 한다.

산업은 점차 고도화되고 노동 가능 인구가 급속도로 줄어드는 시대가 다가오는 만큼 인재를 영입하는 것이 기업의 경쟁력이며 비즈니스의 성공에 큰 영향을 미칠 것이다. 그렇기에 자신이 하고 싶은 일을 하며 행복한 삶을 보내고자 하는 요즘 세대의 니즈에 맞춰 문화 역시 바뀌어 나가야 하지 않을까? 옴니웰빙을 추구하는 문화는 더 이상 선택 조건이 아니라 필수가 되어가고 있다.

행복이 최우선

24년 5월, 2학년 차미반 차노을 군의 노래 'HAPPY'가 SNS 조회수 약 1,700만 회를 기록하며 온라인 커뮤니티를 뜨겁게 달궜다. 특히 많은 공감을 얻은 것은 노래 가사 속 이 한 대목이었다.

"뭐가 됐든 행복하면 됐지, 뭐가 됐든 함께라면 됐지, 사실 내가 진짜 되고 싶은 건 세상에서 가장 행복한 사람!"

'행복'을 추구하는 마음이 순수한 학생의 이야기로 전달되며, 이 노래는 SNS상의 많은 젊은이들의 마음을 움직였다. 이 사례를 출발점으로 기존 세대와 분명히 다른 MZ세대의 핵심 특징을 살펴보고자 한다. 2024년 MZ세대를 대상으로 한 경제 뉴스레터 '어피티' 설문조사에 따르면, 구독자 617명 중 41.2%가 진로 변경 시 가장 중요하게 고려하는 가치로 '자신의 행복'을 꼽았다. 이와 더불어 이직을 고민하고 있는 비율도 45.9%로 과반에 가까운 수준을 보였다. 또한 Z세대의 근속연수는 1~3년이 44.4%로 가장 많았고, 1년 미만도 35.7%를 차지했다.

이는 행복을 기준으로 커리어를 선택하는 젊은 세대가 늘어나고 있음을 보여준다. 만족을 주지 못하는 직장 생활은 더 이상 오래 버티는 대상이 아니라 빠르게 정리하는 선택지가 되고 있다.

진로 변경을 고려할 때 가장 중요하게 생각하는 가치는?

※ 2024년 5월 17일부터 5월 23일까지 어피티 구독자 대상으로 한 온라인 설문조사 결과
※ 설문 대상: 현재 재직 중인 517명 대상

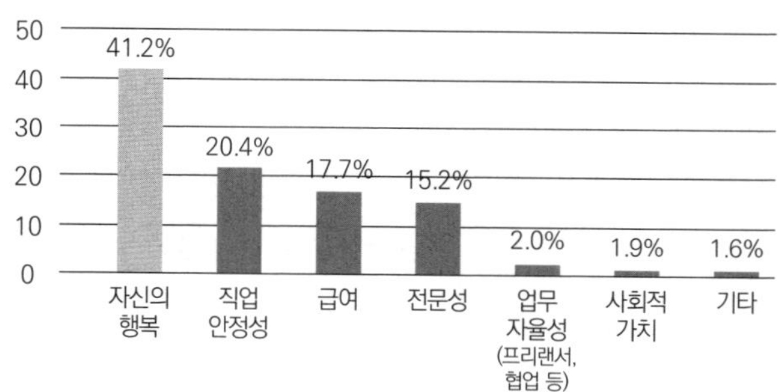

이직을 고려하고 계신가요?

※ 2024년 5월 17일부터 5월 23일까지 어피티 구독자 대상으로 한 온라인 설문조사 결과
※ 설문 대상: 현재 재직 중인 517명 대상

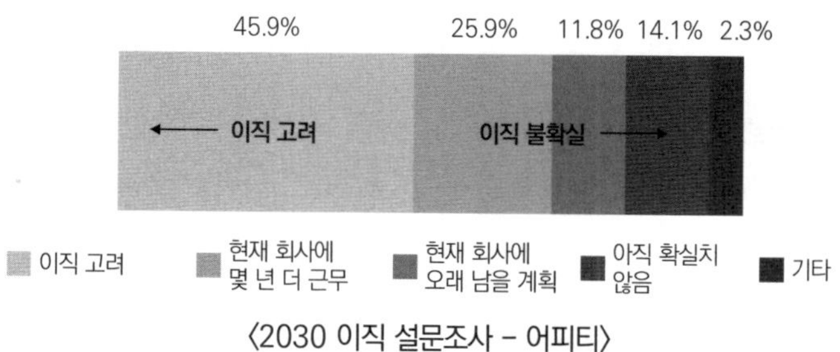

〈2030 이직 설문조사 – 어피티〉

돈으로 핵심 인재를 확보할 수 있는 시대는 저물어간다. 앞으로는 행복을 중요시하는 구성원들이 직장에서도 행복할 수 있도록 옴니웰빙 문화를 형성해 나가야 할 것이다. 그래야만 비즈니스 성공의 핵심 요인인 인재를 확보할 수 있다.

그렇다면 행복을 중요시하는 MZ세대가 말하는 '행복'은 무엇일까? MZ세대가 느끼는 행복은 어디에서 올까? 높은 연봉? 좋은 동료들? 빠른 퇴근 문화? 한 가지만 충족된다고 행복을 느끼지는 않는다. 여러 요소가 어우러져야 비로소 행복한 직장이 만들어진다. 여기에는 나의 건강, 정신적 안정감, 일하는 즐거움과 성취감 그리고 사회적 상호작용 등 매우 다양한 요소들이 포함된다.

이처럼 육체적·정신적 건강을 기반으로 회사에서 경험할 수 있는 긍정적인 경험들을 '통합적 웰빙'이라 부를 수 있다. 이는 직장 내 행복이 기업명이나 평균 연봉 같은 조건만으로 결정되지 않는다는 점을 시사한다. 특히 MZ세대는 선배 세대가 중시해 온 고용 안정성뿐 아니라 훨씬 다양한 요소를 중요하게 여기는 특징을 보인다. 최근의 여러 연구에서는 MZ세대의 자아실현 욕구가 과거보다 더 강하게 나타나고 있음을 강조하고 있다.

MZ세대는 디지털 혁명과 정보화 사회 속에서 다양한 세계관과 가치관을 접하며 자신의 정체성을 비교적 이른 시기부터 탐색하게 되었다. 그 결과, '나는 누구인가', '내가 원하는 삶은 무엇인가'라는 질문에 직면하는 시점이 앞당겨졌고 자아실현 욕구 역시 자연스럽게 강화되었다. 이들은 사회적 기준이나 타인의 시선보다 자신의 가치와 흥미를 따라 판단하며 내면의 목소리에 더욱 귀 기울이는 경향을 보인다(DRK, 2023).

이러한 변화는 생리적 욕구와 안전 욕구가 충족된 뒤에야 존경과 자아실현의 욕구로 나아갈 수 있다고 본 매슬로우의 5단계 욕구 이론과는 다른 양상이다. 오히려 금전적 보상보다 개인의 행복과 자아실현을 우선하는 오늘날의 세대에게는 자아실현이 충족될 때 다른 욕구들 역시 의미를 갖게 되는 '역매슬로우 법칙'이 더 잘 들어맞는다.

구성원의 행복은 무엇인가

우리 구성원은 언제 가장 '행복'하다고 느낄까? 심리학에서 '행복'은 삶에 대한 만족감과 쾌락으로 나뉜다. 만족감은 삶 전반에 대한 평가로 '만족적 행복(eudaimonic well-being)'이라고도 불린다. 이는 자신에 대한 긍정적인 인식, 의미 있는 관계의 형성, 그리고 삶에서 추구하는 목표의 존재 여부로 측정된다. 다시 말해 자신의 삶이 의미 있고 목적에 부합한다고 느끼는 깊은 만족감으로, 자기실현과 성장, 인간관계와 밀접하게 관련된다. 반면 쾌락은 순간적인 기쁨을 의미하며 '쾌락적 행복(hedonic well-being)'으로도 불린다. 이는 좋아하는 음식을 먹거나 재미있는 게임을 하거나 성적인 욕구가 해소될 때와 같은 경험을 가리킨다(Diener, 2000). 쾌락적 행복은 일상에서 느끼는 즐거움이나 기분 좋은 감정, 스트레스 해소 등 즉각적이고 감각적인 행복을 의미한다.

하지만 쾌락을 추구하는 것만으로는 장기적인 행복에 도달하기 어렵다. 자신의 가치와 목표에 부합하는 삶을 살아갈 때 비로소 더 깊은 만족과 심리적 안녕감을 경험할 수 있다. 이를 조직에 대입하여 보면, 구성원도 일상적인 즐거움뿐 아니라 자신의 성장과 의미를 느낄 때 진정한 행복을 경험할 수 있다. 이는 곧 맛있는 밥을 한 번 사주거나 휴가를 하루 더 주는 것만으로는 구성원의 만족을 지속적으로 높이기 어렵다고 해석되기도 한다. 보다 장기적이고 의미 있는 만족을 제공하기 위해서는 조직 차원의 많은 고민이 필요하다. 특히 구성원에게 이러한 만족을 주기 위해서는 '웰빙'이라는 개념에 대한 이해가 선행되어야 한다. 조직에서의 웰빙은 흔히 심리적 안녕감과 심리적 안전감으로 해석될 수 있다. 심리적 안녕감을 흔히 심리적 안전감과 혼동하여 사용하곤 한다. 하지만 이 둘은 엄연히 다른 개념이다. 그럼 먼저 심리적 안전감이라는 개념부터 살펴보자.

심리적 안전감 vs. 심리적 안녕감 비교

구분	심리적 안전감 (Psychological safety)	심리적 안녕감 (Psychological well-being)
학자	에이미 에드먼슨 (Amy C. Edmondson)	캐롤 리프 (Carol Ryff)
개념 정의	조직 구성원이 자유롭게 의사소통할 수 있는 분위기. 즉, 인간관계의 위험으로부터 근무 환경이 안전하다고 믿는 마음	사회 구성원으로서 잘 기능함에 따른 심리적 편안함. 즉, 구성원 스스로가 느끼는 전체적인 삶의 만족도
영향 요인	조직의 환경: 토대 만들기 ▶ 참여 유도하기 ▶ 생산적 반응 기반으로 환경 구축	6가지 요인(PWBS): 자아 수용, 긍정적 대인관계, 개인적 성장, 인생의 목적, 자율성, 환경 통제력
결과	조직의 성과에 기여	개인의 정서, 삶에 영향

심리적 안전감은 조직문화를 담당하거나 관심 있는 사람이라면 한번쯤 들어봤을 개념이다. 에이미 에드먼슨의 『두려움 없는 조직』에서는 심리적 안전감을 '인간관계의 위험으로부터 근무 환경이 안전하다고 믿는 마음'이라고 정의한다. 즉, 구성원이 조직에서 업무와 관련해

어떤 의견을 제시하더라도 처벌이나 보복을 걱정하지 않아도 되는 조직의 환경을 의미한다(Edmondson, 2018). 반면, 심리적 안녕감은 심리학자 캐롤 리프(Carol Ryff)가 여러 심리학자들의 이론을 종합하여 제시한 개념이다. 이는 자신의 잠재력을 실현하는 과정에서 동반되는 감정과 행동, 다시 말해 건강한 정신 상태가 드러나는 징후로 설명된다(Ryff & Keyes, 1995). 심리적 안녕감은 심리적 안전감보다 더 넓은 관점에서 개인의 웰빙을 포괄한다고 볼 수 있다. 일반적으로 긍정적인 사고와 삶의 만족도, 자아존중감, 성장과 발전, 자아실현, 사회적 관계, 성취감 등 다양한 요소를 통해 측정되기 때문이다. 이러한 요소들은 개인의 일상생활뿐 아니라 업무 몰입도와 성과와도 긴밀한 상관관계를 보인다. 즉, 심리적 안녕감이 높을수록 자신이 수행하는 일에 몰입할 가능성 역시 커진다(Ryff & Keyes, 1995). 반대로 일상생활에서 심리적 안녕감을 충분히 느끼지 못한다면 직장 생활에서도 업무에 몰입하기는 어렵다.

극단적인 예로, 사랑하는 가족이 아픈 상황에서 출근했다고 상상해보자. 이 상황에서 구성원은 과연 업무에 온전히 몰입할 수 있을까? 그렇지 않을 것이다. 반대로 이러한 상황에서 조직의 제도나 복지를 통해 적절히 대응할 수 있다면, 구성원은 보다 안정적인 상태에서 일에 집중할 수 있을 것이다. 따라서 조직은 심리적 안녕감을 직장 안에서뿐 아니라 일상생활 전반에서도 느낄 수 있도록 환경을 조성할 필요가 있다. 더 나아가 고용 안정성이 낮고 개인의 성장에 관심을 기울이지 않는 조직에서 지속적인 성과를 기대할 수 있을까? 역시 어렵다. 이는 조직이 고용 안정성을 기본 조건으로 보장하고, 그 위에 다양한 제도와 문화를 통해 심리적 안녕감을 제공해야 하는 이유이기도 하다. 그렇지 않으면 구성원은 업무에 몰입해야 할 시간에 구직 사이트를 둘러보며, 자신의 진로나 비전을 보장해 주고 안정성이 높은 조직으로의 이직을 고민하게 될 것이다. 이처럼 심리적 안녕감은 개인의 삶과 조직 내 삶 모두와 깊이 연결된 중요한 요소다.

이제부터는 심리적 안녕감의 주요 척도와 이를 충족하기 위해 노력하는 기업들의 사례를 함께 살펴보고자 한다.

심리적 안녕감을 구성하는 주요 척도

1) 자아 수용(Self-acceptance)

자아 수용이란 자기 자신에 대해 긍정적인 태도를 가지고 자신의 다양한 측면을 인식하고 받아들이며, 과거의 삶까지도 긍정적으로 바라볼 수 있는 상태를 의미한다.

2024년 10월 21일 약업신문에 따르면, 의약품 도매업체인 바이엘코리아는 직원들의 잠재력을 발굴하고 커리어 성장을 지원하기 위해 '2024 디벨롭먼트 위크(Development Week)' 프로그램을 운영했다. 이 프로그램의 한 세션으로 진행된 태니지먼트(Tanagement) 강점 진단 워크숍에서는 참가자들이 자신의 강점과 재능, 태도를 진단하고 이를 업무와 커리어에 어떻게 활용할 수 있을지 탐색하는 시간을 가졌다. 이러한 과정은 심리적 안녕감을 구성하는 요소 중 하나인 자아 수용성을 높이는 데 의미 있는 기여를 했을 것으로 보인다. 태니지먼트는 긍정 심리학 연구를 바탕으로 개발된 강점 진단 도구로, 개인과 조직 차원 모두 해석이 가능하다. 이를 활용하면 자신에 대해 이해를 한층 깊이 있게 확장하고, 적성에 맞는 업무를 파악하며, 강점을 더욱 발전시켜 자아 수용성을 높이는 데 도움을 받을 수 있다.

전 세계적으로 '가장 입사하고 싶은 직장' 1위로 꾸준히 꼽혀 온 구글(Google)은 조직 내 자아 수용과 심리적 안녕감을 높이기 위해 'Search Inside Yourself(SIY)'라는 마음 챙김 및 명상 프로그램을 전사적으로 운영하고 있다. 이 프로그램은 직원들의 정서지능과 자기인식, 자기조절, 공감 능력, 나아가 리더십 역량을 강화하는 데 초점을 둔다. 구글은 명상 공간, 마음 챙김 트레이닝, 워크숍 등 체계적인 리소스를 제공함으로써 직원들이 스트레스를 효과적으로 관리하고, 집중력과 정서적 회복력을 높일 수 있도록 지원하고 있다(Stahl, 2019). 그 결과 SIY 프로그램은 직원의 웰빙과 창의성, 생산성 향상으로 이어졌으며, 정서지능과 리더십 강화라는 긍정적 효과를 통해 협업과 혁신을 촉진한 대표적인 성공 사례로 평가된다.

이처럼 조직적 차원에서 자아 수용의 문화를 구축하면, 구성원은 자신을 있는 그대로 받아들이고 실패와 성장을 모두 학습의 과정으로 수용할 수 있다. 이러한 환경은 개인의 성장을 조직 전체의 발전으로 연결시키는 선순환을 만들어 낸다.

2) 긍정적 대인관계 형성 (Developing Positive Interpersonal Relationships)

긍정적 대인관계란 타인과의 상호작용 속에서 신뢰와 친밀감을 형성하고, 타인의 행복에 관심을 가지며 애정과 공감을 나눌 수 있는 상태를 의미한다. 국립농산물품질관리원은 모든 세대가 공감하는 조직문화를 조성하기 위해 다양한 직급과 직종이 참여하는 '세대공감 워크숍', '농관원 힐링캠프', '리버스 멘토링', '부서장과의 프리 토크' 등을 운영하고 있다(아시아투데이, 2024). 이러한 활동은 구성원 간의 소통과 이해를 촉진하며 조직 내 긍정적 대인관계 형성을 뒷받침한다.

대부분의 조직에는 다양한 배경과 성향을 지닌 구성원들이 함께 일하고 있으며, 개인이 단독으로 업무를 수행하기보다 협업과 소통을 통해 문제를 해결하고 성과를 만들어 가는 경우가 많다. 이러한 이유로 많은 기업들이 긍정적 대인관계 형성에 지속적인 노력을 기울이고 있다. 실제로 대인관계에서 발생하는 스트레스는 퇴사의 주요 원인 중 하나로 꼽힌다. 이는 긍정적 대인관계가 행복한 직장 생활은 물론 심리적 안녕감에도 중요한 영향을 미친다는 점을 보여준다.

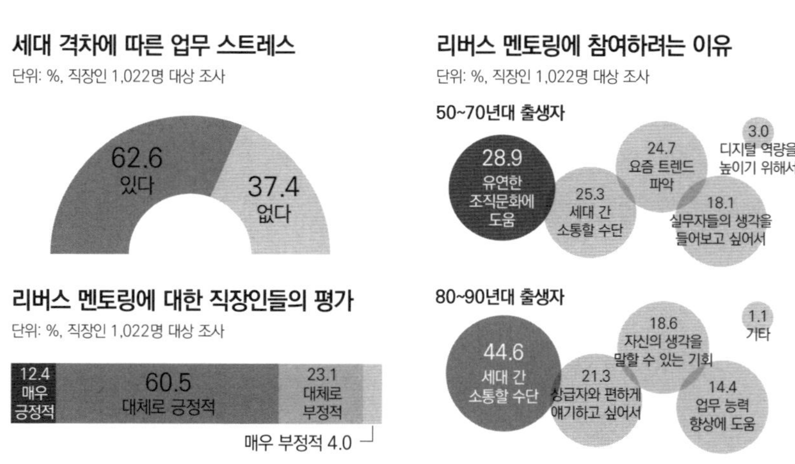

〈리버스 멘토링 설문조사 - 인크루트〉

이 경향은 인크루트가 2021년에 직장인 1,022명을 대상으로 조사한 결과를 통해서도 알 수 있다. 설문 결과에 따르면 세대 격차에 따른 업무 스트레스가 있다고 답한 비중은 62.6%다. 10명 중 6명은 서로를 이해하지 못함으로써 업무적인 스트레스를 받고 있다는 것이다. 이 문제를 해결하기 위해 공공기관들은 '리버스 멘토링'을 실행하고 있다.

중앙일보에서 2021년 12월 29일에 발행한 기사에 따르면 발전 공기업인 한국 동서발전에서는 리버스 멘토링을 진행했다. 이를 통해 국·과장급 이상 간부들이 정기적으로 MZ세대 공무원과 소통함으로써 과거와 다른 야근·회식 문화, 자유로운 휴가 사용 분위기, 편한 회사 옷차림, 회의·보고 시스템 변화의 필요성 등 요즘 세대의 달라진 인식을 공감하는 데 도움을 받았다고 한다. 또한 같은 조사에서 리버스 멘토링에 대한 반응 역시 긍정적(매우 긍정적 12.4%, 대체로 긍정적 60.5%)이라는 답변이 약 4분의 3을 차지했다. 특히 세대별로 보면, M세대(1980~1994년생)의 긍정 응답은 67.0%, 베이비붐·X세대는 85.1%로 기성세대에서 긍정 반응이 더 높게 나타났다. 정연우 인크루트 홍보팀장은 "설문을 분석하면 M세대는 리버스 멘토링을 세대 간 소통할 기회와 수단으로 기성세대는 유연한 조직문화를 만드는 방법으로 받아들이고 있다."라고 설명했다. 이와 같은 결과는 리버스 멘토링이 유연한 조직문화를 만들기 위한 보여주기식 제도가 아니라는 증거가 아닐까?

3) 개인적 성장(Personal Growth)

개인적 성장이란 지속적인 발전과 자신의 잠재력을 실현하는 것이다. 새로운 경험에 적극적이며 시간이 지남에 따라 자신의 발전을 인식한다.

배터리 및 에너지 솔루션 기업인 삼성SDI는 학술 연수 제도, 경영학 석사(MBA) 지원, 지역 전문가 양성, 주재원 파견, 외국어 생활관, 사내 어학 과정 개설 등 임직원을 위한 다양한 교육 프로그램을 통해 외부 인재 영입보다 내부 인재 육성에 초점을 둔 복리후생 제도를 운영하고 있다(한지은, 2024).

또한 SK하이닉스는 인재 육성 플랫폼인 SK하이닉스 유니버시티(SKHU)를 통해 반도체 전문가 양성을 시도하고 있다. 이 회사에 입사한 신입사원은 동시에 SKHU에 입학하게 되는데 단과 대학과 직무에 따라 수립된 커리큘럼으로 학점을 취득하다 보면 체계적으로 반도체 전문가로 성장할 수 있다고 한다(SK Careers Journal, 2024).

글로벌 기업들도 구성원의 성장과 자기 계발을 적극적으로 지원하는 다양한 내부 교육 프로그램을 운영하고 있다. 예를 들어, 아마존은 'AWS Intelligence Initiative', 'Machine Learning University' 등 다양한 사내 교육 프로그램을 통해 비전문가 직원도 소프트웨어 엔지니어 등 기술직으로 전환할 수 있도록 지원한다. 모든 교육은 자발적으로 참여할 수 있으며, 실제로 이 프로그램을 수료한 직원들은 새로운 직무로의 이동과 경력 전환에 성공하는 사례가 많다. 아마존은 "직원이 새로운 기술을 익히고 더 넓은 경력 기회를 갖도록 투자하는 것이 중요하다."고 강조하며 이를 위해 연간 수억 달러를 인재 개발에 투자하고 있다(Amazon news, 2024).

이처럼 글로벌 선도기업들은 체계적인 내부 교육 프로그램을 통해 구성원 개개인의 성장과 자아실현을 적극적으로 지원하고 있으며 이는 조직 전체의 경쟁력 강화로 이어지고 있다.

더불어 기업들의 교육 및 성장 프로그램 운영은 심리적 안녕감을 형성하는 '개인적 성장'의 환경 구축과도 긴밀한 관계가 있다. 구성원이 스스로 성장할 수 있는 발판을 만들어주고 새로운 경험을 하는 데 도움을 주며 나아가 습득한 지식을 현업에 적용하여 개인의 발전을 인지할 수 있도록 만들어주기 때문이다.

이러한 '개인적 성장 환경 구축'은 요즘 들어 더욱더 중요해지고 있다. 많은 인재들이 본인의 '성장'에 대한 갈증을 해결하기 위해 이직을 마다하지 않고 있기 때문이다.

4) 환경 통제력(Environmental Control)

환경 통제력이란 자신의 심리상태에 적합한 환경을 선택하고 주변 환경을 통제하는 능력을 말한다.

자신에게 주어진 상황에서 통제력을 갖는 것은 업무 효율성에도 큰 도움이 된다. 조직은 개인에게 여러 요소에 걸쳐 이러한 통제력을 부여할 수 있지만, 그중에서도 코로나19 이후 많은 기업들이 선택하고 있는 것은 바로 '업무 시간'에 대한 통제력이다.

대기업 S사의 경우 유연근무제를 운용하고 있다. '오전 6시~오후 3시 사이 출근, 하루 4시간 이상 근무'라는 최소한의 가이드 내에서 주 40시간의 근무시간을 구성원 자신이 직접 설계할 수 있다. 이에 따른 조식 시간 이용 및 수도권 전 지역 200대 이상의 통근 버스 확대 운영으로 구성원의 시간 자율성도 지원한다(이세미, 2022).

일본 통신사업 기업 NTT 그룹은 2024년 7월부터 주요 계열사 직원 3만 명을 대상으로 재택근무를 시작했다. 사무실 출근 시 출장으로 취급해 숙박비와 교통비를 지급한다. 이후 18만 명에 달하는 NTT 그룹 직원 전체로 확대할 계획이라고 한다. 이 외 다른 형태의 시간 자율성을 제공하는 곳들도 있다.

경기평택항만공사는 워케이션을 시행한다. 장소를 특정하지 않고 직원이 원하는 곳에서 근무할 수 있으며 업무 시스템의 VPN 이용 확대와 노트북 및 태블릿 PC를 확보하여 워케이션을 지원한다(김유민, 2024).

앞선 사례들은 더 이상 일을 사무실에 앉아서만 수행해야 하는 시대는 지났다는 점을 보여준다. 코로나19 이후 대다수의 기업들이 재택근무를 경험하며 구성원들이 본인의 심리 상태에 적합한 환경을 선택하게 해줄 때 업무의 효율이 향상되는 경험을 한 것으로 보인다. 실제 고용노동부의 조사 결과에 의하면 재택근무로 인한 긍정적 효과로 근무자 직무 만족도 증가가 58.5%, 업무 효율성 증가가 23.1%로 나타났다고 한다. 이는 구성원들이 직접 자신이 업무할 장소를 선택하는 환경 통제력을 가짐으로써 얻는 이점인 것이다(김민재, 2024).

마이크로 EX 관리의 필요성

청년층의 구직난은 점차 심각해지고 있지만 신입사원의 평균 근속 연수는 점점 더 짧아지고 있다. MZ세대 3년 차 이하 신입사원 561명을 대상으로 설문조사를 진행한 결과 예상하는 현재 회사 근속 기간은 평균 2.8년에 그쳤다(강다은, 2025). 이들은 한 직장을 오래 다니는 것보다 개개인이 생각하는 기준에 맞춰 '행복'을 찾아 빠르게 조직을 이탈하는 양상을 보인다. 시간과 비용을 투자하여 인재들을 뽑아놨지만 사실상 이들이 조직에 머무는 기간이 그렇게 길지 않다는 것이 우리가 직면한 현실이다. 그렇다면 이들을 붙잡기 위해서는 어떤 노력을 해야 할까?

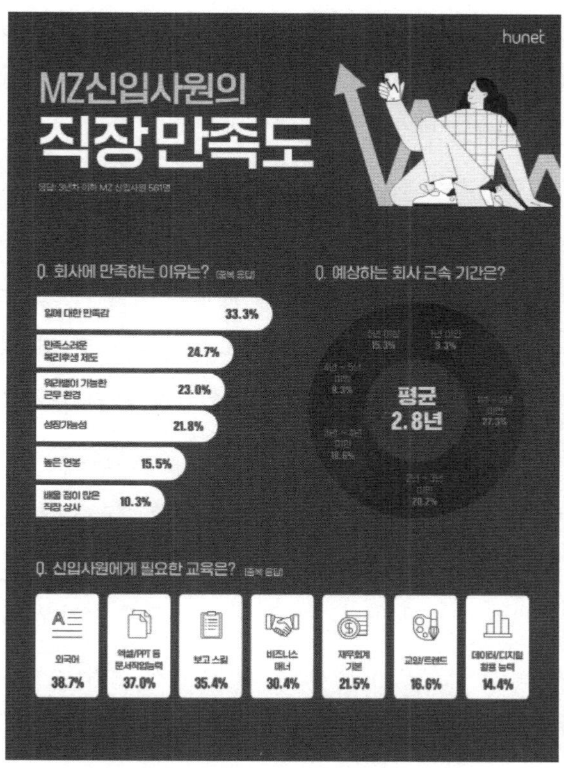

〈MZ신입사원의 직장만족도 설문조사 - 휴넷〉

MZ세대 신입사원 33.3%가 회사에 만족하는 이유로 '일에 대한 만족감'을 꼽았다는 점을 유의미하게 보면 좋을 듯하다. MZ세대는 업무를 하면서 본인이 성장하고 자아를 실현할 수 있는 일을 할 때 조직에 만족하게 된다는 것을 알 수 있다. 현재는 MZ세대가 직장 구성원으로서 비중을 확대해 가고 있는 인구통계학적 전환기다. M세대와 Z세대 직원들은 과거 세대와는 달리 자신이 회사를 위한 도구나 희생의 대상으로 인식하지 않는다. 그들은 직장에서 의미 있는 경험을 할 때 스스로 몰입하고 기업에 수익을 가져다주는 자발적이고 능동적인 주체다.

그렇기에 개인주의 성향과 각자의 개성이 강한 MZ세대 구성원들이 직장에서 만족감을 얻고 기업의 성과를 창출할 수 있도록 이끌기 위해선 마이크로 EX 관리는 필수적인 요소다.

마이크로 EX 관리란 '작은, 소규모'를 뜻하는 '마이크로'와 '직원 경험(Employee Experience)'을 뜻하는 'EX', '관리'를 합친 단어다. 직원들 개개인의 특성에 맞춰 경험 관리를 해주는 것을 마이크로 EX 관리라고 할 수 있다. 마이크로 EX 관리는 다양한 형태로 제공될 수 있는데 마이크로소프트 같은 경우 플랫폼을 활용해 직원 개개인의 성장을 지원하고 있다. 이 플랫폼의 이름은 '비바'로 구성원의 학습, 복지·웰빙, 소통 등을 증진시키는 직원 경험 서비스 플랫폼으로 소개되고 있다. 직원들이 업무에 적응하는 단계에서 회사에 대해 알아가는 과정을 지원해 주는 역할뿐만 아니라 매니저가 부하 직원들의 상황을 파악하여 성장을 어떻게 도울 수 있는지에 대한 시사점까지 제공하여 직원 성장을 다차원적으로 지원한다(한미진, 2021).

또한 이 플랫폼을 통해 수집한 데이터를 기반으로 구성원에게 맞춤형 권고를 해준다. 예를 들어 개인의 업무 경험을 분석하여 구성원들이 번아웃되지 않도록 휴식을 권고하고, 새로 배정된 업무에 맞는 학습자원(외부 콘텐츠, 조직 자체 콘텐츠)을 추천하기도 한다. 더 나아가 AI를 활용해 관심 주제를 시각화한 토픽 카드를 제공함으로써 유사한 주제에 관심을 가진 구성원들이 자연스럽게 논의할 수 있는 장을 마련한다. 만약 한 구성원이 '직원 경험 진단'에 관심을 갖고 관련 프로젝트를 진행하고 있다면, 직원 경험이나 진단 요인 분석과 관련된 강의를 추천해 주거나 해당 프로젝트에 관심 있는 사람들과 비대면 소모임 페이지를 생성해 줄 수 있다. 또한 프로젝트 수행 과정에서 장시간 근무가 지속될 경우, 번아웃 방지 차원에서 휴식을 권하는 팝업 경고를 제공하기도 한다.

국내 유사 사례로는 임직원이 원할 경우 부서 이동을 통해 커리어를 확장할 수 있도록 지원하고 새로운 직무에 필요한 훈련까지 제공하는 대웅제약의 '경력 개발 프로그램(CDP; Career Development Program)'이 있다. 회사에 입사해 일을 하다 보면 막상 자신이 꿈꿔왔던 일이 아니거나 생각보다 적성에 맞지 않는 경우를 경험하기도 한다. 대웅제약의 CDP 프로그램은 이러한 상황에서 현재 직무에 대한 만족도가 낮거나 새로운 직무에 대한 흥미로 커리어 전환을 고민하는 구성원에게 제도적 지원은 물론 교육과 훈련까지 제공함으로써 보다 넓은 관점에서 자신의 커리어를 설계하며 성장할 수 있도록 돕기 위해 마련되었다(대웅제약 뉴스룸, 2025).

'보어아웃 증후군(Boreout-Syndrome)'이라는 말을 들어본 적이 있는가? '번아웃 증후군(Burnout-Syndrome)'은 많이 들어봤어도 보어아웃 증후군은 다소 낯설게 느껴질 것이다. 번아웃 증후군이 과도한 업무로 '일과 삶의 균형이 무너질 때' 발생한다면, 보어아웃은 '자신의 일에서 의미를 찾지 못하고 지루함을 느낄 때' 나타난다. 이는 최근 자주 거론되는 '조용한 퇴사'나 사직과도 유사한 현상으로 볼 수 있다. 보어아웃 증후군에 빠진 구성원들은 조직 내에서 몰입하기 어려워 궁극적으로 조직의 성과를 내는 데 기여하기 어렵다. 따라서 구성원들이 본인의 일에서 의미를 찾을 수 있도록 좀 더 세밀한 경험 관리, 다시 말해 마이크로 EX 관리가 앞으로는 더욱더 중요해질 것이다. 이는 개인이 일에서 목적을 찾아 업무에 몰입하여 성과를 창출하는 것뿐만 아니라 직장 내에서 자아실현을 하는 기반이 되어줄 수도 있기에 굉장히 중요한 부분이라 생각한다.

옴니웰빙이 조직문화에서 중요해지는 이유는 우리가 마주할 생산 가능 인구의 절벽 앞에서 우수한 인재를 확보하기 위해서다. 이를 위해서는 옴니웰빙을 지향하는 조직문화 형성이 필수적이다. 외재적 보상, 즉 연봉과 인센티브처럼 물질을 통해 만족하는 시대는 저물고 있다. 현세대는 과거 자린고비 시절과 IMF 시대를 겪은 세대에 비해 물질적으로 부족함 없이 살아온 세대다. 그렇기에 그들의 마음을 사로잡으려면 삶의 궁극적 가치인 '행복'에 집중해야 한다.

구성원들이 조직 내에서 행복을 느끼게 하기 위해서는 개인의 성장에 포커싱을 맞추면 된다. 결국 인간이 궁극적으로 추구하는 욕구는 자아실현이기 때문이다. 어떻게 하면 구성원 개개인이 직장 내에서 자아실현을 할 수 있을지 고민하고 그에 맞는 조직문화를 만들어나가야 하는 시대다. 물론 그 과정에서 해당 조직문화가 우리 회사의 비즈니스 성장에 적합한 문화인지도 함께 검토해야 할 것이다. 조직문화는 결국 비즈니스의 성공을 뒷받침할 수 있는 방향으로 나아가야 할 것이다.

기업의 성공을 위해 인재 확보 싸움이 시작되기 전에 보다 발 빠르게 인재들이 오고 싶은 환경을 먼저 구축해 보면 어떨까?

복리후생의 재정의, Fit BP

마지막으로 Fit BP(베네핏 패키지)에 대해 이야기해 보려고 한다. Fit BP는 '적합한'을 뜻하는 Fit과 복리후생을 의미하는 Benefit Package의 약자인 BP를 결합한 개념으로, 조직 구성원의 삶의 방식과 필요에 맞춰 복리후생을 개인화해 제공하는 접근을 말한다. 과거에는 대다수의 사람들이 유사한 라이프 사이클을 지녔다면 요즘은 구성원들의 삶의 패턴과 인생을 살아가는 가치관 역시 상당히 다르기 때문이다.

조직 내 구성원들을 떠올려 보자. 누군가는 20대에 결혼해 이미 자녀를 두고 있고, 누군가는 결혼 10년 차에 딩크를 선언하며 반려동물과 함께 살고 있다. 또 누군가는 비혼주의를 선택해 자신만의 삶의 방식을 이어가고 있다. 이처럼 특정 나이가 되면 대학교를 졸업하고 회사에 취업하고 결혼하는 것이 과거에는 일반적인 라이프스타일이었지만 더 이상은 일반적이지 않게 된 것이다. 따라서 기업에서 구성원에게 제공하는 복리후생 역시 개인의 삶의 패턴에 맞게 선택하고 활용할 수 있는 방향으로 재설계될 필요가 있다. 실제로 국내에서는 롯데백화점과 LG유플러스가 비혼 구성원을 위한 축하 제도를 도입했고, BGF리테일과 빗썸은 복지 포인트 제도를 통해 구성원이 자신의 필요에 따라 복리후생을 활용할 수 있도록 지원하고 있다.

한편 글로벌 기업들은 라이프스타일의 다양성을 보다 적극적으로 반영하고 있다. 아마존과 구글, 에어비앤비 등은 반려동물과 함께 출근하는 '펫 프렌들리 오피스' 제도를 통해 구성원의 삶 전반을 존중하는 복리후생 문화를 확장하고 있다. 다만 이러한 맞춤형 복리후생 제도들이 자칫 외재적 보상에 머무를 수 있다는 점은 함께 짚어볼 필요가 있다. 대표적으로 많은 기업들이 선택하는 복지 포인트 제도는 개인의 선택권을 넓혀주지만, 금전적 보상으로만 인식될 우려도 존재한다. 따라서 구성원의 삶의 질과 건강을 실질적으로 뒷받침할 수 있는 보다 의미 있는 제도들을 구상해 볼 필요가 있다. 기업의 사회적 책임과 연계하여 웰니스 프로그램을 확대하는 것도 하나의 방안이 될 것이다. 구성원의 건강에 대한 조직의 관심과 지원은 조직을 둘러싼 다양한 이해관계자(고객, 협력업체, 임직원 등)에 대한 기본적인 기업의 책무를 다한다는 기업의 사회적 책임과도 큰 연관이 있기 때문이다(LG경영연구원, 2011).

마무리

행복한 조직문화에 대한 명확한 기준은 없다. 각각의 조직마다 구성원들의 선호와 비즈니스의 특징이 다르기에 A 기업에서 정의하는 행복한 조직문화를 B 기업에서는 공감하지 못할 수 있기 때문이다. 따라서 행복 중심의 조직문화를 구축하기 위한 첫 단계는 '우리 회사의 비즈니스와 구성원들의 특징'을 이해하는 것이다. 그래야만 구성원들의 공감을 얻을 수 있고, 이를 바탕으로 경영진의 인식과 의사결정에 변화가 일어나야 조직 전반에 구성원들이 행복을 체감할 수 있는 문화가 자리 잡을 수 있기 때문이다.

더불어 다수의 구성원은 자신의 자아실현을 하고자 하는 욕구를 지니고 있기에 이를 실현할 수 있도록 돕는 환경을 구축해야 한다. 인정받고자 하는 욕구를 충족시키기 위해 HRM(인적자원관리) 측면에서는 성과에 따른 투명하고 공정한 평가와 보상이 필요하다. 여기서 가장 중요한 키워드는 '투명하고 공정한'이다. 평가와 보상은 구성원이 회사의 일원으로서 비즈니스 발전에 어떤 기여를 했는지를 명확히 인식하게 하는 수단이기에 투명성과 공정성이 담보되지 않으면 결과에 대한 공감을 얻기 어렵고 구성원의 몰입 저하로 이어질 수 있다.

앞서 살펴본 MZ세대가 지닌 성장과 자아실현에 대한 강한 욕구는 이들이 투명하고 공정한 조직문화를 더욱 중시하게 만든다. 투명하고 공정한 환경은 개인이 자율성과 유능성을 경험하도록 돕고, 이는 내적 동기와 몰입을 높이는 핵심 요인이 되기 때문이다.

또한 MZ세대는 디지털 환경에서 성장하며 정보 접근성이 높고, 다양한 의견과 기준이 투명하게 공유되는 사회적 경험을 자연스럽게 누려왔다. 이러한 배경 속에서 이들은 조직 내에서도 자신의 노력과 성과가 명확히 평가되고 그 결과가 공정하게 반영되기를 기대한다. 따라서 조직 내에서 불공정한 상황에 직면할 경우, 심리적 불안과 소속감 저하를 경험하기 쉽다(Twenge, J. M., 2017). 이는 MZ세대의 가치관과 심리적 특성을 분석한 연구 결과와도 맞닿아 있다.

HRD(인적자원개발) 측면에서는 '개인의 성장'에 보다 집중한 지원이 필요하다. MZ세대에게 평생직장이란 더 이상 의미 있는 개념이 아니다. 그렇기에 "회사의 목표를 위해 일해라!"라고 요구하기보다, 자신이 수행하는 업무가 '스스로의 성장과 성공에 어떤 영향을 미치는지'에 대한 공감을 이끌어내는 것이 중요하다. 이를 위해 성장에 실질적인 도움이 되는 교육과 학습 기회를 꾸준히 제공해야 한다.

아울러 전반적인 조직문화 차원에서는 '인정해 주는 문화'를 형성할 필요가 있다. "칭찬은 고래도 춤추게 한다."라는 표현에 공감하지 않는 사람은 없을 것이다. 구성원 간 신뢰와 존중을 바탕으로 노고를 인정해 주는 문화는 인간의 인정 욕구를 충족시키고 궁극적으로 구성원의 행복감을 높이는 데 기여한다. 이러한 조직문화를 만들어가기 위해서는 제도와 교육 그리고 리더십이 각각 분리되어 움직이는 것이 아니라 함께 유기적으로 작동해야 한다는 점을 유념해야 한다.

누구나 가슴속에 사표 하나쯤은 품고 살아가는 시대다. 요즘 구성원들은 자신이 하고 싶은 일을 하며 '행복한 삶'을 살아가기를 원한다. 이러한 흐름 속에서 옴니웰빙 문화를 형성하는 일은 조직 차원에서 우수 인재를 확보하고 이탈을 방지하는 데 있어 앞으로 더욱 중요해질 것이다. 따라서 리더십, 복리후생, 일하는 방식 등 다양한 영역에서 구성원들의 행복을 세심하게 살피고, 그 목소리에 귀 기울이며 신속하게 대응할 필요가 있다. 조직이 지속적인 경쟁력을 갖추기 위해서는 하루라도 더 빨리 구성원들이 행복하게 일할 수 있는 일터를 만들어가려는 노력을 해야 한다.

나아가 AI의 급격한 발전 속에서 앞으로의 기업은 첨단 기술 혁신과 인간 본연의 가치가 조화롭게 공존하는 조직문화를 만들어가야 할 것이다. AI 기반의 디지털 혁신은 조직의 효율성과 생산성을 높여주는 한편 옴니웰빙이라는 인간 중심의 가치는 구성원 개개인의 행복과 성장을 이끌어낸다. 결국 기술은 수단일 뿐 궁극적인 목적은 '사람'이다. 아무리 뛰어난 AI 시스템을 갖추고 있더라도 그것을 활용하는 주체는 사람이며 그 혁신의 결실을 누리는 것 역시 사람이다.

기업이 진정한 경쟁력을 갖추기 위해서는 기술 혁신뿐만 아니라 구성원들의 행복과 성장을 지속적으로 지원하는 문화를 함께 만들어가야 한다. 오늘날 우리는 그 어느 때보다 빠른 변화의 한가운데에 서 있다. 그리고 이 변화의 중심에는 언제나 '사람'이 있다는 사실을 잊지 말아야 한다. 그렇기에 우리가 궁극적으로 추구해야 할 가치는 인간의 '행복과 성장'이다. 이것이 바로 이 책이 말하고자 하는 앞으로 조직문화가 나아가야 할 방향성이다.

대이직을 넘어, 순환 인재로

Z 사원은 98년생 여성으로 K 스타트업에 입사한 2년 차 사원이다.

그녀는 지금 다니고 있는 회사가 마음에 들었다. 작은 테크 스타트업이지만, 자유로운 시간 근무제인 데다, 다니는 사람들도 비슷한 연령대가 많아 일하기 편하다고 느꼈다. 그녀는 대학 시절, 대기업의 임원이 되어 보고 싶다는 큰 야망을 가지고 외국계 은행에서 인턴으로 처음 근무하였으나, 단 3개월 만에 자신에게 전혀 맞지 않는다고 느꼈다. 매일 입어야 하는 딱딱한 정장도 말로만 듣던 '꼰대' 같은 상사도 마음에 들지 않았다. 빨리 이직하고 싶었지만, 그녀가 졸업할 때 즈음에 코로나19가 터지면서 구직시장이 어려워지는 바람에 최대한 졸업을 늦추고 경력을 쌓아야 했다.

가까스로 3개월을 버티었지만 그녀는 그 시간 동안 배운 것은 없다고 느꼈다. 인턴 기간 동안 맡은 일은 모두 복사나 이메일 전달, 회의실 예약과 같은 단순 업무였기 때문이다. 게다가 야근하는 과장님이 혹시 시킬 업무가 있을까 봐 퇴근하지 못하고 대기해야 하는 것도 곤욕이었다. 그녀는 3개월의 인턴 기간 동안 본인은 워라밸을 중요시하며 즐거운 일을 하고 싶다는 것을 깨달았다. 무엇보다도 '어디에 속해 있느냐'보다 '무엇을 경험하고 있느냐'가 더 중요하다는 생각이 들었다.

그리하여 인턴이 끝나고 학교로 돌아온 후로는 다양한 회사들과 직무들을 알아보았다. 꼭 유명한 대기업이 아니더라도 자신이 잘하고 좋아하는 일을 할 수 있는 곳을 찾기를 바랐다. 그런 과정에서 취미 생활로 SNS에 인스타툰을 올리게 되었는데 생각보다 팔로워 수가 늘어서 광고를 통한 수입도 생기기 시작했다. 회사 밖에서 쌓은 이 경험들이 다시 자신의 일에 대한 시야를 넓혀 준다는 점도 흥미로웠다.

그녀는 이런 취미 생활과 부수입을 유지하면서도 적당히 원하는 일을 배울 수 있는 곳을 알아보기 시작했다. 그리고 구인구직 사이트를 통해 지금의 K 스타트업을 알게 되었다. K 스타트업의 구인 공고에서 특별히 Z 사원의 마음을 사로잡은 것은 다음과 같은 소개였다.

1. 완전선택근무제: K 스타트업은 월 총 근무시간 범위 내에서 직원이 스스로 하루의 업무 시작부터 종료 시간을 설정할 수 있습니다.
2. 자기 계발비 지원금: 매달 자유롭게 원하는 외부 교육 프로그램에 사용할 수 있는 비용 최대 6만 원 지급
3. 20% 자유주제 업무: 일주일 중 하루는 '내가 원하는 프로젝트'를 만들어 업무를 진행할 수 있는 날로 지정

Z 사원은 이러한 사내 제도가 가장 마음에 들었다. 그녀는 스스로 일을 찾아서 하는 스타일이기 때문에, 이 회사에 가면 자신의 잠재력을 더 끌어올릴 수 있을 것 같았다. 그녀는 이 회사에 입사하기 위해 졸업 전까지 열심히 준비를 했고, 졸업 후 바로 입사할 수 있었다.

그리고 2년이 지난 지금까지 매우 만족스럽게 다니고 있다. 특히 완전선택근무제를 통해 인스타툰 광고를 작업하는 날에는 조금 일찍 출근하고 일찍 퇴근하며 밸런스를 잘 맞춰가고 있다. 어느 정도 업무에도 익숙해지고 나니, 시간을 조금 더 활용하면 한 가지 부업 정도 더 할 수 있을 것 같았다. 그래서 요즘은 지급받은 자기 계발비로 시장 데이터 분석에 대한 온라인 수업도 듣고 있다. 아직 어떤 부업을 더 할지 생각은 안 해봤지만 개인적으로 주식과 같은 재테크를 하더라도 도움이 되는 수업 같아서 기쁜 마음으로 열심히 듣고 있다.

MZ세대의 특징 중 또 한 가지는 잦은 이직이다. 앞에서도 언급되었지만 소속감이나 조직 내에서의 승진보다는 자기주도적인 삶과 자아실현을 중요시하는 MZ세대는 당연히 자신의 상황과 필요에 따라 직장을 옮기는 것을 꺼려하지 않는다. '대이직의 시대'를 지나며 이직은 단순한 이동이 아니라, 개인이 자신의 성장과 커리어 방향을 스스로 설계하는 방식으로 변화하고 있다. 퇴사 후 외부 경험을 거쳐 다시 돌아오는 '부메랑 직원' 현상은 이러한 변화를 보여주는 대표적인 사례다. 인재 이동은 점차 이탈이 아닌 순환의 구조로 재편되고 있다.

'대이직'과 '부메랑 직원' 현상은 인재가 성장과 이동, 환원의 과정을 경험하며 조직 생태계 안에서 계속 연결되는 '순환 인재'의 흐름으로 설명할 수 있다. 즉, 순환 인재란 성장(학습)-이동(경험 확장)-환원(재기여)이 반복되는 구조를 의미한다.

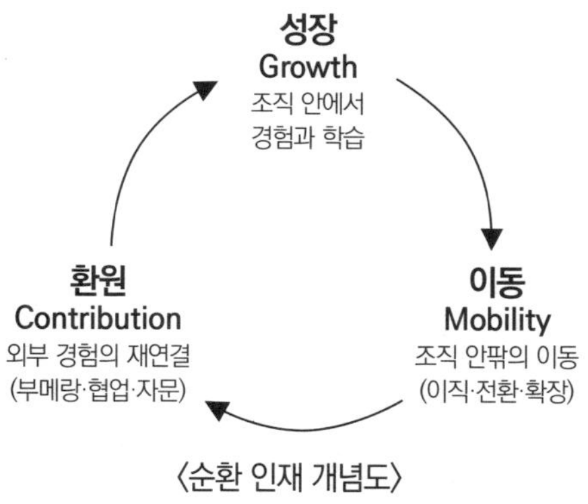

〈순환 인재 개념도〉

이직이 일상화된 시대적 흐름 속에서 퇴사와 관련한 현상도 '조용한 퇴사'와 '시끄러운 퇴사'처럼 서로 다른 양상으로 나타나고 있다. 이 두 현상은 모두 조직과의 관계가 느슨해질 때 드러나는 신호로 볼 수 있다. 나아가 이러한 변화는 구성원이 회사와의 직접적인 대화를 점점 부담스러워하는 방향으로까지 확장되고 있다. 직원이 회사와 직접 대화하기를 포기하는 현상은 비단 폭로나 갈등 상황에만 국한된 문제가 아니다. 일본에서는 퇴사 대행 서비스도 등장하여 직원이 직접 퇴사 의사를 전달하지 않고 대행업체가 대신 절차를 진행한다. 상명하달식의 권위주의적 조직문화 속에서 퇴사자가 감정적 부담을 덜고 커리어 준비에 집중할 수 있도록 돕는다고 한다. 이는 퇴사라는 행위 자체보다, 조직과 구성원이 '이별을 어떻게 관리하느냐'의 문제로 시선을 돌리게 한다. 나아가 이 변화는 기업들이 유연하고 개방적인 소통을 강화하고 직원 만족도를 높이기 위한 조직문화를 조성해야 한다는 점을 시사한다. KPMG, 맥킨지, 마이크로소프트, 도요타 등 일부 글로벌 기업들은 동문회를 통해 퇴사자가 홍보대사나 자문 역할을 수행하거나 재입사하도록 유도하여 이들의 경험과 네트워크를 활용하고 있다. 이러한 프로그램을 통해 기업은 퇴사자를 떠난 사람이 아닌 외부에서 경험과 역량을 축적한 뒤 다시 연결될 수 있는 '순환 인재'로 인식하고 있다. 또한 퇴사와 재입사가 반복되는 시대인 만큼 기업은 외부 순환과 더불어 사내 공모 제도와 같은 내부 순환적 인재 관리 방안을 전략적으로 확대하고 있다. 이를 통해 기업은 인재 유출을 방지하고 조직의 유연성과 경쟁력을 강화하며 직원들의 커리어 성장과 만족도를 함께 끌어올릴 수 있다. 중요한 것은 이직을 막는 것이 아니라 인재가 성장하고 이동한 이후에도 다시 기여할 수 있는 순환 구조를 설계하는 일이다. 앞서 언급한 사례들을 더 자세히 살펴보자.

퇴사와 우로보로스 패턴

TV 속 드라마는 단순한 오락의 개념을 넘어서 때로는 그 시대의 사회적, 문화적, 정치적 배경을 반영하며 시청자들에게 깊은 인상을 남긴다. 여러 드라마가 있지만 '응답하라 시리즈'는 시대적 특성을 생생히 재현하면서 폭발적인 시청률을 기록하며 '응팔앓이'라 할 만큼 큰 반응을 불러 모았다.

이 시리즈 중 「응답하라 1988」에서 한일은행 성동일 과장이 명예퇴직을 당하고 아내 이일화에게 "임자, 미안하네."라며 눈물을 보이는 장면이 있다. 드라마 속 성동일 배우의 눈물은 가장으로서의 책임을 다하지 못했다는 죄책감과 미안함을 표현한 장면으로 경제 위기로 인한 은행의 구조조정 속에서 가족을 위해 성실히 일해 온 자신의 자부심이 흔들리는 것을 시청자들에게 잘 전달해 주었다. IMF 이전의 직장은 한 번 입사하면 정년이 오는 그날까지 평생을 헌신한다는 마음으로 근무하는 '평생직장'이라는 개념이 매우 일반적이었다. 당시에는 회사가 직원의 복지와 교육은 물론 결혼 등 개인의 삶 전반에까지 관여하던 시대였다. 그만큼 직원들은 퇴사를 쉽게 선택하기보다, 한 직장에서 오래 근속하는 것을 미덕으로 여겼다. 즉 퇴사는 개인의 선택이라기보다 조직과의 관계가 '끊어지는 사건'으로 인식되곤 했다.

하지만 최근 들어 퇴사에 대한 가치관이 바뀌면서, 많은 직장인들이 이직을 고민하거나 실제로 이동하는 모습이 뚜렷해지고 있다. 더 나아가 퇴사한 직원이 다시 그 기업으로 재입사하는 현상도 증가하고 있다. 이는 퇴사를 단절로 보던 인식에서 벗어나 경험이 축적되고 다시 연결되는 과정으로 받아들여지기 시작했음을 의미한다. 이것을 고대 문헌과 상징 전통에서 등장하는 "우로보로스 패턴"이라고 표현할 수도 있는데, 우로보로스는 자신의 꼬리를 물어 끊임없이 재생하는 뱀의 형상으로 묘사된다. 이 원형의 상징은 시작과 끝이 하나로 연결되는 영원성과 순환의 의미를 담고 있으며 기업 환경에서 우로보로스의 상징성은 새로운 의미로 재해석되고 있다.

〈우로보로스 - 『De Lapide Philosophico』 속 삽화〉

회사를 떠났던 직원이 다시 돌아오는 일이 많아지는 현상은 이제 기업의 연속성과 유연성을 보여주는 지표로 작용하고 있다. 마치 우로보로스가 스스로를 먹으며 끊임없이 재생하듯 기업도 성장, 이동, 환원이 반복되는 지속적인 인재의 순환을 통해 새로운 활력을 얻고 있는 것이다.

재입사한 직원들은 단순한 복귀자가 아니라 이전보다 넓어진 시각을 가지고 조직과 다시 연결되는 존재다. 외부 경험과 내부 맥락을 함께 이해한 이들은 조직과 바깥세상을 잇는 연결자 역할을 수행한다. 인적 순환은 조직의 폐쇄성을 줄이고, 일하는 방식과 문화를 더 유연하게 바꾸며, 오래 지속될 수 있는 토대를 마련한다. 특히 이들이 지닌 안팎을 함께 보는 시각은 조직이 쌓아온 전통과 새로운 시도를 자연스럽게 이어주는 힘이 된다. 이와 같은 흐름은 우로보로스가 상징하는 '끊임없는 순환'을 현실의 조직 맥락에서 보여주는 사례이자, 오늘날 기업이 맞닥뜨린 변화에 대응하는 하나의 실질적인 해법이 될 수 있다.

따라서 이러한 순환적 특성을 인재 관리에 적용하여 퇴사와 재입사를 단절이 아닌 진화의 과정으로 받아들이는 문화가 요구된다. 평생직장의 개념이 강하게 자리 잡고 있던 과거에는 퇴사가 곧 불안정한 미래를 의미했기 때문에 이동 자체가 위험으로 인식되었다. 기업이 제공하는 고용 안정성과 복지 혜택을 포기하고 새로운 환경에 적응하는 위험을 감수하는 부담이 상당히 컸기 때문이다. 그러나 경제 구조가 변화하면서 기업들은 더 유연한 인력 운영을 추구하게 되었고 이는 노동시장의 유연화와 이직이라는 새로운 트렌드로 이어졌다.

리서치 전문기업 엠브레인이 전국 직장인 남녀 1,000명에게 퇴사 관련 인식조사를 실시한 결과, 더 나은 조건을 찾아 이직하려는 경향이 젊은 세대를 중심으로 더욱 뚜렷하게 나타났다(엠브레인 트렌드모니터, 2023). 응답자의 55.2%가 이직 의향을 가지고 있으며 이직 의향은 20대와 중소기업 재직자에게서 높게 나타났다. 이직 이유로는 낮은 연봉(46.9%)과 근로 환경 불만(42.2%)이 주로 언급되었다. 결과에서 흥미로운 부분은 응답자의 81.1%가 '잦은 이직이 자신의 커리어에 불이익이 될 수 있다'고 하면서도, 동시에 78.7%가 '이직을 잘하는 것이 똑똑하게 커리어를 쌓는 방법'이라고 하는 양면적인 시각을 보이고 있다는 점이다. 이직을 준비하는 방식도 변화하고 있다. 이직을 무조건 위험한 선택으로만 보지는 않지만, 그렇다고 아무 계획 없이 잦은 이직을 반복하는 것 역시 경계하는 인식이 함께 나타나고 있다. 응답자의 61.8%는 언제든 이직할 수 있도록 꾸준히 준비하고 있다고 했다. 특히 72.3%는 '현 직장에서의 일에 대한 만족이나 보상이 기대에 못 미칠 경우, 이직이 언제든 가능한 선택지'라고 답했다. 사람들이 커리어를 한 번의 큰 선택으로 보지 않고, 상황에 맞게 계속 점검하고 준비해 나가는 과정으로 인식하기 시작했다는 의미다.

퇴사와 관련된 다양한 현상들

이직에 대한 경향이 갈수록 뚜렷해지는 가운데 '조용한 퇴사(Quiet Quitting)'와 '시끄러운 퇴사(Loud Quitting)'라는 새로운 변화가 생겼다. '조용한 퇴사'는 실제로 퇴사하는 것이 아닌 회사에 남아 있지만 마음은 떠나 있는 상태를 가리킨다. 이들은 열정적으로 일하지 않고, 최소한의 업무만 소화하며 심리적으로 조직과 거리를 둔다. 순환 인재의 흐름 속에서 '성장'이나 '이동'의 통로가 막혔을 때 나타나는 신호로 볼 수 있다. 조용한 퇴사는 주로 일정 경력이 있는 중간직급자들 사이에서 나타나며 일보다 삶의 균형을 더 중요하게 생각하는 최근의 흐름을 반영한다.

최근 국내 직장인 중 51.7%가 현재 자신이 조용한 퇴사 상태에 있다고 한다(장하나, 2024). 조직에서 절반 이상이 업무에 소극적으로 임하고 있다는 것이다. 특히 근속 8년 차에서 10년 차에 이르는 중간관리자급에서 그 현상이 가장 두드러지고, 5~7년 차와 17~19년 차에서도 비슷한 경향을 보인다. 이들의 조용한 퇴사의 주된 이유로는 연봉과 복지에 대한 불만, 업무에 대한 열정 저하가 가장 크다. 많은 조직에서 충분한 만족감을 느끼지 못하는 직원들은 업무에 대한 동기부여가 흔들리고 있다는 것이다.

동료들이 조용한 퇴사를 바라보는 인식도 변화하고 있다. 같은 조사에 따르면 직장인 65.8%가 조용한 퇴사에 대해 호의적인 반응을 보였다(장하나, 2024). 예전 같으면 불성실한 태도로 치부했을 소극적인 행동들이 이제는 개인의 워라밸과 자율성을 중시하는 흐름 속에서 '자신의 삶을 지키기 위한 선택'으로 받아들여지고 있다. 하지만 조직의 입장에서 조용한 퇴사는 위험 신호를 알리는 경보음과 같다. 일에 대한 몰입도가 낮아지면서 생산성과 팀워크가 약화될 수 있고 조직 전체 에너지와 성과에 악영향을 줄 수 있기 때문이다. 따라서 조직은 조용한 퇴사의 확산을 단순 개인 선택으로 여기기보다 조직 내부의 신뢰와 소통이 어디서 끊어졌는지를 성찰하는 계기로 삼아야 한다. 조용한 퇴사는 '말하지 못한 불만'이 쌓인 결과일 수 있기 때문이다.

조용한 퇴사가 조직과의 심리적 거리두기라면 그다음에 등장한 흐름은 대잔류 현상이다. 대잔류는 이직을 포기한 충성의 표현이 아니라, 불확실성 속에서 '일단 남아 있기로 한 조건부 선택'을 의미한다. 불안정한 채용 환경과 변화하는 업무 방식 속에서 많은 직장인은 외부 이동보다 현재 조직 안에서 쌓을 수 있는 경험과 성장을 저울질한다. 그래서 이들은 적극적으로 불만을 표출하지도 않으면서 그렇다고 완전히 몰입하지도 않은 채 조직을 관찰하며 남아 있다. 대잔류는 직원들의 마음속에서 조직이 아직 무너지지 않았다는 신호이자 언제든 선택이 바뀔 수 있음을 경고하는 조용한 메시지다.

조용한 퇴사와는 반대로 시끄러운 퇴사도 존재한다. 이는 퇴사 과정을 SNS에 공개하고 본인이 경험하고 느낀 회사의 문제를 적나라하게 드러내는 형태의 퇴사이다. 특히 MZ세대를 중심으로 퇴사 과정을 기록한 '퇴사 브이로그'가 인기를 끌고 있다. 이들은 퇴사를 결심한 이유와 실제 과정을 영상으로 공유하며, 회사의 부조리나 불만을 공개적으로 드러낸다. 이는 조용한 퇴사와 달리 조직과의 관계 단절을 외부로 가시화하는 방식이라 할 수 있다.

퇴사하는 직장인들의 유튜브를 보면서 아직 직장 생활을 경험하지 못한 MZ세대들은 어떻게 생각하는지 반응을 살펴보았다.

MZ세대는 SNS에서 보이는 성공적인 커리어와 화려한 이직 사례를 자주 접하며, 퇴사가 마치 '자유와 성공'으로 가는 관문처럼 생각하기도 했지만 실제 퇴사 브이로그를 통해 그렇지 못한 현실을 깨닫게 된다. 퇴사는 새로운 시작을 위한 전환점이라는 점에서 신중한 선택과 그에 따른 명확한 목표 설정과 준비 과정이 필요한 전략적 과정이라는 메시지가 전달된 셈이다. 과거보다 개인들의 소통 채널이 다양화되면서 회사의 문제점이나 불만이 외부로 쉽게 공개되고 기업 평판에 타격을 미치기에 기업은 예민하게 반응할 수밖에 없다. 조직은 내부 소통을 강화하고 갈등에 대해 선제적으로 대응하며 예방책을 세울 필요가 있다.

조용한 퇴사와 시끄러운 퇴사는 모두 조직으로부터 멀어지는 현상을 가리키지만 그 방식은 뚜렷하게 다르다.

조용한 퇴사는 심리적 거리두기와 소극적인 업무 태도를 특징으로 하며, 구성원이 조직에 대한 몰입을 잃고 최소한의 역할만 수행하는 상태를 의미한다. 말없이 물러나지만, 그 침묵 속에는 "더 이상 기대할 비전이 없다", "잘해도 달라지지 않는다"라는 체념이 담겨 있다. 반면 시끄러운 퇴사는 공격적이고 직설적인 방식으로 퇴사 과정을 공개하며, 조직을 향해 분명한 메시지를 던진다. "성과를 내도 평가와 보상은 그대로였다", "문제를 제기한 사람이 오히려 문제 있는 사람이 됐다"와 같은 말들이 그것이다. 이처럼 표현 방식은 다르지만 두 현상 모두 조직 안에서 건강한 순환이 작동하지 못할 때 나타나는 '출구 없는 신호'라는 점에서는 공통적이다. 조용한 퇴사가 '소리 없는 이탈'이라면 시끄러운 퇴사는 '공개 발언'이다. 무엇보다 중요한 것은 조직 내 소통의 강화다. 이를 위해 직원들이 자신의 생각을 자유롭게 표현할 수 있는 분위기 속에서 성과에 대한 정기적인 피드백과 공정한 평가가 이루어져야 한다. 자신의 의견이 존중받는 곳에서 직원들은 직무에 성취감을 느끼고 조직에 대한 소속감도 높아질 수 있다. 또한 조용한 퇴사가 주로 연봉이나 복지에 대한 불만으로 생기는 만큼 조직은 다양한 복리후생 제도를 지속적으로 살펴보고 세심하게 설계할 필요가 있다. 단순 급여 인상보다는 실질적 만족감을 줄 수 있는 보상 체계를 마련하고 불안과 번아웃을 예방할 수 있는 심리적 안전을 제공하는 환경을 갖추는 것이 중요하다. 그 결과, 조직은 일과 삶의 균형을 맞출 수 있는 여건을 제공하게 되고, 자기 성장과 조직 기여라는 두 가지 축을 동시에 만족시킬 수 있다. 이동한 후라도 다시 기여할 수 있는 순환의 토대를 마련하는 발판이 되는 것이다.

기업 이별 매니저

퇴사 양상이 다변화하면서 최근 일본에서는 조직과의 이별 방식이 변화하는 흐름 속에서 퇴사 대행 서비스를 이용하는 젊은 세대가 늘고 있다. 이 서비스는 퇴사자를 대신하여 회사에 퇴사 의사를 전달하고 필요한 서류 제출과 회사 물품 반납 등 퇴사와 관련된 절차를 대행해 주는 것이다. 퇴사 대행 서비스의 등장은 퇴사 자체의 증가만을 의미하기보다는 조직과 구성원 사이의 이별 과정이 원활하게 작동하지 않는 장면을 보여 준다.

〈퇴사 대행 회사 모무리 홈페이지 - 모무리 회사 홈페이지〉

퇴사 대행사 '모무리'는 2020년부터 365일 24시간 퇴사 대행 상담 서비스를 운영하고 있다. 정규직은 한 건당 약 2만 2천 엔(한화 약 20만 원), 아르바이트생은 1만 2천 엔(약 10만 8천 원)의 비용을 받고 퇴사 의사를 대신 전달하고 실업급여나 퇴직금 등 복잡한 절차를 처리하며 몰라서 못 받았던 돈까지 받아준다고 한다. 서비스가 24시간 운영되며 퇴사를 고민하다 결국 새벽이나 이른 아침까지도 결정을 내리지 못하다가 밤늦게 혹은 이른 아침에 상담을 요청하기 때문이다.

이 서비스의 주요 고객은 80% 이상이 20~30대로 퇴사를 직접 말하지 못하는 이유가 '회사에 붙잡힐 것 같고', '자유롭게 말할 수 없는 환경' 때문이라고 한다. '불편한 사람과 마주치지 않기 위해', '직접 말하려니 마음이 무거워서'와 같은 이유도 있었다. 직급이 낮은 직원일수록 자신의 의견을 자유롭게 표현하기 어려운 일본 기업의 상명하복 문화 분위기 속에서 퇴사 대행 서비스는 직원들이 조직을 떠날 때 겪는 가장 큰 심리적 부담을 줄여주며 빠르게 성장하고 있다. 즉, '이별'이 자연스러운 과정이 되지 못할 때 구성원은 '대화' 대신 '대행'이라는 경로를 선택한다는 것이다.

직원들이 퇴사 의사조차 쉽게 표현할 수 없는 문화라면 앞으로 더 많은 퇴사가 발생할 수 있다. 따라서 조직은 퇴사를 감정적 충돌이나 탈주로 바라보는 시선을 거두고 새로운 길을 응원하는 전환의 과정으로 바라봐 줄 필요가 있다. 응원을 받으며 떠났던 직원은 언젠가 이전 직장으로 더 큰 꿈을 품고 돌아올 수 있다. 이를 위한 더 나은 커뮤니케이션 구조와 정서적 안전지대 마련이 중요한 과제로 떠오르고 있다. 조직은 '기업 이별 매니저'처럼 이별의 절차와 감정을 관리하고 '재연결의 가능성'을 남기는 장치를 설계해야 한다.

커리어 리바운드

퇴사에 대한 인식이 바뀌면서 과거처럼 직원이 회사를 떠나는 것을 관계 단절로 바라보던 시각도 변화하고 있다. 한 조직에서 쌓은 경력이 다른 조직으로 이어질 수 있는 흐름 속에서 떠난 직원이 다시 돌아올 수 있다는 가능성은 조직 운영의 유연성을 넓혀주기도 한다. 하지만 남아 있는 직원들에게는 '충성심이 의미 있는가'에 대한 혼란을 불러일

으킬 수도 있다. 조직을 위해 헌신해 온 직원 입장에서는 퇴사자가 더 나은 조건으로 복귀하고 특별 대우를 받는다고 느낀다면 불공정하다는 인식을 가질 수 있기 때문이다. 이 같은 인식은 조직 내 신뢰와 협업 분위기를 약화시킬 수 있으며 나아가 재입사자의 적응에도 걸림돌이 될 수 있다. 따라서 '환원(Return/Contribution)'이 조직 안에서 긍정적으로 작동하기 위해서는 재입사자뿐만 아니라 기존 구성원에게도 납득 가능한 기준과 소통이 함께 설계되어야 한다.

하지만 노동시장의 구조적 변화와 인재 유치가 어려워지는 상황에서 기업은 이러한 긴장과 우려를 명확한 기준과 제도를 통해 관리해야 할 과제로 인식할 필요가 있다. 한국고용정보원의 「2022년~2032년 중장기 인력수급 전망 및 추가 필요인력 전망」 보고서에 따르면 경제활동 인구는 2022년부터 2027년까지는 증가하지만 2027년부터 2032년까지는 감소가 예상되고 있다. 사람을 채용하고 싶어도 채용할 사람이 없는 이른바 '인재 고갈의 시대'가 도래하면서 기업은 검증된 인재를 다시 불러들이는 전략에 주목할 수밖에 없게 되었다.

재입사자를 조직의 성장에 기여할 수 있는 중요한 자원으로 바라보는 문화는 앞으로의 노동구조 문제에 해법이 될 수 있다. 다양한 경험을 두루 갖춘 인재들이 입퇴사를 반복하며 조직의 성장과 혁신에 기여할 수 있고 기존 직원 또한 부메랑 직원을 통해 변화를 함께 만들어나갈 수 있는 기회를 얻게 된다. 결국 '한번 퇴사하면 끝'이라는 과거의 고정관념에서 벗어나 관계를 유연하게 이어가는 방식으로 전환하는 분위기가 이어져야 한다. 퇴사를 '전환'으로 보는 기업은 직원 성장을 존중하고 재도전을 응원하는 건강한 문화를 형성하고, 지속적인 인재 유치로 이어질 수 있다. 순환 인재의 관점에서 '떠나지 않게 붙잡는 것'이 아니라 '좋게 헤어지고 다시 연결될 수 있게 만드는 것'이다.

떠난 직원과의 연결 고리를 만드는 방법으로 퇴사자를 기업의 자산으로 보는 관점에서 출발한 기업 동문회가 있다. 이 프로그램은 퇴사자들이 기업의 홍보대사나 자문 역할을 수행하거나 일정 시점에 다시 조직으로 복귀할 수 있는 기반을 마련하는 데 목적이 있다. 기업은 퇴사자들과의 관계를 장기적으로 유지하며 이들의 경험과 네트워크를 지속적으로 활용할 수 있다. KPMG는 국가별로 운영되는 '알럼나이(Alumni) 사이트'를 통해 재직 경험이 있는 퇴사자들을 위한 네트워크를 구축하고 있다. 이 플랫폼은 취업 기회, 비즈니스 및 사교 행사 등으로 경력 개발 및 재연결의 기회를 제공하고 있다. 이를 통해 퇴사자들은 채용 정보를 탐색하며 비즈니스 협력의 기회까지도 모색할 수 있다. 종신 고용의 성지라고 할 수 있는 일본의 도요타 또한 베이비붐 세대의 은퇴와 함께 퇴사자의 지식과 경험의 가치를 인정하며 2023년 7월 알럼나이 사이트를 공식화했다. 퇴사자 대상의 공식 네트워크를 출범시켰고 "퇴사자들이 다시 돌아와 함께 일하고 싶은 회사를 만들기 위한 것"이라고 선언했다(Toyota motor corporation, 2023).

기업의 동문 프로그램의 가장 큰 장점은 퇴사자와 지속적인 네트워크를 유지할 수 있다는 점이다. 퇴사자들은 이 네트워크를 통해 내부로는 회사와의 관계를 유지하고, 외부로는 회사의 긍정적인 이미지를 확산시키는 역할도 수행할 수 있다. 더불어 일정 시점에 다시 복귀하는 '부메랑 직원'으로 이어질 수 있는 기반도 된다. 조직은 동문을 '관계 맺은 인재'로 바라보며 이들과 신뢰 기반의 관계를 지속시킬 수 있다. 이를 통해 회사는 퇴사자에게 감사를 표하고 재연결의 가능성을 열어두며 조직 성장에 필요한 외부 인재 풀을 자연스럽게 확보할 수 있다. 더 나아가 공식 플랫폼을 활성화시킨다면 퇴사 후 동문들의 이동과 경력 흐름을 지속적으로 파악하고 관계를 이어갈 수 있다. 보다 진화된 방식으로는 전문가 풀을 구성해 기업에 자문 기회를 제공하는 등의 적극적 참여를 유도할 수 있다. 이처럼 기업 동문회는 '성장-이동-환원'의 순환 고리를 조직이 제도적으로 뒷받침하는 또 다른 방식이다.

조용한 고용

조용한 퇴사가 있다면 조용한 고용(Quiet Hiring)도 있다. 조용한 고용은 사내 이직 제도로 필요한 업무에 인력을 재배치하여 직원들에게 새로운 업무에 도전할 수 있는 기회를 주는 것이다. 리텐션을 위해 기존 직원들에게 금전적인 보상 이외에 새로운 경험을 제공하고 역량을 강화할 기회로 인력을 재배치하는 것이다. 인재를 붙잡기 위한 임시 처방이 아니라 조직 안에서의 이동을 먼저 가능하게 만드는 순환 인재 전략의 한 형태이다.

한 예로 SK브로드밴드의 직무 이동 제도인 'Job Posting'은 구성원이 한 직무에서 3년 이상 근무한 경우 다른 직무로 이동할 수 있는 기회를 제공한다. 이 제도는 구성원의 자율성을 존중하며 특정 전문 분야를 제외하고 자유롭게 직무를 이동할 수 있도록 지원한다. 지원 절차는 공지된 대상 부서와 업무 정보를 확인한 후 자기소개서를 제출해 지원하며 지원 사실은 소속팀에 비공개로 진행된다. 심사는 블라인드 방식으로 진행하며 팀장의 반대와 상관없이 지원 부서에서 선발될 경우 이동이 가능한 제도이다. 조직 안에서의 '이동(Mobility)'을 제도화함으로써 퇴사 이전에 새로운 성장 경로를 열어주는 장치라고 할 수 있다. 이 제도는 구성원들이 입사 후에도 경력 개발(CDP)을 자유롭게 설계할 수 있도록 돕는 중요한 기회로 평가받고 있다. 이런 'Job Posting'은 회사 내에서 이직과 유사한 경험을 제공하며, 구성원이 다양한 직무를 통해 전문성을 쌓고 새로운 도전을 할 수 있도록 장려하는 제도이다(SK Careers Journal, 2022). 실제로 플랫폼 뉴스 조사에 따르면 사내 이직 제도를 통해 자발적으로 이동한 직원은 84.3%가 이동 후 직장 생활에 만족해한다고 나타났다. 제도 도입에 대한 긍정적인 의견은 86%로 매우 높게 나타났다. 사내 이직 제도는 직원의 자율성과 커리어 개발을 지원하며, 회사 입장에서는 인재 유출 방지 및 조직 경쟁력 강화를 기대할 수 있는 제도인 것이다. 순환 인재 관점에서 보면 외부 이탈로 이어질 수 있었던 이동을 조직 내부에서 흡수하는 방식이다.

LG에너지솔루션도 직원이 스스로 원하는 부서와 팀에 지원할 수 있는 사내 직무 이동 제도인 '커리어 플러스'를 2022년도부터 운영하고 있다. 구성원 스스로가 가장 몰입하여 본인의 역량 발휘와 회사 성과에 기여할 수 있는 측면에서 운영하고 있는 것이다. 롯데그룹은 2024년부터 사내 이직 제도인 '인커리어'를 단일 기업 내를 넘어서 그룹 전체로 확대 운영하겠다고 밝혔다. 평생직장 개념의 변화 속에서 우수 인재 유출 방지와 인력의 적재적소 활용을 목표로 한 제도로 소속 계열사와 무관하게 지원이 가능하며 지원 과정에서 발생할 수 있는 불이익을 최소화하겠다고 하였다. 계열사 간 이동 시 직급은 기본적으로 수평

이동이며 직무 평가 및 상황을 고려하여 새롭게 연봉 협상도 가능하다고 하였다. 롯데는 이 제도를 통해 인재 리텐션 강화와 업무 시너지 증대라는 두 가지 효과를 기대하고 있다(이호영, 2021). '조용한 고용'은 결과적으로 이동을 숨기는 것이 아니라 이동을 제도적으로 안전하게 만드는 것이다.

과거에는 직장을 옮기려면 이사를 하거나 긴 출퇴근 시간을 감수해야 했고 새로운 환경에 적응하는 부담도 컸다. 하지만 코로나19 이후 원격근무가 보편화되면서 물리적 제약이 사라졌고 전 세계 어디서나 일할 수 있게 되었다. 구직자들에게 더 많은 기회를 제공했지만 기업들에게는 새로운 도전 과제가 되었다. 뛰어난 인재들이 더 이상 한 지역에 묶여있지 않고 서울에 살면서 실리콘밸리 기업에서 일하거나 부산에 거주하며 서울 본사의 업무를 처리하는 것이 가능해졌다. 물리적 자유로움은 전 세계의 인재를 채용할 수 있는 기회를 얻었지만 동시에 자사의 우수 인재들이 더 나은 조건을 제시하는 기업으로 떠날 위험도 커졌다. 화상 면접이 보편화되면서 물리적 이동 없이도 채용 과정이 훨씬 수월해진 것이다. 인재 확보는 단순한 채용 이슈가 아니라 기업 철학과 환경에 대한 총체적 접근이 필요한 과제다. 인재 전략은 구성원 개개인이 진심으로 몰입하고 성장할 수 있는 환경을 만드는 것에서 시작된다. 그것이 바로 미래 인재가 '머물고 싶어 하는 조직'이 되는 출발점이다.

퇴사는 더 이상 끝이 아니라 이동과 전환이 이어지는 순환의 한 지점이다. 과거에는 퇴사가 조직과의 마지막 접점으로 인식되었지만 이제는 새로운 시작과 성장 그리고 재입사의 가능성까지 내포하는 보다 유연한 여정으로 자리 잡고 있다. 변화 속에서 기업들은 퇴사 과정을 체계적으로 다루기 위해 오프보딩(Offboarding) 프로세스를 도입하고 있다. 오프보딩은 단순한 퇴직 서류 처리나 인수인계에 그치지 않고, 법적 리스크 예방, 데이터 및 보안 관리, 퇴사자와의 관계 유지를 아우르는 종합과정이다. 순환 인재 관점에서 보면 퇴사 이후에도 조직과의 관계를 긍정적으로 이어가며 다시 가치를 더할 수 있도록 돕는 마지막 연결 고리라 할 수 있다. 오프보딩이 중요한 이유는 법적 절차와 서류 처리를 명확히 함으로써 분쟁 가능성을 최소화할 수 있다. 동시에 체계적이고 명확한 업무 인수인계를 통해 업무 흐름이 끊기지 않도록 하기 위함이다. 더 나아가 데이터 보안을 철저히 관리하고 퇴사자와 좋은 관계를 유지함으로써 향후 비즈니스 협력의 가능성까지 열어 둘 수 있다.

퇴사 면담을 해 보면 단순히 '이직'을 사유로 밝히는 경우가 많지만, 그 이면에는 개인사업, 건강, 학업 등 다양한 배경이 존재하기도 한다. 이제는 그 사람이 향후 어디에서 어떤 커리어를 이어갈지에 대한 이해가 중요하다. 심층 면담이나 무기명 설문을 통해 퇴사자들이 조직에서 경험한 만족도, 리더십 평가, 성장의 기회 등에 대한 의견을 수집하는 것이 필요하다. 단순한 퇴사 관리가 아니라 향후 재연결 가능성을 고려한 관계 관리이다. 특히 퇴사자를 조직의 잠재 자원으로 보는 경우, 퇴사 기록은 더욱 중요해진다. 재입사 추천 혹은 사내외 인재 풀에서 활용할 수 있도록 이력, 태도, 잠재력을 함께 평가하는 방법이 함께 수반되어야 한다.

인사팀은 내부적으로 퇴사자의 성과, 퇴사 사유, 조직 적합성 등을 기준으로 이력 관리를 하면서 과거 우수한 성과를 냈던 직원들을 쉽게 파악해 재입사를 추천할 수 있도록 한다. 이는 '떠나버린 인재'의 이탈 이유를 관리하는 것이 아니라, 조직 안팎을 순환하며 성장하는 인재로 바라보고 연결하는 관점으로의 전환이라 할 수 있다. 조직은 검증된 인재를 효과적으로 관리할 수 있고 이들은 신규 채용보다 빠르게 적응할 가능성이 높아 업무 공백을 줄이고 효율성을 높일 수 있다.

마무리

퇴사와 재입사라는 순환적 구조는 조직과 개인 모두에게 새로운 가능성을 제공하고 있다. 우로보로스 신화처럼 끝과 시작이 연결된 순환적 관계를 통해 직원들은 외부에서 새로운 역량과 시각을 쌓아 조직에 다시 기여하고 있다. 이는 조직이 변화와 혁신을 지속적으로 도모할 수 있는 중요한 자원이 되고 있다.

특히 생성형 AI의 급격한 발전은 인재 순환의 본질적인 성격을 변화시켰다. 챗GPT와 같은 AI 도구들이 일상적인 업무 툴로 자리 잡으면서, 데이터 분석, 문서 작성, 코딩 지원 등 다양한 업무의 자동화가 가속화되었다. 조직은 AI를 전략적으로 활용하여 새로운 가치를 창출할 수 있는 인재를 더욱 필요로 하게 되었다. 외부 경험은 더 이상 '공백'이 아니라 조직에 되돌아올 때 즉시 활용 가능한 '학습 자산'이 된다. 외부에서 AI 활용 경험과 디지털 역량을 습득하고 돌아오는 재입사자들이 조직의 디지털 혁신을 이끄는 핵심 역할을 담당하게 될 수도 있다.

원격근무와 하이브리드 근무 환경의 정착은 인재 순환의 지리적 한계를 완전히 허물었다. 물리적 거리에 구애받지 않고 글로벌 인재 풀과 협업할 수 있는 환경이 현실화되면서 조직은 더욱 다양하고 창의적인 인재들과 연결될 수 있는 기회를 얻었다. 예컨대 Microsoft Teams, Slack, Notion, Miro 등 고도화된 디지털 협업 툴은 분산된 팀 간 실시간 협업을 가능케 했다. 프로젝트 기반의 단기 자문, 외부 전문가 협력 등 새로운 형태의 재참여 모델도 점차 확산되고 있다.

그리고 MZ세대를 넘어 알파세대가 노동시장에 진입하면서 인재에 대한 조직의 관점도 전환되고 있다. 디지털 네이티브로 자란 이들은 조직 충성보다 개인의 성장을 우선시하며 다양한 경험을 통해 자신의 가치를 높이려 한다. 이러한 흐름은 조직 내부 인재 이동을 더욱 유연하게 만들고 있으며 순환형 인재 전략이 리스크 관리 수단에서 성장 전략으로 진화하고 있다.

또한 고령화 사회에서 시니어 인재의 순환도 새로운 대안으로 부상하고 있다. 65세 이상 고령 인구 비중이 20%를 넘어서면서 축적된 경험과 전문성을 갖춘 시니어의 가치가 재평가되고 있다(한국노동연구원, 2023). 은퇴 이후의 재참여, 자문, 멘토링 역시 순환 인재의 중요한 축으로 확장되고 있다. 이렇게 급변하는 사회 속에서 조직이 유연하게 대응하며 살아남기 위해서는 보다 포용적인 문화를 조성해야 한다. 퇴사를 성장의 일부로 보고 다시 돌아올 수 있는 환경을 마련하는 것이 핵심이다. 퇴사자 네트워크, 동문 프로그램, 재입사 우대 정책 등도 확대되고 있으며 AI·디지털 교육을 포함한 재교육 프로그램도 생겨나고 있다. 조직은 공정하고 투명한 재입사 기준을 정립함으로써 내부 직원의 신뢰를 얻는 동시에 외부에서 돌아오는 인재를 효과적으로 수용할 수 있는 시스템을 갖추어야 한다. 이러한 체계는 외부와 내부 경험을 융합한 혁신 인재를 확보하는 데 중요한 역할을 하며 순환 인재 전략은 조직의 지속 가능성과 경쟁력을 결정짓는 핵심 전략이 될 것이다.

1-3 오늘 가장 필요한 리더십

M은 헤드헌터가 소개해 준 K 스타트업으로의 이직에 성공했다. K 스타트업은 소위 떠오르는 유니콘 기업이었다. 총 임직원 50명 규모의 이 회사는 설립된 지 6년밖에 되지 않았지만, 인공지능을 활용한 다양한 개인 맞춤형 서비스를 기획하고 운영하며 빠르게 성장하고 있었다.

실무 경력은 아직 4년 차에 불과했지만, 석사와 박사 과정은 물론 대기업 인공지능 혁신실에서 근무한 경험까지 경력으로 인정받아 그는 K사에서 곧바로 '본부장' 직책으로 합류할 수 있었다. 스타트업인 만큼 구성원 한 사람 한 사람이 회사의 오너처럼 일해야 한다는 사실은 잘 알고 있었다. 그럼에도 '과연 무엇을 믿고 나에게 이런 역할을 맡긴 걸까'라는 의문과 함께, 이 정도 위치라면 자신의 잠재력을 제대로 펼칠 수 있겠다는 기대감도 동시에 들었다.

M이 맡은 직급은 약 3~4명으로 이루어진 팀 여러 개를 관리하는 리더십 포지션이었다. 각 팀들은 팀장을 중심으로 새로운 인공지능 기반 서비스에 대한 아이디어를 내고, 기획까지 진행하고 있었는데, M이 모두 그전 회사에서 리서치해 본 내용이었다. M은 상

당히 자신감이 붙었고, 확실히 이 회사에서 나만큼 잘 아는 사람은 없는 것 같았다. 업무 분업도 어떻게 할지 잘 알고 있었기에 M은 기존의 경험을 살려 팀들을 잘 이끌어나갔다.

그러나 이직 후 첫 문제는 엉뚱한 곳에서 터졌다.

팀들 중 가장 많은 인원을 보유하고 있는 A 팀의 팀장이 돌연 '팀장직을 내려놓고 싶다'라는 의사를 내비친 것이었다. 이유인즉슨 서비스의 본질적인 아이디어는 본인이 생각해 냈지만, 서비스의 범위가 넓어지면서 감당하기 어렵게 되었다는 이야기였다. 또한 너무 많은 팀원들이 팀장에 의지하고 있는 것이 부담스럽다고 했다. A 팀장은 '팀원'으로 내려가고 다른 사람을 팀장으로 세웠으면 좋겠다며, 가까이 일하던 팀원을 추천해 왔다.

이런 이야기는 M이 쉽게 공감하기 어려웠다. 더 많은 팀원을 데리고, 내가 만든 서비스가 채택되어 커지고 있다는 것은 그것 자체만으로 보상이라고 생각했다. 그런데 리더가 되는 것이 부담스럽다니? 게다가 자신의 밑에서 일하던 팀원을 자기 자리로 올려주고, 자신은 좌천되기를 원한다니? M은 A 팀장에게 재차 확인했지만 A 팀장의 뜻은 확고했다.

그렇게 M이 본부장으로 들어온 지 3개월 만에, 자신의 부서에 있는 팀장을 바꿔주었고, 이것은 M이 개입하여 해결한 첫 번째 인사 문제가 되었다.

최근 리더를 맡지 않으려는 '의도적 언보싱(Unbossing)' 현상이 두드러지고 있다. 대학내일 20대 연구소에서 19~36세 기업 재직자를 대상으로 한 설문 결과, 청년들은 중간관리직을 맡고 싶어 하지 않으며 그 이유로 "팀, 조직 성과를 책임지는 게 부담된다"라는 답변이 가장 많이 나왔다(뉴스스테이션, 2025). 왜 이런 현상이 나타나는 걸까?

일각에서는 이 현상을 MZ세대의 가치관 변화, 즉 조직보다 개인의 성장을 우선시하는 성향으로 설명한다. 실제로 글로벌 컨설팅 기업인 로버트 월터스가 2024년에 진행한 조사에 따르면, Z세대의 72%가 "부하직원을 관리하는 것보다 개인적인 성장과 기술 축적에 시간 쓰는 것을 선호"한다고 답했다(아시아경제, 2024). 대기업에서도 그 패턴은 다르지 않은데 같은 해 잡코리아에서 1,114명의 직장인들 대상으로 한 설문 결과, 전체 응답자의 54.8%가 임원 승진에 뜻이 없다고 답했다. 이들이 밝힌 이유 중에는 워라밸의 파괴와 현실적인 어려움, 직장 생활을 오래하고 싶지 않다는 의사 등이 있었다(아시아경제, 2024). 즉, MZ세대는 빠른 승진보다는 자신의 삶의 균형을 지키며 상대적으로 안정적인 방식으로 일하는 것을 더 중요하게 느끼는 경향이 있다. 이것은 M세대보다도 Z세대에서 더욱 뚜렷하게 나타나고 있다.

그러나 조사 결과만으로는 이 현상을 온전히 설명하기 어렵다.

의도적 언보싱 현상은 세대적 특성으로만 해석하기보다, 구성원이 어떤 리더십을 경험해 왔는가와 깊이 연결되어 있다. MZ세대는 기성세대가 걸어온 리더십의 모습을 지켜보며 이미 마음속에 일정한 거리감을 형성해 왔을 가능성이 크다. 인기리에 방영되었던 드라마 「서울 자가에 대기업 다니는 김 부장 이야기」 속 김 부장은 실적 압박과 승진 경쟁 속에서 버티기 위해 애쓰며, 가족의 희생을 당연하게 감수해

온 기성세대 리더의 전형을 보여준다(JTBC, 2025). 이를 지켜보는 MZ세대는 '굳이 저렇게까지 해야 할까?', '나는 저런 리더가 되지 않을 거야.'라는 생각을 자연스럽게 떠올린다. 책임은 크지만 권한과 보상은 불확실하고, 개인의 삶을 잠식하는 리더십 역할을 굳이 선택할 이유를 찾기 어려운 것이다. 그래서 이들은 책임을 떠안는 자리로 올라가기보다는 일과 삶의 균형을 지키며 자신의 전문성을 쌓는 방향을 더 합리적인 선택으로 인식한다.

이 같은 인식 변화는 오늘날 리더십 기피현상(혹은 '리더십 포비아' 현상)이 증가하는 중요한 배경이 되고 있다. 그러나 이 흐름은 개인에게는 합리적인 선택처럼 보일 수 있으나, 조직 차원에서는 결코 가볍게 넘길 문제가 아니다. 리더십 포비아가 확산될 경우 조직은 중간관리자 역량의 약화와 리더 공백이라는 구조적 문제에 직면하게 된다.

리더가 부족해지면 조직 내 의사결정은 지연되고 책임 소재가 불분명해지면서 팀 운영의 안정성이 흔들릴 수 있다. 이는 곧 업무 효율성과 조직 결속력의 저하로 이어진다. 또한 승진과 리더십에 대한 동기가 약화되면 구성원의 업무 몰입도와 성과 창출에 대한 적극성 역시 감소하게 된다. 이와 같은 상황이 장기화될 경우 성과 지향적 문화는 약화되고, 인재 육성과 조직 전체의 경쟁력, 혁신 역량에도 부정적인 영향을 미칠 수밖에 없다. 특히 빠른 판단과 실행이 요구되는 AI 시대에는 리더 공백이 조직의 민첩성 저하로 직결될 가능성이 크다.

리더십 부담을 줄이기 위한 조직의 실험

리더십 포비아가 조직 전반으로 확산되자 기업들은 리더십의 부담을 완화하기 위한 다양한 대응을 모색하기 시작했다. 그중 하나는 고용·인력 운용 방식을 유연화하려는 시도로, IC(Independent Contractor, 독립적 계약자) 제도의 활용이 대표적이다. 이러한 시도는 리더십의 본질을 바꾸기보다는 리더 역할에 따르는 책임과 부담을 개인에게 고정시키지 않고 구조적으로 완화하려는 노력에 가깝다.

IC 제도는 조직 구성원을 고용 관계가 아닌 계약 관계로 운영하며 특정 업무나 프로젝트 단위로 협업하는 방식이다. 이를 통해 구성원은 조직원으로서의 부가적인 책임에서 벗어날 수 있고, 기업 역시 전문 인력을 유연하게 활용할 수 있다. 실리콘밸리 기업들은 신규 프로젝트의 상당 부분을 독립 계약자와 함께 추진하며 속도와 효율성을 높여 왔다. 예를 들어 구글은 정규직 인력과 더불어 검증된 독립 계약자를 단기 프로젝트에 투입해 목표 달성 후 팀을 해산하는 방식을 활용하고 있다(index.dev, 2025). 이러한 고용 방식은 북미와 유럽을 중심으로 법·제도적 기반을 갖추며 혁신과 고용 안정성을 병행하는 모델로 자리 잡아 왔다(Homebase, 2024).

고용 방식의 변화와는 달리 또 다른 방향은 조직 내부의 운영 방식을 재설계하는 시도로, 리더 역할을 특정 개인에게 고정하지 않고 상황에 따라 나누어 맡도록 운영하는 방식이다. 이는 리더에게 집중되던 책임을 분산하고 현장의 판단 속도를 높이기 위해 조직들이 실무에서 시도해 온 변화로 볼 수 있다.

스타벅스는 현장의 자율성과 판단 권한을 넓힌 운영 사례로 자주 언급된다. 매장에서는 교대 책임자나 숙련된 파트너가 상황에 따라 현장을 이끌며, 고객 경험과 운영 이슈를 주도적으로 결정한다. 또한 1999년 중국 진출 당시 하워드 슐츠가 현지 매장 관리자에게 차(茶) 음료 개발의 자율권을 부여한 일화는 현장 판단을 존중하는 운영이 현지화 전략에서 효과적으로 작동할 수 있음을 시사한다(ClickUp, 2024). 결국 이 사례는 리더십을 '지위'가 아니라 '역할과 책임'의 관점에서 설계할 때 실제 성과로 연결될 가능성이 있음을 보여준다. 이러한 관점은 뒤에서 인간 중심 리더십의 한 요소로 정리해 살펴본다.

리더십 기피 현상이 조직 역량의 약화로 이어질 수 있는 상황에서 기업들은 이러한 운영 실험을 통해 새로운 리더십 문화를 만들어가고 있다. 그러나 제도만으로 리더들의 부담이 완전히 해소되지는 않는다. 이에 따라 조직의 관심은 점차 '누가 리더를 맡을 것인가'에서 '판단과 책임을 어떤 구조로 분산하고 운영할 것인가'로 옮겨가고 있다.

사람이 아닌 AI에게 리더십을?

이러한 문제의식 속에서 일부 조직은 판단과 관리의 일부를 AI와 같은 기술에 위임하는 방향으로 실험을 시작했다. 인사관리 시스템에 AI가 도입되면서 성과평가, 업무 분석, 프로젝트 배정, 승진 결정 등 다양한 영역에서 활용되고 있다. Eightfold AI의 2022년 설문조사에 따르면, 세계 주요 기업의 HR 리더 중 92%가 적어도 하나의 영역 이상에서 AI 기술의 활용을 늘려 나갈 계획인 것으로 나타났다. 현재 세계 주요 기업의 HR 부서는 직원 인사기록 관리(78%), 급여 처리 및 복리후생 관리(77%), 채용(73%), 성과관리(72%), 온보딩(69%) 등의 순으로 AI 기술을 활용하고 있다(유승주, 2024). 성과평가와 승진 결정에도 AI를 적용하는 사례가 점차 늘어나고 있다. 예를 들어, IBM은 AI '왓슨'을 기반으로 한 '마이카(MyCA)' 시스템을 도입하여 직원들의 과거와 현재 데이터를 분석하고 적합한 직무를 제안하고 있다. 국내에서는 KB금융이 'AI 기반 HR 프로세스'를 개발하여 인사이동과 인재추천에 AI 시스템을 활용하고 있다(이중학 외 2인, 2023). AI의 도입은 객관적인 데이터를 바탕으로 평가를 진행할 수 있다는 장점이 있다. 예를 들어, 채용 과정에서 AI 면접은 청탁 등으로 인한 채용비리와 면접관의 주관적인 판단에 의한 평가 오류 문제를 해결할 수 있다(애드가, 2020).

그러나 AI 시스템의 도입이 모든 문제를 해결하는 것은 아니다. AI는 뛰어난 데이터 처리와 분석 능력을 보여주지만 구성원들과의 신뢰 형성과 조직문화 측면에서는 한계가 있다. AI가 성과 평가와 의사결정을 주도하는 조직에서 과연 구성원들의 신뢰와 업무 효율성을 모두 확보할 수 있을까? 리더의 인간적 공감과 윤리적 판단이 없다면 오히려 조직은 불신과 갈등으로 가득 찰 수 있다. 그렇다면 AI와 함께 일하는 시대에 조직이 정말로 필요로 하는 리더십은 무엇일까? 기술이 대신할 수 없는 영역에서 리더는 어떤 역할을 수행해야 할까?

AI 시대의 새로운 리더십 패러다임

앞에서 살펴본 IC 제도와 리더 역할을 분산하려는 운영 실험, 그리고 AI 기반 인사관리의 확산은 모두 하나의 질문으로 수렴된다.

AI와 인간이 공존하는 새로운 조직 환경에서
우리는 여전히 리더십이 필요한가?
필요하다면 어떤 리더십이 필요한가?

이는 리더십의 의미가 '누가 통제하는가'에서 '어떤 가치와 기준으로 판단하고 책임지는가'로 바뀌고 있음을 보여준다.

AI가 분석과 예측, 관리의 영역을 빠르게 대체하는 상황에서 리더의 역할은 더 이상 기술을 통제하는 관리자가 아니라 인간의 가치와 판단을 지키는 기준점으로 재정의되고 있다.

이 같은 변화의 흐름 속에서 등장한 개념이 인간 중심 리더십(Human-Centered Leadership)이다. 이 장에서는 진정성 리더십(Authentic Leadership), 윤리적 리더십(Ethical Leadership), 공유·순환형 리더십(Shared & Rotating Leadership)이라는 세 가지 핵심 요소를 통합적으로 활용한 인간 중심 리더십을 다뤄본다.

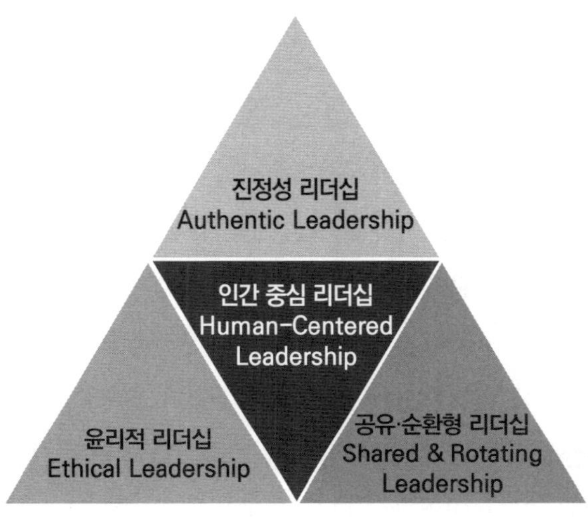

〈인간 중심 리더십(Human-Centered Leadership) 모델〉

첫 번째는 '신뢰'다. 변화 속에서도 구성원이 믿고 따를 수 있는 기준을 세우는 진정성 리더십이 여기에 해당한다.

두 번째는 '판단의 기준'이다. AI가 개입하는 의사결정에서 옳고 그름의 경계를 세우는 윤리적 리더십이 필요하다.

세 번째는 '책임의 구조'다. 역할과 전문성에 따라 리더십을 나누고 순환시키는 공유·순환형 리더십이 이를 구현한다.

이 세 가지는 서로 분리된 리더십 유형이 아니라, AI 시대에 리더십이 제대로 작동하기 위해 함께 고려되어야 할 핵심 조건이다. 이제부터 각 요소를 차례로 살펴보며 인간 중심 리더십이 조직 안에서 어떻게 구현되는지를 구체적으로 알아보자.

진정성 리더십(Authentic Leadership)

— 사티아 나델라, 놀유니버스

AI 시대에 인간 중심 리더십의 출발점은 '신뢰할 수 있는 사람인가'라는 질문이다. 기술이 성과를 예측하고 업무를 배분할 수는 있지만, 구성원들이 불안과 변화 속에서도 따를 수 있는 기준은 결국 사람에게서 나온다. 이때 가장 먼저 요구되는 것이 진정성 리더십이다. 이는 솔직함과 투명함을 바탕으로 스스로가 누구인지 분명히 인식하고, 말과 행동의 일관성을 통해 책임감 있게 행동하도록 리더의 태도와 기준을 규정하는 개념이다. 이러한 리더십은 개인의 태도에 머무르지 않고, 구성원들과의 열린 소통과 공감을 통해 조직 전반의 신뢰 관계를 형성하는 방식으로 작동한다. 이 과정에서 진정성은 리더 개인의 성품을 넘어 AI와 함께 일하는 조직에서 인간적 신뢰를 지탱하는 핵심 축으로 기능한다. 국내외 다양한 사례를 통해 진정성 리더십이 실제 조직에서 어떻게 구현되고 있는지 확인해 보겠다.

그 핵심 요소로는 자아 인식과 변함없는 신념, 투명한 공감 소통 등이 자주 언급된다. 이러한 특징을 잘 보여주는 대표적인 사례로는 Microsoft의 CEO인 사티아 나델라(Satya Nadella)를 빼놓을 수 없다.

1) 마이크로소프트를 다시 일으킨 진정성의 힘, 사티아 나델라

"나는 매일 마이크로소프트에서 구성원 여러분들과 함께 일하는 것이 자랑스럽습니다."

사티아 나델라(이하 나델라)는 코로나19 팬데믹이라는 위기 속에서도 회사가 할 수 있는 일을 구체적으로 제시하며 위기보다 가능성에 집중하도록 구성원들을 독려했다. 그는 '우리는 이 상황을 함께 극복할 수 있다'는 자신감을 불어넣는 동시에 위기 극복의 중심이 CEO가 아니라 구성원들에게 있다는 점을 거듭 강조했다. 이러한 리더십 아래 마이크로소프트(Microsoft)는 기업문화를 전면적으로 혁신하고 직원 중심의 문화로 재정비할 수 있었다.

그는 가장 중요한 가치로 공감, 포용성, 다양성 등을 표방하며 고객과 직원들의 요구를 깊이 이해하고 다양한 관점을 수용하며 조직문화 혁신을 이끌어냈다. 여기에는 나델라가 장애를 가진 자녀를 돌보며 얻은 공감능력이 한몫했다. 이러한 개인적 경험은 고스란히 리더십에 반영되어 다양성과 포용성을 중심으로 제품과 서비스를 설계하는 데도 큰 힘을 보탰다. 또한 나델라는 조직 전반에 'Learn-it-all' 문화(학습 중심의 사고방식)를 장려하며 지속적인 학습과 도전을 추구했다. 나델라가 CEO가 되기 전 마이크로소프트는 과거의 성공에 취하여 각자 자신의 지식과 전문성을 과시하기에 바빴고 자신들이 최고임을 입증하려는 경쟁적인 분위기가 만연했다. 이로 인해 내부 갈등은 점점 심화 되었고 혁신은 둔화되었다. 이러한 문제점을 간파한 나델라는 심리학자 캐럴 드웩(Carol Dweck)의 성장 마인드셋(Growth mindset) 이론을 토대로 조직문화 혁신을 꾀하고자 했다. 이는 구성원 모두가 자신들의 한계를 인정하고, 호기심과 겸손을 바탕으로 열린 소통과 피드백을 통해 학습과 성장을 추구하도록 장려하는 문화적 전환이었다. 결국 나델라는 마이크로소프트를 경쟁에서 협력으로, 과시에서 겸손으로 조직문화를 탈바꿈시킴으로써 직원들이 자유롭게 협업하고 언제든지 새로운 시도를 격려하는 기업문화 혁신을 만들었다. 이러한 나델라의 진정성 리더십은 많은 기업과 조직들에게 귀감이 되고 있으며, AI와 같은 기술적 도구를 도입하면서도 인간의 가치를 우선시하는 중요한 교훈을 제공한다(Microsoft, n.d.).

2) 진정성 리더십의 생생한 실험무대, 놀유니버스

우리나라에서 제일 잘 노는 기업, 여행하면 누구나 한 번쯤 떠올려 봄직한 여가 플랫폼, 과연 어디일까?

바로 야놀자와 인터파크가 합병하며 글로벌 트래블 테크(Travel-tech) 생태계를 구축한 '놀유니버스(NOL UNIVERSE)'다. 여행객이라면 이곳에서 국내외 숙박은 물론, 레저, 교통수단 등 여가를 위한 모든 서비스를 제공받을 수 있다. 놀유니버스의 모태가 된 야놀자는 2016년에 국내 숙소 예약 서비스를 시작한 이후, 글로벌 호텔 예약 등 다양한 서비스를 추가하며, 한국 여행 기업 중 최초로 기업가치 100억 달러 이상의 '데카콘' 반열에 오르며 글로벌 시장에서의 위상을 공고히 하고 있다. 그렇다면 이들은 어떻게 이토록 단기간에 빠른 성장을 이뤄냈을까? 다양한 요인이 있겠지만 무엇보다도 구성원들의 남다른 일의 철학과 열정 그리고 차별화된 조직문화를 바탕으로 한 솔직하고 진정성 있는 리더십이 큰 역할을 했을 것으로 보인다. 여기서는 진정성 리더십의 주요 특징인 자기인식, 공감소통, 공정한 정보처리 등 여러 측면에서 놀유니버스가 일구어낸 조직문화 사례를 다뤄본다.

놀유니버스는 리더들이 자기인식을 위해 스스로 성찰하고 성장할 수 있도록 'NLP(NOL Leadership Program, 구 LD@Y)'를 운영하고 있다. 여러 리더십 프로그램 가운데 NLP는 상시 원격근무 체제에서도 리더십 역량이 약화되지 않도록 설계된 것이 특징으로 중간관리자들이 각자의 상황 및 환경에 맞는 리더십 스타일을 주도적으로 설계할 수 있도록 지원한다.

자율적으로 참여하는 과정임에도 불구하고 매 기수 조기 마감될 만큼 인기가 많으며, 특히 타 부서의 리더들과 함께 공감과 위로를 나눌 수 있는 장이 되기도 한다. 리더들은 이 과정을 통해 질문, 경청, 피드백, 퍼실리테이션 등 관계 중심의 소통 역량을 자연스럽게 익히게 된다.

또한 놀유니버스의 소통 문화를 조직 전반에 확산시키는 데 중요한 역할을 한 프로그램으로 '와이커스(Y-CUS; Yanolja Communication Style)'를 빼놓을 수 없다. 비록 현재는 운영이 종료되었으나, 도입 당시 상시 원격 근무 환경 속에서 투명하고 일관된 커뮤니케이션 기준을 세우는 데 결정적인 역할을 했다. 이 프로그램은 신뢰를 바탕으로 한 소통과 협업 방식, 효과적인 피드백과 갈등 예방 방법 등 커뮤니케이션 전반의 지식과 노하우를 숏폼 영상 등 다양한 방식으로 전파했으며, 그 결과 축적된 자산은 현재까지도 조직 전반에 내재화되어 있다. 이러한 기반 위에서 리더들은 타운홀 미팅이나 밋업 등 공식 소통 채널을 통해 회사의 방향, 고민, 개선점을 투명하게 설명할 수 있었다. 이를 통해 구성원들은 자신의 의견이 경청되고 공감받고 있음을 체감했으며, 이는 리더와 구성원 간의 신뢰를 쌓아가는 진정성 리더십이 조직 차원에서 구현된 좋은 사례라 할 수 있다.

진정한 리더십을 조직에 잘 적용한다면 단기적으로는 구성원들 간의 친밀함과 협력을 유도할 수 있고 장기적으로는 신뢰 중심의 조직문화를 탄탄히 구축하면서 더 나은 성과를 이끌어낼 수 있다. 앞선 사례들은 진정성 리더십이 단순한 경영 기법이 아닌 리더의 내면적 신념과 가치를 바탕으로 조직을 긍정적으로 변화시키는 강력한 원동력이 될 수 있음을 보여준다(월간 HR Insight, 2022).

윤리적 리더십(Ethical Leadership)

— 엔비디아, Google, IBM 등 빅테크 기업들

AI 시대에 인간 중심 리더십의 두 번째는 '무엇이 옳은 판단인가'를 명확히 제시하는 것이다. 기술은 점점 더 많은 선택지를 제안하고, 더 빠른 결정을 가능하게 만들지만, 그 결과에 대한 책임은 여전히 조직과 리더에게 남는다.

여기서 윤리적 리더십은 AI를 '얼마나 잘 활용할 것인가'가 아니라, '어떤 기준 아래에서 활용할 것인가'에 대한 개념이다. 물론 리더가 모든 선택의 옳고 그름을 대신 결정한다는 의미가 아니다. 이 리더십은 AI가 제시하는 판단과 추천 앞에서 조직이 지켜야 할 가치와 책임의 경계를 분명히 세우는 역할을 한다. 기준이 부재할 경우, 기술은 효율을 높일 수는 있어도 조직의 신뢰를 유지하는 데는 한계를 드러낸다. AI 기술이 확산되는 오늘날, 윤리적 리더십은 빠르게 변화하는 기술 환경 속에서도 조직이 신뢰를 잃지 않고 안정적으로 운영되도록 만드는 핵심 요소다.

비영리 연구 프로젝트인 'AI Incident Database(AIID)'는 실제 세계에서 발생한 인공지능 관련 사고를 체계적으로 수집·분류하고 있다. AIID에 보고된 2024년 '유해하거나 위험한' AI 사고는 233건으로 전년 대비 약 56% 증가한 것으로 나타났다. 이러한 사고에는 딥페이크를 활용한 사기, 정치적 허위 정보 유포, 알고리즘 편향·차별, 자해를 조장하는 챗봇과 로봇, 프라이버시 침해, 자율주행차 관련 사고 등이 포함되어 있으며, 이는 생성형 AI와 자동화 시스템이 사회·정치·개인 영역 전반에서 다양한 형태의 위험을 만들어내고 있음을 보여준다 (tom's Hardware, 2025). 이에 따라 각 국가와 기업들은 AI를 활용하는 방식과 그 결과가 가져올 사회적 파장에 대한 연구를 바탕으로 윤리적인 기준을 수립하고 실천해야 한다. 결국 AI 시대에 필요한 윤리적 리더십은 AI 기술의 개발, 활용, 관리에서 도덕적 기준을 세우고 이를 실천하는 리더십으로 설명할 수 있다.

이는 AI 활용의 초점이 효율 그 자체에 머무르기보다, 인간 중심의 가치를 지키는 방향으로 책임 있게 활용되어야 한다는 점을 강조한다. 이러한 관점에서 윤리적 리더십은 AI가 인간의 복지와 존엄을 해치지 않도록 기준을 세우고, 이를 통해 조직 안팎에서 신뢰를 쌓아가야 한다. AI가 점점 자율적인 판단을 수행하는 시스템으로 발전하는 만큼, 그 결과에 대한 책임은 개발자나 기술 자체가 아니라 이를 설계·운영하는 관리자와 기업에 있음을 분명히 해야 한다. 이러한 책임의 명확화는 불필요한 혼란과 사회적 갈등을 예방하는 데 중요한 역할을 한다. 나아가 사회적 책임을 다하는 기업은 소비자와 사회로부터 지속적인 신뢰를 얻고, 장기적으로 긍정적인 브랜드 이미지를 구축할 수 있다. 윤리적 리더십은 법과 규제를 넘어 조직이 더 높은 기준을 스스로 설정하고 실천하는 태도를 의미한다. AI를 다루는 조직에서 이는 몇 가지 핵심 요소로 구체화된다.

- 공정성: AI가 편향된 데이터를 학습하거나 차별적 결정을 내리지 않도록 관리
- 투명성: AI의 작동원리 및 의사결정 기준에 대해 이해 가능한 설명 제공

- 책임성: AI의 의사결정 결과에 대해 책임을 질 수 있는 시스템과 프로세스 마련
- 인간 중심성: AI가 인간의 가치를 훼손하지 않고 인간의 안전과 복지를 최우선으로 둠

각국 정부와 기업들은 AI의 위험과 부작용을 예방하기 위해 AI 윤리 기준을 세우고 교육하며 실천 캠페인을 진행하는 등 다양한 노력을 하고 있다. 그렇다면 이러한 윤리적 리더십이 실제 기업 현장에서는 어떤 모습으로 구현되고 있을까?

1) 엔비디아의 'Trustworthy AI' 원칙을 통한 윤리적 리더십

이제는 AI가 단순한 기술을 넘어 일상과 사회 전반에 깊숙이 자리 잡으며 큰 변화를 만들고 있다. 2022년 말 챗GPT가 공개되었을 당시만 해도 이 기술이 이렇게까지 세상을 흔들어 놓을 것이라고는 누구도 예상하지 못했다.

그러나 지금 오히려 생성형 AI를 사용하고 있지 않다고 하면 이상한 사람으로 여겨질 정도로 대중화가 된 것 같다. 반면 너무 짧은 시간에 급속한 발전에 따른 부작용도 만만치 않다. 할루시네이션(Hallucination)과 데이터 편향(Data Bias), 개인 정보 보호, 알고리즘의 투명성 등 기존에 생각하지 못했던 윤리적 문제들이 대두되고 있다. 그래서 이러한 변화의 소용돌이 속에서 리더는 중심을 잡고 AI가 기업의 목적에 맞게 잘 활용되고 사회적 책임을 다할 수 있도록 관리·감독해야 한다.

이런 측면에서 우리는 AI 반도체 분야의 절대 강자로서 엔비디아(NVIDIA)의 윤리적 리더십을 주목할 필요가 있다. 이 회사는 'Trustworthy AI'이라는 윤리적 원칙을 세웠는데 이는 인간 중심의 윤리적 리더십이 어떻게 조직과 사회에 실천될 수 있는지 그 지침을 명확히 제시하고 있다. 엔비디아의 윤리적 원칙(Trustworthy AI)은 크게 네 가지 축으로 구성된다. 개인 정보 보호(Privacy), 투명성(Transparency), 차별 금지(Nondiscrimination), 안전 및 보안(Safety and Security)이 그것이다.

이 원칙은 AI 개발자들을 위한 지침으로 '인간의 가치와 존엄성'을 중시하는 윤리적인 프레임워크라고 할 수 있다. 우선 개인 정보 보호(Privacy)는 개인 정보(사진, 음성, 건강기록 등)를 활용하는 AI 모델 개발 시 개인에게 올바르게 동의를 구했는지 평가하도록 권고하고 있다. 또한 투명성 측면에서는 생산자, 사용자, 이해관계자들 모두 AI가 어떻게 작동하는지 명확히 이해할 수 있도록 가이드하고 있다. 이를 위해서 검색 증강 생성(RAG) 기술을 통해 권위 있는 외부 데이터베이스와 연결하여 정확한 출처 인용 및 답변을 제공할 수 있도록 하고 있다. 이 외에도 모든 사람이 차별 없이 기술의 혜택을 받을 수 있도록 AI의 편향성을 줄이는 '차별 금지'와 사용자의 안전을 보호하기 위해 AI가 궤도를 벗어나지 않도록 하는 '안전 및 보안'을 강조하고 있다.

엔비디아는 'Trustworthy AI' 원칙을 구성원들이 일상에서 실천할 수 있도록 다양한 노력들을 기울이고 있다. 그 중심에는 AI & Legal Ethics(인공지능 및 법률 윤리) 전담 조직이 있으며, 이 부서에서는 회사의 모든 AI 윤리 정책의 수립과 실행, 모니터링 등 전 과정을 체계적으로 관리한다. 이를 통해 AI 원칙이 개발과 운영 등 실제 업무 전반에 적용되도록 하고 있다. 한편 구성원들 역시 이 원칙을 업무 지침으로 삼아 적극 실천하고 있다. 예를 들어, '투명성'이라는 원칙을 실천하기 위해 개발자들은 AI 모델이 어떻게 작동하고 구축되었는지에 대한 상세한 정보를 제공하고 있다. 여기에는 사용된 데이터셋, 훈련 방법, 라이선스 정보, 세부 윤리적 지침 등의 내용을 담고 있다.

이 외에도 엔비디아는 직원들이 AI 원칙을 학습하고 실천할 수 있도록 교육 프로그램을 운영하고 있으며, 신규 제품이나 서비스 개발 시에는 반드시 윤리적 검토 과정을 거치도록 하고 있다. 또한 직원들이 윤리적인 문제를 언제든지 자유롭게 이야기할 수 있는 채널을 운영함으로써 현장의 문제의식이 실질적인 정책 개선으로 이어질 수 있도록 힘을 쏟고 있다(NVIDIA Blog, 2025).

이러한 엔비디아의 AI 원칙은 고스란히 CEO 젠슨 황의 윤리적 리더십을 반영하고 있다.

AI와 관련 수많은 기술 혁신을 일구어 낸 혁신 아이콘답게, 그는 "AI는 인간을 대체하는 것이 아니라 지원하는 도구가 될 것이다."라고 명확한 비전을 제시했다(Medium, 2024). 젠슨 황은 AI 기술이 가져올 급속한 발전과 사회적 파급 효과를 미리 내다보면서 다양한 윤리적인 문제들을 고려하며 미래를 염두에 둔 정책을 펼치고 있다. 더욱이 AI 관련 기술의 한계와 위험성까지 투명하게 공유하며 관련 업계는 물론 국가기관 등과 컨소시엄을 구성하여 함께 문제 해결을 위해 노력하고 있다.

2) AI 윤리적 리더십을 실천하는 빅테크 기업들: Google, IBM, Microsoft

세계적인 글로벌 리더 기업들은 AI 개발에 천문학적인 투자를 하며 글로벌 AI 시장 선점을 위해 치열하게 선두 다툼을 하고 있다. 그러나 이들 기업은 AI가 인류에게 끼칠 부정적인 영향에도 함께 고민하면서 윤리적 실천 방안을 모색해 나가고 있다. 먼저 구글(Google)은 AI 기술의 윤리적 사용을 보장하기 위해 자사 'AI 개발 가이드라인'을 발표했다. 이 가이드라인은 'AI가 사람들에게 이익을 주고, 차별을 조장하지 않으며, 프라이버시를 존중해야 한다'는 원칙을 핵심 기준으로 삼고 있다. 또한 구글은 내부적으로 AI 윤리 위원회를 구성하여 AI 활용 과정에서 발생할 수 있는 윤리적 쟁점을 논의하고 주요 의사결정을 내릴 수 있는 체계를 마련했다. 그러나 구글은 이후 AI 윤리 전문가인 팀니트 게브루의 해고 논란으로 비판을 받으면서, 윤리적 리더십이 단순한 규범 제정에 그쳐서는 안 되고 실제 행동과 의사결정에 반영되어야 한다는 교훈을 남겼다.

IBM은 AI 기술을 개발하면서 AI의 투명성과 판단 근거를 설명할 수 있는 구조를 중심으로 윤리적 리더십을 발휘하고 있다. IBM은 '신뢰할 수 있는 AI' 원칙을 기반으로 AI의 투명성을 보장하고 고객과 직원들이 AI가 어떻게 결정을 내리는지 이해할 수 있도록 돕는다. 특히 AI 윤리 교육을 통해 임직원들이 윤리적 관점을 바탕으로 AI를 사용할 수 있도록 한다. 이러한 노력의 일환으로 이 회사는 AI 모델의 편향성을 완화하기 위해 'AI Fairness 360'이라는 툴킷을 공개했다. 이는 AI가 의사결정 과정에서 특정 집단을 차별하지 않도록 설계된 다양한 기술적 방법과 도구를 제공한다. IBM은 이를 통해 윤리적 AI 개발을 선도하고 기업의 사회적 책임을 실천하려는 리더십을 보여주고 있다.

Microsoft는 'AI for Good' 프로그램을 운영하면서 AI 기술을 활용해 인류에게 긍정적인 영향력을 주는 다양한 프로젝트와 연구를 진행하고 있다. 이 프로그램은 인도적 지원, 환경보호, 교육, 의료접근성 향상 등의 구체적인 실천 목표들을 담고 있으며 UN 및 다양한 NGO 등의 국제 협력 기구들과 파트너십을 맺어 AI 솔루션을 확산하는 등 윤리적 리더십을 실천하고 있다. 대표적인 프로젝트로 2024년 AI for Good Research Lab을 아부다비에 설립하여 중동과 아프리카 지역의 사회적 문제 해결을 위한 AI 관련 공동 프로젝트를 진행한 바 있다.

이러한 사례들은 AI 시대에서 윤리적 리더십이 기술력이나 경영 효율을 넘어서는 문제임을 보여준다. 결국 인간 중심적 가치를 지킬 수 있느냐가 조직의 지속 가능성을 결정한다. 한국 기업들은 AI를 적극 도입하면서도 윤리적 책임을 함께 고려하는 방향으로 접근하고 있다. 윤리적 가이드라인 수립과 기술 개발 과정에서의 안전장치 마련을 통해, AI 활용이 가져올 수 있는 사회적 문제와 불필요한 손실을 사전에 줄이려는 시도다. 이러한 노력이 실질적인 성과로 이어지기 위해서는 최고경영진의 분명한 의지가 전제되어야 한다.

이와 같이 많은 기업들은 AI의 급속한 발전으로 인한 여러 가지 부작용 및 폐해를 우려하며 미연에 방지하고자 각자의 방식대로 윤리적 리더십을 실천하고 있다.

다만 윤리적 가이드라인을 수립하는 것만으로는 충분하지 않다. 이러한 원칙이 현장의 업무문화 속에서 올바르게 인식되고 실천되기 위해서는, 리더십 전반에 반영되어 일상적인 의사결정의 기준으로 작동해야 한다.

이를 위해 기업들은 AI 기술 발전이 가져올 사회적, 경제적 영향들을 사전에 검토하는 한편, 리더와 구성원들이 AI 윤리에 대해 자유롭게 토론하고 학습할 수 있는 분위기와 교육 환경을 조성할 필요가 있다.

더 나아가 한 기업의 노력만으로는 수많은 AI 관련 문제와 이슈를 해결하기에는 어렵다. 정부, 학계, 산업계 등 관련 기관들이 모두 협력하여 국가적으로 윤리적 리더십이 발휘될 수 있도록 해야 한다. 더불어 국제적인 윤리적 기준 수립 및 협력의 기회가 있으면 적극적으로 참여하여 글로벌 리더십을 세워 나가는 것이 중요하다.

공유·순환형 리더십(Shared & Rotating Leadership)

— 고어, 부어트조그, 국내 기업

AI 시대에 인간 중심 리더십의 세 번째는 '리더십의 책임을 누가, 어떻게 감당할 것인가'를 다시 정의하는 것이다. 변화의 속도가 빨라지고 과제의 전문성이 높아질수록 모든 판단과 책임을 한 사람에게 고정시키는 방식은 한계를 드러낸다. 이러한 문제는 리더 개인의 역량 문제라기보다 리더십을 한 사람에게 집중시켜 온 기존 운영 방식에서 비롯된다.

앞에서 살펴본 리더십 부담 완화 실험과 역할 분산의 흐름을 하나의 개념으로 정리하면, 이를 공유·순환형 리더십(Shared & Rotating Leadership)이라 부를 수 있다. 이제 리더십은 특정 직위에 고정된 권한이 아니라 상황과 과제에 따라 가장 적합한 사람이 맡고 다시 내려놓는 역할로 재정의될 필요가 있다. 이러한 인식에서 등장한 공유·순환형 리더십은 이를 '자리'의 개념에서 '역할과 책임'의 관점으로 전환한다. 이는 단순히 부담을 분산하는 것이 아니라 조직 안에서 판단과 책임, 주도성이 언제, 누구에게, 어떤 기준으로 이동하고 다시 공유되는지를 명확히 설계하려는 접근이다.

공유 리더십은 특정 개인의 영향력이 아닌 구성원들 간에 분산된 상호 영향 과정으로 리더십을 이해한다. 즉, 팀 구성원들이 공동의 목표를 위해 서로에게 리더십을 발휘하며, 의사결정과 책임을 함께 감당하는 상태를 의미한다(Carson et al., 2007).

반면 순환형 리더십은 리더 역할이 고정되지 않고 과제의 성격과 프로젝트의 단계에 따라 이동한다는 점에 주목한다. 특정 시점에 전문성을 가진 구성원이 리더 역할을 맡고, 상황이 바뀌면 다시 팀원으로 돌아가는 방식이다. 이는 리더십을 영구적인 지위가 아닌 일시적이고 기능적인 역할로 보는 접근이다(Gronn, 2002; Day, Gronn, & Salas, 2004).

공유·순환형 리더십은 이 두 관점을 결합해, 권한과 책임을 특정 개인에게 집중시키지 않으면서도 의사결정의 기준을 분명히 한 상태에서 팀 단위의 공동 판단과 역할 순환이 함께 작동하도록 설계된 방식이다(Carson et al., 2007; Pearce & Conger, 2003). 즉, '누구나 항상 리더인 상태'도 아니고, '한 사람이 모든 책임을 지는 상태'도 아닌, 필요할 때 가장 적합한 사람이 리더 역할을 맡고 판단과 책임은 다시 팀 전체가 함께 감당하는 형태다. 이러한 형태는 AI 시대 조직이 요구하는 전문성, 속도, 그리고 인간 중심의 책임성을 담아내기 위한 현실적인 대안으로 받아들여지고 있다.

이러한 관점은 리더십을 '위에서 내려오는 권위'가 아니라 조직이 필요로 하는 순간 유연하게 제공되는 역량으로 본다는 점에서 Leadership as a Service(LaaS)와도 밀접하게 연결된다. LaaS는 클라우드 서비스가 필요할 때 즉시 자원을 제공하듯 전략 과제나 변화 프로젝트 수행 시 필요한 역량을 필요한 시점에 필요한 방식으로 제공하자는 개념이다(Silva, 2025).

특히 애자일 조직, 실험조직, 프로젝트 기반 조직처럼 자율과 수평성을 중시하는 환경에서는 이러한 구조가 민첩성과 혁신을 높이는 데 기여할 수 있다(Carson et al., 2007). 이때 리더는 전통적인 의미의 '지시자'라기보다 구성원의 실험을 지원하고 함께 일하기 좋은 환경을 만드는 촉진자이자 파트너에 가깝다. 리더의 주된 역할은 필요한 자원을 제공하고 협업과 의사결정의 기준을 정리·조율하며, 리더 역할의 전환과 책임의 공유가 자연스럽게 이루어지도록 돕는 것이다.

보다 현실적인 관점에서 공유·순환형 리더십의 핵심은 이를 개인의 지위가 아닌 팀이 함께 보유하고 사용하는 운영 역량으로 인식하고, 상황에 따라 역할을 나누어 수행한다는 데 있다. 이것이 조직에 정착하려면 권한을 '내가 가진 것'이 아니라 조직이 함께 만들어 가는 공동의 역량으로 바라보는 태도와 더불어, 권한을 나눌 수 있는 신뢰, 실패를 학습 과정으로 인정하는 문화, 그리고 수평적이고 열린 소통 방식이 함께 마련되어야 한다.

전통적 리더십 vs. 공유·순환형 리더십 비교

구분	전통적 리더십	공유·순환형 리더십
1. 리더십 권한 구조	리더십 권한이 직위·직급에 고정되어 있으며 소수 리더에게 집중됨.	리더십 권한이 특정 직위에 묶이지 않고 팀 전체에 분산되며, 상황·전문성에 따라 여러 사람이 리더십을 발휘함.
2. 리더 역할 변화 방식	동일한 사람이 지속적으로 리더 역할을 수행하며 조직 구조도 비교적 고정적임.	프로젝트 단계, 이슈, 과제 특성에 따라 가장 적합한 사람이 리더 역할을 맡고 다시 팀원으로 돌아가는 순환형 구조를 가짐.
3. 역할·책임 수행 방식	리더 1인이 주요 의사결정과 책임을 대부분 떠안고 지시·통제 중심으로 역할을 수행함.	여러 구성원이 공동으로 리더십을 수행(shared)하면서, 상황·전문성에 따라 리더 역할이 교대로 이동(rotational)하고 팀 전체가 리더십 주체가 됨.
4. 구성원 경험과 성장	리더와 구성원 간 역할 구분이 분명해 구성원의 리더십 경험 기회는 제한됨.	구성원 모두가 상황에 따라 리더와 팔로워 역할을 오가며, 팀 안에서 리더십을 공동의 운영 역량으로 학습·성장할 기회를 지속적으로 가짐.
5. 조직 민첩성과 혁신	의사결정이 위계 상단에 집중되어 변화 대응 속도가 느려질 수 있음.	리더십이 분산·순환되어 현장에 가까운 곳에서 빠른 의사결정이 가능하고, AI 시대에 요구되는 민첩성과 실험·혁신이 촉진됨.

1) 직책보다 신뢰가 앞서는 조직: 고어의 래티스형 공유 리더십

미국의 소재 과학 기업인 고어(W. L. Gore & Associates)에는 없는 게 하나 있다. 직원들의 명함에는 '동료(Associate)'라는 명칭만 존재할 뿐 어떤 위계를 나타내는 직급은 찾아볼 수 없다. 단지, 외부와의 관계 때문에 사장, 재무담당 임원이라는 공식 직함만 유지할 뿐이다. 이러한 구조 속에서 고어의 업무는 위계적 명령이 아니라 프로젝트 단위의 협업을 중심으로 이루어진다. 상급자가 없다 보니 임금 인상도 자연스럽게 동료들의 의견을 반영해서 정하는 제도로 발전하게 됐다.

이러한 독특한 조직 구조와 경영 시스템으로 고어는 전 세계 20여

개국 이상에서 사업을 운영하며 수십 년간 안정적인 흑자와 성장을 이어 온 글로벌 혁신 기업으로 자리 잡았다. 우리에게는 방수·투습 기능성 소재 '고어텍스(GORE-TEX)'로 널리 알려진 회사이기도 하다. 특히 고어는 1998년 'Fortune 100 Best Companies to Work For' 리스트가 처음 발표된 이후 오랜 기간 이 명단에 반복적으로 이름을 올린 소수 기업 중 하나로 일하기 좋은 직장 문화를 상징하는 대표 사례로 꼽힌다.

이처럼 매우 실험적이고 독창적인 경영 방식은 창립자인 빌 고어의 경영철학에서 시작된 것이다. 그는 듀폰 사에서 16년을 엔지니어 출신으로 근무하면서 조직의 계층 구조가 개인들의 창의성을 발휘하지 못하도록 하는 악습이라고 생각했다. 이에 따라 고어는 공식적인 계층 구조를 최소화하고, 사업장 규모 역시 구성원 간 긴밀한 협력이 가능하도록 제한했다.

빌 고어는 1967년에 전통적인 수직적 조직 구조를 탈피한 격자 형태의 수평적인 조직(lattice organization) 개념을 최초로 도입했다. 이를 통해 고어는 상황과 맥락에 따른 리더십 전환 모델인 '내추럴 리더십(Natural Leadership)'을 성공적으로 운영해 오고 있다. '동료(Associate)'라는 단일 호칭은 리더십이 직위가 아니라 전문성과 신뢰에 기반한다는 철학을 상징적으로 드러낸다. 현재 약 13,000명의 구성원들이 격자 형태의 조직구조 내에서 상황과 전문성에 따라 리더와 팔로워의 역할을 유연하게 전환하며 일한다. 다만, 일의 효율성을 높이기 위한 조력자 같은 역할로 '스폰서 시스템'을 운영하면서 멘토링과 코칭을 제공한다. 특히 '워터라인(Waterline)' 원칙은 조직에 치명적인 영향을 줄 수 있는 결정일수록 반드시 동료들과 사전에 충분히 논의해야 한다는 기준을 제시한다. 이와 함께 360도 피드백과 동료 평가를 통해 구성원의 기여도와 영향력을 평가하고 있다(W. L. Gore & Associates, n.d.).

2) 팀장이 없어도 운영되는 조직: 부어트조그의 역할 순환 리더십

네덜란드의 방문 간호 조직 부어트조그(Buurtzorg)는 '팀장이 없는 자기관리 팀(Self-managing teams)'의 대표적 성공 사례로 널리 알려져 있다. 이 조직에는 전통적인 중간관리자 계층이 없으며 전국에 10~12명 규모의 소규모 팀이 수백 개 운영된다. 각 팀은 환자 배정, 스케줄, 휴가, 예산, 품질 관리 등 대부분의 운영을 스스로 결정한다. 본부는 50명 이하의 최소 인력으로 유지되며 법무·재무·IT 기능과 약 20명의 코치(Coaches)가 현장을 지원한다.

이러한 운영 방식에서 리더십은 특정 직책이 아니라 팀 전체에 분산되어 있다. 부어트조그의 팀에는 공식적인 팀장이 없지만 리더십이 부재한 것이 아니라 오히려 다양한 역할로 쪼개져 팀원들이 상황에 따라 나누어 수행한다. 예산·행정 관리, 협업·학습 촉진, 일정 조정, 온보딩, 팀 관계 관리 등 여러 역할이 팀 내에서 순환되며 보통 6개월~1년 주기로 담당자가 교체된다. 이는 권한 집중을 방지하고 팀원 모두가 조직 운영의 다양한 측면을 경험하도록 설계된 구조이다.

예를 들어 A 간호사가 일정 조정을 맡다가 다음 주기에는 B 간호사가 팀 관계 관리 역할을 맡는 식이다. 이처럼 역할을 쪼개어 분산하고 구성원들이 돌아가며 수행하는 방식은 공유·순환형 리더십의 전형적 구조라 할 수 있다. 실제로 부어트조그는 환자 만족도, 운영 비용, 병가율, 이직률 등의 평가에서 업계 평균을 크게 상회하며 높은 성과를 유지하고 있다(Buurtzorg, 2022). 간호사들은 스스로 의사결정을 내리는 과정에서 자율성과 전문성을 인정받는다고 느끼며 이는 높은 몰입과 책임감으로 이어진다.

AI·데이터 기술이 돌봄 영역에도 확산되는 지금, 부어트조그의 운영 모델은 중요한 시사점을 제공한다. 표준화된 지침과 디지털 시스템이 강화될수록 의사결정이 소수 관리자에게 집중되면 변화 속도를 따라가기 어렵다. 반면 부어트조그처럼 리더십을 역할 단위로 분산하면 기술은 도구가 되고 최종 판단은 환자를 가장 잘 아는 현장 팀이 맡을 수 있다. 리더십을 특정 개인에게 묶어두지 않고 팀 전체가 나누어 들 때 조직은 더 민첩해지고, 구성원은 깊이 성장하며 서비스 품질도 높아질 수 있음을 보여주는 사례이다.

3) 공유·순환형 리더십으로 위기를 넘은 A사(저자 지인 인터뷰)

디지털 전환 시대의 핵심 인프라 중 하나는 화상회의 솔루션이다. 그러나 2020년 이전까지만 해도 A사의 화상회의 솔루션팀은 조직 내에서 크게 주목받지 못하는 부서였다. 상황을 바꾼 것은 코로나19 팬데믹이었다. 재택근무와 사회적 거리두기가 일상화되면서 화상회의 수요는 단기간에 폭발적으로 증가했다.

신입사원부터 대리, 과장급으로 구성된 소규모 운영팀은 갑작스러운 트래픽 증가와 서버 과부하, 신규 서비스 환경 구축 요청이 쏟아지는 상황에 직면했다. 인력 충원이 쉽지 않은 상황에서 업무의 우선순위나 가능성을 충분히 검토하지 않은 채 전달되는 요청들은 팀원들을 빠르게 번아웃 상태로 몰아갔다. 이 위기를 돌파하기 위해 팀은 긴급회의를 열었다. 이 자리에서 한 팀원은 "지금 상황에서는 고정된 리더를 두기보다, 일의 성격에 따라 리더를 나눠 맡아보자"는 제안을 꺼냈다. 업무를 가장 잘 아는 사람이 잠시 앞에 서고, 다른 구성원들은 그를 지원하는 방식이었다. 핵심은 직급이 아니라 과제와 전문성에 따라 리더 역할을 맡되, 주요 판단과 우선순위는 팀이 함께 논의하며 결정하는 방식이었다. 팀은 이 제안을 즉시 실행에 옮겼다. 이 방식은 리더십을 고정된 직책이 아니라 상황에 따라 맡고 다시 돌아오는 역할로 받아들이되, 그 과정에서의 판단과 책임은 개인이 아니라 팀 전체가 함께 지는 방식이었다.

새로운 방식에서는 직급이 리더를 결정하지 않았다. 예를 들어, 최신 기술 이해가 중요한 프로젝트에서는 신입사원이 리더를 맡고, 과장급 구성원은 경험과 맥락을 살린 조언자로 역할을 전환했다. 리더 역할은 프로젝트의 성격에 따라 자연스럽게 이동했다. 이런 운영 방식이 효과를 내기 위해 팀은 데일리 미팅을 통해 업무 상황을 투명하게 공유하고 우선순위를 함께 조정했다. 리더가 누구인지와 관계없이 결정의 근거와 리스크는 팀 전체에 공유되었고, 결과에 대한 책임 역시 모두가 함께 짊어졌다. 마치 래프팅을 하듯, 상황에 따라 누군가는 앞에서 방향을 잡고 누군가는 뒤에서 균형을 맞추며 역할을 유연하게 오갔다.

그 결과는 빠르게 나타났다. 우선 업무 효율성이 눈에 띄게 개선되었다. 역할과 책임이 상황에 맞게 정리되면서 불필요한 업무 부담이 줄었다. 팀 내 학습의 선순환도 자연스럽게 형성됐다. 선배는 후배에게서 최신 기술을 배우고, 후배는 선배로부터 문제 해결 경험과 판단의 기준을 익혔다. 무엇보다 큰 변화는 구성원들의 태도였다. 누구나 리더 역할을 맡을 수 있다는 경험과 팀의 선택에 함께 책임진다는 인식은 자발성과 책임감을 동시에 끌어올렸다. 리더십이 '직책'이 아니라 '역할'

이 되자, 구성원들은 자신의 판단과 선택에 더 깊이 관여하게 되었고, 업무 품질의 향상으로 이어졌다.

이 사례는 공유·순환형 리더십이 위기 상황에서 현실적인 대안이 될 수 있음을 잘 드러낸다. 리더십을 직위가 아닌 역량과 역할의 문제로 전환한 이 선택은, 불확실성이 높은 환경에서도 조직이 빠르게 대응하고 학습할 수 있게 만든다. 이는 단순한 업무 분담을 넘어 구성원 모두가 주체로 참여하며 함께 성장하는 학습조직으로 나아갈 수 있음을 시사한다.

앞선 사례들이 보여주듯 공유·순환형 리더십의 핵심은 리더십을 직위가 아닌 상황과 과제, 전문성에 따라 유연하게 배분하는 데 있다. 여기서 중요한 질문은 '누가 리더인가'가 아니라 '지금 이 순간 어떤 리더십이 필요하며, 누가 그 역할에 가장 적합한가'이다. 이는 리더십을 '권한'이나 '지위'가 아니라 팀이 필요로 하는 기능과 기여의 관점에서 바라본다는 점에서 의미가 크다. 이러한 인식은 리더 역할의 순환뿐 아니라, 판단과 책임을 팀 단위로 공유하는 자기관리팀의 운영 방식과도 자연스럽게 연결된다. 이 모델은 스타트업이나 프로젝트 조직에 국한되지 않고, 기존 위계형 조직에서도 과업의 성격에 따라 충분히 적용될 수 있다. 그 과정에서 구성원들은 '누구나 리더 역할을 맡을 수 있고, 그 판단에 함께 책임진다'는 인식을 갖게 되며, 이는 자율과 책임을 기반으로 한 수평적 문화를 강화하고 리더십 역량을 실전 속에서 축적할 수 있는 토대가 된다. 물론 기존 리더십을 부정하거나 대체하려는 시도는 아니다. 조직이 더 빠르고 유연하게 판단하고 변화에 대응할 수 있도록 돕는 운영 방식의 전환이다. 이 접근은 앞으로 조직문화와 일하는 방식을 재구성하는 데 있어 개별 리더에 의존하기보다 팀 운영 방식과 협업이 중심이 되는 중요한 기준이 될 수 있다.

마무리

AI 기술이 빠르게 확산되면서 조직은 점점 더 많은 판단과 결정을 기술에 의존하게 되었다. 이런 변화는 업무 효율과 속도를 높이는 기회를 제공하는 동시에 리더십의 역할과 책임이 어디에 남아 있는지를 다시 묻게 만든다. 그래서 AI 시대의 리더십은 '기술을 얼마나 잘 활용하는가'의 문제가 아니라, '무엇을 지키고 책임질 것인가'의 문제로 전환되고 있다. 이 변화 앞에서 조직이 붙잡아야 할 기준이 바로 인간 중심 리더십이다.

AI와 함께 일하는 시대일수록 리더에게 가장 먼저 요구되는 것은 진정성 리더십이다. AI는 데이터를 분석하고 패턴을 찾아내는 데는 뛰어나지만 구성원의 감정·동기·불안을 섬세하게 이해하고 공감하는 역할은 인간의 몫이다. 리더는 변화 속에서 직원들이 "나는 대체되는 사람이 아니라 성장할 수 있는 사람"이라고 느낄 수 있도록 심리적 안전감을 제공해야 한다. 이를 위해 자주 소통하며 일과 성과의 이야기뿐 아니라 감정과 경험에 대해서도 진정성 있게 대화하는 노력이 필요하다 (Varela Fallas, 2025).

다음으로 윤리적 리더십이다. 생성형 AI는 정보 제공, 데이터 분석, 콘텐츠 생성 등에서 강력한 도구가 되었지만 그 결과를 어떻게 해석하고 어떤 선택을 할지는 결국 사람이 책임져야 한다. 리더는 알고리즘 편향, 프라이버시, 책임 소재 같은 윤리적 쟁점을 충분히 인식하고 조직 안에 투명성·책임성·인간 중심성에 대한 기준을 세워야 한다. AI가 중요한 결정을 '대신하는' 것이 아니라 사람의 판단을 돕는 방향으로 활용되도록 이끄는 것이 윤리적 리더십의 핵심이다(SheAI, 2025).

마지막으로 변화의 속도를 조직 전체가 함께 감당하기 위해서는 공유·순환형 리더십이 필요하다. AI 기술이 빠르게 확산되며 직무의 요구 역량과 역할 구성이 재편되는 가운데 리더는 구성원 각자가 새로운 기술을 익히고 역할을 확장할 수 있도록 학습 기회와 실험 공간을 제공해야 한다. 특정 개인에게만 리더십이 고정되지 않고 상황에 따라 가장 적합한 사람이 전문성을 바탕으로 리더십을 발휘할 수 있는 구조를 만들어야 한다. 이런 구조에서 팀원들은 'AI 변화 속에서도 내 역할과 강점이 있다'는 감각을 유지하며 서로의 강점을 살려 역할을 바꾸어 가며 성장할 수 있다.

결국 AI가 반복적 관리 업무를 점차 대체할수록 리더십의 본질은 통제와 지시에서 벗어나 사람을 지원하고 판단을 조율하는 역할로 이동한다. 리더는 모든 것을 직접 결정하는 사람이 아니라, 사람을 중심에 두고 팀이 최선의 결정을 내릴 수 있도록 여건을 조성하는 존재에 가까워진다. 진정성 리더십은 신뢰와 공감을, 윤리적 리더십은 판단의 기준을, 공유·순환형 리더십은 책임을 나누는 구조를 제공한다. AI 시대의 리더는 이 세 가지 리더십을 통합적으로 실천할 때 기술과 사람 사이에서 균형을 잡으며 조직에 의미 있는 변화를 만들어 낼 수 있다.

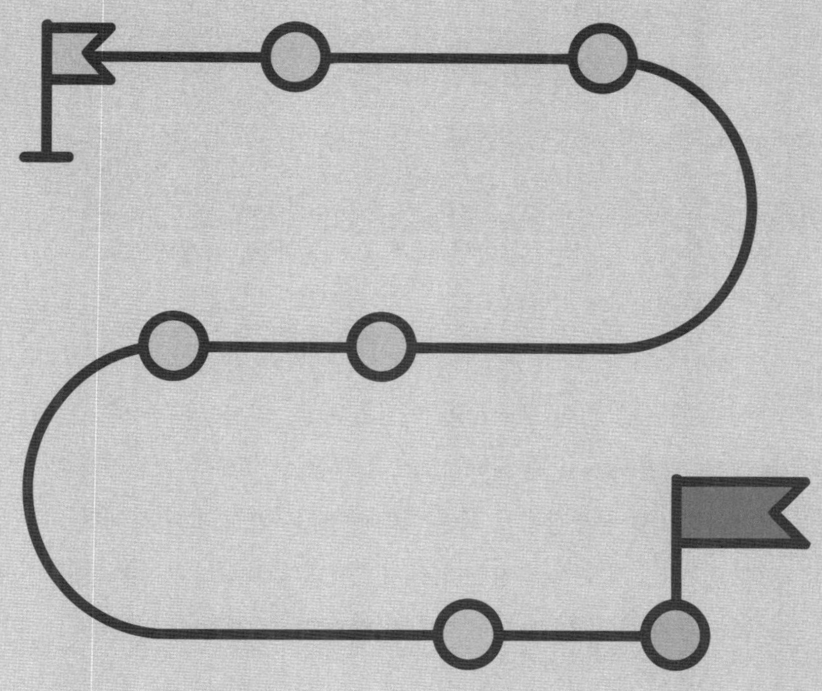

2.

새로운 조직

AI와 상생하는 조직

M 본부장은 입사한 지 반년 만에 Z 사원과 조직 개편으로 인해 한 TF에서 만나게 되었다.

이 TF는 〈AI 기반 조직문화 혁신 TF〉로, 회사 내부에서 AI를 좀 더 잘 활용하기 위해 전략적으로 접근할 수 있도록 지원하기 위한 TF였다. M 본부장은 그동안 다양한 AI 서비스 기획에 대한 경험이 있었고, Z 사원은 이 스타트업에서 3년간 일하며 회사 내부의 사정에 대해 잘 알고 있었기에 잘 협력할 수 있을 것 같았다.

하지만 첫 회의부터 의견이 충돌했다. M 본부장은 AI를 통해 자동화를 이루고, 이전에는 시도하지 않았던 다양한 면에서 AI를 활용하여 문제를 해결하는 방법에 초점을 맞추었다.

반면 Z 사원은 이미 직원들이 하고 있는 업무를 줄여주는 것에서 AI를 활용하기를 원했다.

이 두 가지의 방향성은 조직에서 큰 차이가 있다.

M 본부장은 Z 사원과의 방향성이 결국 직원들을 게으르게 만들고, 고용을 줄이게 될 것이라 생각했다.

반대로 Z 사원은 M 본부장의 방향성이, 지금 눈앞에 있는 문제는 무시하고 너무 이상적인 목표에 집중하는 것이라고 생각했다.

"AI가 모든 것을 대체할 순 없어요."

Z 사원이 조심스럽게 말을 꺼냈다.

"우리가 모든 업무에 대한 AI를 만들 수도 없고요. 큰 목적은 '사람다움'을 지킬 수 있는 적정선까지 AI를 도입하는 것이라 생각해요."

이것은 지극히 실무 경험에서 우러나온 생각이었다. Z 사원은 최근 매우 지쳐 있었는데, 하루에 수십 통씩 오는 고객 문의나 메일 정리, 회의록 정리로 인해 자신이 소모되고 있다고 느꼈다. 그리고 AI 도입이 바로 이런 부분을 해결해 줄 수 있을 것이라 생각했던 것이다.

M 본부장은 Z 사원과의 대립 속에서 합의점을 찾기를 바랐다.

'AI 도입을 통해 기존에 반복적이고 소모적인 업무를 자동화시키고 혁신이 필요한 부분에서 새로운 AI 기반 서비스를 기획하는 방향은 어떨까?'

즉, 위아래 모든 방향에서 AI를 도입하는 방법이었다. 그날 이후, 두 사람은 TF의 다른 멤버들과 아이디에이션 세션을 열고 'AI가 대신해 주었으면 하는 일'과 '우리 조직 내에서 해결하기 어려운 문제'를 리스트 업하였다.

그리고 장단기적으로 AI를 도입할 수 있는 방법들을 고안해 내기 시작했다. AI와 상생하는 조직에 대한 실마리를 찾은 것이다.

하버드 비즈니스 스쿨과 MIT 슬론 경영대학원, 그리고 펜실베이니아 주립대의 와튼 스쿨의 연구진들과 750명의 보스턴 컨설팅사 컨설턴트들이 한자리에 모였다. AI가 과연 실제 업무에 도움이 되는지를 실험해 보기 위해서다. 이들은 컨설턴트를 두 그룹으로 나누고 평소에 해결해야 하는 비즈니스 문제와 비슷한 양상의 과제 18가지를 풀도록 했다. 첫 번째 그룹은 문제 해결 과정에서 챗GPT를 활용할 수 있었고 두 번째 그룹은 구글과 같은 AI 기반의 검색 플랫폼을 활용할 수 있었지만 생성형 AI는 일체 사용할 수 없었다.

18개의 과제는 크게 두 가지 문제 해결형으로 나누어졌다. 하나는 '창의적 문제 해결형' 태스크로 새롭고 혁신적인 상품이나 제품에 대한 아이디어를 이전에 없었던 완전히 새로운 시장에 내는 것이었다. 두 번째는 '논리적 비즈니스 문제 해결형' 태스크로, 데이터와 C 레벨들의 의견을 통해 현재 회사의 문제가 무엇인지 정의한 후 해결 방안을 마련하는 것이었다. 과연 어떤 결과가 도출되었을까?

아마 대부분의 독자들은 AI를 활용하는 것이 첫 번째 태스크에서는 크게 도움이 안 되고 두 번째 태스크에서는 도움이 되었을 것이라고 예상할 것이다. 하지만 충격적이게도 결과는 그 반대였다. '창의적 문제 해결형'에서 생성형 AI를 활용한 그룹이 월등하게(40%) 높은 문제 해결력을 보였으며 두 번째 '논리적 비즈니스 문제 해결형'에서는 AI를 활용한 그룹이 그렇지 않은 그룹보다 오히려 23%가 떨어진 성과를 보인 것이다. 이는 생성형 AI가 창의적 아이디어 도출에는 강하지만 비즈니스에서의 복잡한 문제를 해결할 때는 오류를 더 많이 범할 수 있음을 시사한다.

연구자들의 설명에 따르면, 이런 결과가 나온 이유는 AI와 사용자의 상호작용에서 기인한 것인데 이는 누가 어떻게 리더십을 발휘하는지에 대한 문제이다. 복잡한 태스크에서 AI의 성과가 떨어지는 이유는 스스로 설득력 있는 콘텐츠를 생성하려다 오히려 잘못된 방향으로 사용자를 이끌었기 때문이다. 이때 사용자는 AI가 제시한 데이터 기반의 증거와 논리에 자신도 모르게 설득되어 점점 더 논리의 구렁텅이에 빠지게 된다. 즉, 인간과 AI와의 상호작용 속에서 누가 주도권을 잡느냐에 따라 결과가 달라진 것이다. 18개의 태스크는 실험에 참여한 컨설턴트의 80%가 혼자서도 해결할 수 있는 수준의 문제였다. 그러나 논리적 문제 해결형 태스크에서는 '논리 왕'으로 불리는 AI에게 주도권을 넘기면서 인간이 스스로 문제를 풀었을 때보다 오히려 성과가 더 떨어졌다. 반대로, 창의적인 문제 해결형 태스크에서는 AI가 제시한 내용을 그저 하나의 의견으로 간주하고 인간이 리더십을 발휘하면서 결론을 낼 수 있기 때문에 성과가 더 좋을 수 있었던 것이다(Camilla et al., 2023).

이 연구 결과가 시사하는 것은 무엇일까? AI 도입은 단순히 기술적인 도입이 아니다. 뛰어난 머신을 가져오는 것 외에도 인간과의 상호작용을 고려한 문화적, 경험적, 사회적 접근이 필수적으로 동반되어야 한다. 이것은 AI를 활용하는 모든 분야에 적용되는 이야기이다. 인프라만 구축하는 것이 아니라 AI를 그 업무에서 어떤 역할로 보고, '어떻게' 활용할 것인지에 대한 조직적 수준의 검토가 필요한 것이다. 실험에서 본 바와 같이 AI를 동등한 팀원으로 간주하면 AI의 제안은 다양한 의견 중 하나로 비판적으로 검토될 수 있다. 반대로 AI를 업무를 처리하는 도구나 데이터베이스로만 여긴다면 오히려 AI가 만들어내는 결과물에 지나치게 의존하게 되어 잘못된 결과로 이어질 위험이 있다.

2021년 「Artificial Intelligence and the Future of Work」 보고서를 작성한 MIT Collective Intelligence 센터장 토머스 말론(Thomas Malone) 교수는 AI의 역할에 대해 이렇게 언급했다. "AI는 스스로 무엇인가 해결하는 도구가 아닌 인간과 상호작용을 통해 더 좋은 결과를 만들 수 있는 협력 파트너이다." 이어서 그는 "인공지능(AI)이 특정 과제를 빠르고 정확하게 처리할 수 있는 장점을 가지고 있지만 그 장점은 인간의 사회적 기술, 상황 판단 능력 등이 조화를 이룰 때 그 성과가 극대화된다."라고 덧붙였다. 이것이 실현되기 위해서는 특히 "AI가 조직 내에서 신뢰를 받아야 하고 그러한 문화가 뒷받침되어야 한다."라고 설명했다. 말론 교수는 AI를 협력 파트너로 인식하며 신뢰와 존중이 필수적임을 강조했다.

AI를 팀원의 한 명으로 인식하고 우리와 상호작용하는 사람처럼 대한다면 AI의 제안이나 의견을 더 균형 있게 받아들일 수 있다. 이 경우 AI의 판단은 실제 팀 구성원들이 내놓는 여러 제안 가운데 하나로 다뤄질 것이다. 반대로 AI를 단순한 도구로만 취급할 경우, AI는 함께 시너지를 만들어 내기보다는 그저 기능을 수행하는 수준에 머물 가능성이 크다. 결국, AI가 단순한 자동화 도구가 아닌 협력적 파트너로 자리 잡을 때 의사결정은 더욱 창의적이고 신뢰할 만한 것이 된다. AI의 제안은 인간의 강점과 결합해 최적의 결론을 도출하는 데 참고 자료로 활용될 뿐만 아니라 인간의 상상력, 비판적 사고와 함께 더욱 혁신적이고 신뢰할 만한 결과가 될 것이다. AI를 동등한 팀원으로 간주하여 상호 협력하고 조직의 목표를 향해 함께 나아가는 것이 AI 시대에서 조직이 지향해야 할 방향일 것이다.

AI 조직화

2025년 1월, 생성형 AI 시장에 또 하나의 거인이 나타났다. AI 시대에 최대 수혜자로 고공행진 하던 엔비디아의 주가를 16.97%나 폭락하게 만들며(권동준, 2025) 챗GPT의 적수로 등장한 중국의 딥시크(DeepSeek)이다. 2024년 3월에, 일론 머스크가 "챗GPT는 인류를 위해 공영화하라."라며 오픈 AI를 고소했던 사건이 있었다. 하지만 챗GPT의 구독료는 그대로 유지되었고, 이러한 정서에 답이라도 하듯 딥시크는 무료이면서 챗GPT보다 더 좋은 성능을 내세우며 시장에 등장했다.

딥시크의 등장으로 AI에 대한 기술 패권 경쟁이 심화되는 동시에 전 세계적으로는 더 다양한 AI 모델과 기술이 촉진되어 매우 풍부한 AI 생태계가 될 것이라고 한다(Deloitte, 2025). 디자인을 대신 해주는 생성형 AI, 자동화를 넘어서 업무를 도와주는 AI 에이전트, 내가 원하는 주제로 팟캐스트를 만들어주는 음향 AI까지 방방곡곡에서 인공지능을 활용한 다양한 솔루션들이 등장하고 있다. 한국의 기업들이 이러한 AI 시장에서 살아남으며 경쟁력을 유지하려면 기업들이 먼저 AI에 대한 이해도를 높이고 AI를 활용할 수 있는 조직의 거버넌스 개혁에 힘써야 할 것이다. 그 과정에서 모든 기업이 AI 경쟁력 제고를 위해 차용할 만한 개념인 AI 조직화를 소개하고자 한다.

AI 조직화는 여러 AI 시스템이 오케스트라의 악기들처럼 조화롭게 작동하도록 지휘하는 방식으로 개별 AI 기술의 시너지 효과를 극대화하는 것을 목표로 한다. 이는 조직 내 AI를 전략적으로 통합하고 조율하는 방법론으로서 CAIO(Chief AI Officer)가 중요한 역할을 담당한다. 주요 구성 요소로는 AI experience(AX), Large Action Model(LAM), Bricolage DX가 있다. AX는 AI 사용자 경험을 설계하고 관리하는 개념이며, LAM은 실시간 상황 감지와 행동 실행까지 가능한 새로운 차원의 AI 모델이다. 그리고 Bricolage DX는 다양한 디지털 기술을 창의적으로 결합하여 문제를 해결하는 접근 방식이다.

AI 조직화가 성공적으로 운영되기 위해서는 가장 먼저 CAIO의 리더십 아래 조직의 AI 전략이 일관되게 실행되어야 한다. 또한 데이터 거버넌스 체계를 통해 AI의 윤리적 사용과 개인 정보 보호가 보장되어야 하며 부서 간 원활한 협업이 이루어져야 한다.

AI와 인간의 협업의 중요성이 부각되면서 조직문화에 새로운 영향을 미칠 것이다. 새로운 직무가 생겨날 것이며, 데이터 기반의 의사결정이 일상화될 것이다. 변화에 성공적으로 대응하기 위해서는 조직원들의 AI 리터러시 향상과 함께 AI를 협력적 파트너로 인식하는 문화적 전환이 필요하다.

기업들이 AI 기술을 도입할 때 종종 각 부서가 독립적으로 AI 솔루션을 개발하거나 적용하는 경우가 많다. 이로 인해 부서 간 데이터 흐름이 원활하지 않거나 서로 다른 AI 시스템이 충돌해 오히려 성과가 저하되기도 한다. 예를 들어, 마케팅 분석 부서에서 마케팅 전략을 최적화하는 AI를 도입(예: AI based marketing mix modeling)하고 실제 광고를 만드는 크리에이티브 조직에서는 고객 데이터 기반으로 광고 콘텐츠를 만들어주는 AI 솔루션을 활용하는 경우 각기 다른 목표를 가진 AI 시스템이 서로 협력하지 못해 비효율적인 상황이 발생할 수 있다. 마케팅 분석 부서에서는 비용을 최소로 들여서 만든 광고를 최대한 많은 층의 고객에게 배포하라고 추천하는데 정작 광고 콘텐츠를 만드는 AI는 가장 금액을 많이 쓰는 최상류층을 겨냥한 럭셔리 콘텐츠를 찍어낼 수 있기 때문이다. 이러한 문제를 해결하기 위해서는 각 부서별로 상황에 맞게 AI를 도입하기보다는 더 상위단에서 AI 도입 및 적용 방법을 전략적으로 통합하고 조율하는 것이 필수적이다.

CAIO의 진두지휘 아래, AI 조직화는 여러 가지 요소로 운영된다. 그중 AX(AI Experience)라는 개념으로 AI와 사용자가 상호작용하는 방식에 있어 중요한 요소다. AI는 개인화된 경험을 제공하거나 자연스러운 언어 처리를 통해 사용자와의 상호작용을 더욱 인간적으로 만들어줄 수 있다. AI가 작업을 자동화하는 도구에 그치지 않고 사용자에게 공감과 만족감을 주는 경험으로 변모하는 것이다. 이러한 경험을 제공하려면 다양한 AI 기술이 원활하게 통합되어야 하는데 LLM이나 브리콜라주 DX와 같은 요소들이 필요하다.

LARGE LANGUAGE MODEL(LLM)은 대규모 데이터를 학습한 AI 모델로, 사람처럼 자연스러운 언어를 이해하고 생성할 수 있는 기술이다. 따라서 LLM은 질문에 답하거나 복잡한 문서를 요약하고 창의적인 글을 작성하는 데 활용될 수 있다. LLM의 대표적 특징 중 하나는 방대한 양의 데이터를 학습함으로써 문맥을 이해하고 자연스럽게 대화를 이어갈 수 있다는 것이다. 이에 고객 서비스, 마케팅, 연구 개발 등 다양한 분야에서 효과적으로 활용될 수 있다. 예를 들어, 기업들은 LLM을 고객 상담 시스템에 도입하여 AI 챗봇이 자동으로 고객의 질문에 답변하게 하여 고객들이 더욱 신속하게 응답을 받을 수 있게 되었으며 기업 입장에서는 저렴한 인력 비용으로 시스템을 운영할 수 있게 되었다. 또한 마케팅 부서에서는 LLM을 활용해 개인화된 광고 문구를 작성하거나 대규모 데이터에서 트렌드를 분석해 전략적 의사결정을 지원할 수 있다. LLM의 도입은 기업이 인적 자원의 부담을 줄이고 효율성을 극대화하는 데 기여할 수 있다.

LARGE ACTION MODEL(LAM)은 LLM에서 한 단계 더 나아가 액션까지 직접 해주는 모델이다. 기존에 "여행을 어디로 가면 좋을까?" 하고 물어보던 LLM에게 이제 "여행을 가고 싶어."라고 하면, 사용자의 휴가 시간에 알아서 맞추어 가장 최저가 비행기표와 사용자가 좋아할 만한 호텔까지 예약·결제를 진행해 주는 시스템을 이야기한다. 많은 조직들이 다양한 LAM 사용 사례를 쏟아내고 있는데 이 내용은 뒤에서 자세하게 다루어 볼 것이다.

다음으로 브리콜라주 디지털 트랜포메이션(BRICOLAGE DX)는 창의적이고 즉흥적인 디지털 트랜스포메이션(DX) 방식을 의미하는데,

다양한 디지털 기술을 유기적으로 결합하여 혁신을 이루는 개념이다. 이 역시 AI 조직화의 일부로 작동해 기업이 빠르게 변화하는 환경 속에서 창의적인 방식으로 AI 기술을 통합하고 적용할 수 있도록 돕는다. 이 접근 방식은 특정 절차에 얽매이지 않고 필요한 기술들을 조합해 문제를 해결하거나 기회를 창출하는 데 초점을 맞춘다. 이를테면, 한 패션 기업이 AI를 사용해 고객의 선호도를 분석하고, 이를 온라인 쇼핑 플랫폼에 결합하여 맞춤형 추천 시스템을 즉시 구축할 수 있다. 이런 방식으로 기업은 고객의 취향에 맞는 제품을 빠르게 추천할 수 있어 매출을 높이고 고객 만족도도 향상시킬 수 있다. 이와 같은 기업의 유연하면서도 기민한 대응 방식은 경쟁 우위를 확보하는 데 필수적이다. AI 조직화는 이러한 통합을 조율하는 데 중요한 역할을 한다. 브리콜라주 DX를 통해 기업은 고정된 틀에서 벗어나 기술적 창의성을 발휘하며 새로운 혁신을 이끌어낼 수 있다.

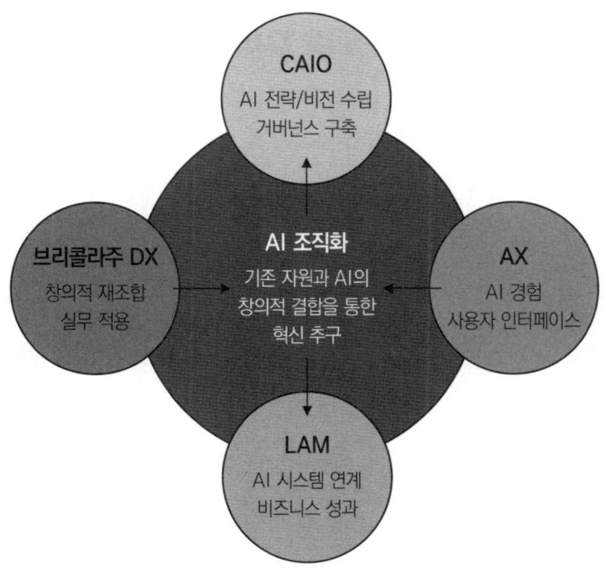

〈AI 조직화의 주요 구성과 특징〉

이 그림에서 가장 상단의 CAIO는 AI의 전략과 비전을 수립하고 전체적인 AI 활용 거버넌스를 구축하며 조직의 혁신적인 방향을 제시하는 머리 역할을 맡는 인력이다. 우측에 있는 AX는 이러한 인공지능의 활용에서 사용자가 경험하는 것을 의미하며 직관적이고 감성적인 인터페이스 설계, AI와 인간의 새로운 상호작용 패턴을 다룬다. 하단의 LAM은 인공지능을 통한 조직 내 다양한 시스템들의 유기적 연계, 그리고 실질적으로 AI가 스스로 일하여 비즈니스적인 성과를 창출해 내는 부분을 일컫는다. 마지막으로 좌측의 브리콜라주 DX는 기존에 조직이 가지고 있던 디지털 자원들을 창의적으로 재조합하여 AI를 실무에 적용하고 매일 발생하는 다양한 문제들을 해결할 수 있도록 지원해 주는 패턴을 의미한다. 이 장에서는 이렇게 머리부터 최종 산출물까지 AI의 등장으로 바뀐 조직의 다양한 체계와 상호작용에 대해 다룰 것이다.

누가 인공지능(AI)을 제일 잘 알까? CAIO의 등장

한 조직에서 기술을 총괄하는 K는 몇 년 전 CTO로 승진하면서 회사의 모든 기술 개발 책임을 맡게 되었다. 그는 네트워크 보안 강화와 클라우드 인프라 구축은 능숙했지만 AI에 대한 지식은 상대적으로 부족했다. 그러나 최근 몇 년 동안 진행된 AI 혁신이 모든 산업에서 중점적으로 부각되었고 A 회사는 AI를 적극적으로 도입하고 데이터 기반의 스마트 솔루션을 개발하기로 했다.

K는 AI 관련 경험이 없는 상황에서 'H 프로젝트'를 추진하게 되었다. 그는 팀원들과 함께 AI 솔루션을 설계했지만 데이터의 편향성(Bias)이

나 윤리적 문제를 충분히 고려하지 못했다. 그러자 입력된 고객 데이터를 분석해 맞춤형 마케팅 전략을 제공하는 AI가 특정 사용자 그룹에 대한 부정확하고 불명확한 판단을 내리기 시작했다. 이를 발견하는 고객들의 불만이 급증했으며 회사의 신뢰도도 하락하기 시작했다.

AI 솔루션의 문제는 생각 이상으로 복잡했다. K는 AI가 자동으로 결정을 내리도록 했지만 그 과정을 설명할 능력이 부족했기에 왜 잘못된 결과가 도출되는지 파악할 수 없었다. 치우친 데이터를 학습한 AI는 결국 편향된 결과를 초래했다. 또한 실시간으로 데이터를 처리하는 AI 시스템은 개인 정보 보호 규제나 윤리적 문제를 충분히 반영하지 못했다. 결국 회사는 큰 손실을 보았고 K는 자신이 CTO로서 모든 기술적 책임을 지는 것만으로는 AI와 같은 복잡한 기술을 다룰 수 없음을 깨달았다.

이 이야기는 생각보다 많은 조직이 AI 시대를 살아가면서 겪는 일이 아닐까 한다. 10년 전만 해도 아무 관심을 받지 못하던 AI가 전 세계적으로 지대한 관심을 받으면서, 실제로 많은 조직들이 기존에 개발 기술을 담당하던 전문가들을 CTO 혹은 CAIO로 임명했다. 이들은 AI와 같은 신기술을 활용하여 문제를 해결하거나, AI를 붙인 상품을 기획, 개발하는 데 집중할 수 있는 전담 조직을 만들고 지휘했는데 이는 생각처럼 단순한 일이 아니었다. K의 사례처럼 다양한 신기술에 대한 이해 덕분에 AI를 도입하고, 개발하고, 관리할 수는 있겠지만 다른 신기술과는 다른 AI의 비정형적 성장 패턴 때문에 관련 규제나 윤리적 문제 등에 익숙하지 않기 때문이다. 그 결과 최근에는 AI를 직접 개발할 수 있거나 그 이해도가 높은 이를 초청하여 CAIO로 임명하는 경우가 늘었다. CAIO는 기술 관리에만 그치지 않고 AI 도입에서 발생할 수 있는 다양한 경험적 문제, 윤리적 사용과 데이터 관리, 편향 방지, 그리고 AI와 비즈니스 전략의 일치를 책임지는 역할을 한다.

최근 FAST COMPANY에서 진행한 조사에 따르면, 중견 및 대규모 조직의 11%가 이미 CAIO 직책을 두고 있으며 추가로 21%의 조직이 CAIO를 채용할 계획을 가지고 있다고 응답했다(Kramer, A., 2024). GE Healthcare, Dell Technologies, SAP 등 여러 글로벌 기업이 이미 CAIO 직책을 도입하여 AI를 기업 전략의 중심으로 자리 잡게 하고 있는 추세이다. 그럼 CAIO는 어떤 업무들을 수행하게 될까? GE Healthcare는 2023년 Parminder Bhatia를 새로운 CAIO를 임명했다. 이전에 AWS에서 기계 학습 및 생성 AI 프로그램을 담당한 인재였던 그는 대규모 언어 모델과 생성 모델을 개발하며 GE Healthcare의 AI 전략을 총괄하는 역할을 맡았다. 그의 주요 업무는 AI 기반 의료 솔루션을 통해 환자 케어의 효율성을 높이고, AI를 의료 기기와 진단 기술에 통합하여 성능을 개선하는 것이었다. 그는 다양한 의료 기기와 소프트웨어에 AI를 접목해, MRI 스캔 시간을 50% 이상 단축하는 기술(AIR Recon DL)을 도입하고, AI 기반 초음파 시스템을 통해 경험이 적은 기술자들도 높은 수준의 진단 이미지를 빠르게 확보할 수 있도록 하는 등의 성과를 거두었다(Business Insider, 2024).

Dell Technologies 또한 2023년 Jeff Boudreau를 CAIO로 임명하며 전사적인 AI 전략을 추진했다. Boudreau는 25년 이상 Dell에서 경력을 쌓아온 베테랑으로 과거 Dell의 Infrastructure

Solutions Group(ISG)을 이끌어왔다. 특히 글로벌 팀에서 데이터 기반 인사이트를 전 세계에 제공해 Dell을 세계 최대의 인프라 제공 업체로 우뚝 설 수 있게 이끈 경험이 있다. 그는 현재 Dell의 AI 혁신센터를 운영하며 AI 기반 데이터 분석과 자동화 프로젝트를 확대하고 있다. 더불어, Dell의 제품 포트폴리오와 비즈니스 운영 전반에서 AI를 활용하여 작업을 진행하고 있다. CAIO의 리더십 덕분에 Dell은 AI 기술을 통해 내부 운영을 최적화했고 고객 생산성을 높이는 다양한 시도를 하는 중이다(Allan, K., 2023).

CAIO의 역할은 대표적으로 세 가지로 요약된다. 첫 번째, 기업이 AI를 통해 경쟁 우위를 확보하고 새로운 시장 기회를 창출할 수 있도록 돕는 역할이다. 이는 AI 활용이 기업의 주요 목표와 일치하도록 정교한 목표 설정을 돕고 단계적인 목표 설정과 AI 적용 범위 같은 것들 다루게 된다. 단계적 목표 설정은 CAIO가 AI 도입의 비전을 달성하기 위해 필수적으로 수행해야 하는 업무다. 이러한 역할에 도움받아 기업은 단기, 중기, 장기 목표를 명확히 수립하고 AI 프로젝트가 각 단계에서 성과를 거둘 수 있도록 평가 기준을 정한다. 예를 들어 초기 단계에서는 AI 인프라와 역량을 구축하는 것에 집중한다. 이후 이를 비즈니스에 적용하여 매출 증대, 비용 절감과 같은 가시적인 성과를 목표로 삼는다. 이러한 목표 설정은 AI 프로젝트의 방향성을 확인하고 효과적으로 자원을 배분하는 데 핵심적인 역할을 한다.

AI 적용 범위 정의 또한 CAIO가 중점적으로 다루어야 할 과업이다. AI 적용 과제 범위를 정함으로써 AI가 조직 내 각 부서에서 어떻게 활용될지를 명확히 설정하고 부서의 역할과 목표에 맞게 적절히 배치한다. 마케팅 부서에서는 고객 행동 분석, 생산 부문에서는 예측 유지보수와 같은 방식으로 각 부서별로 최적화된 AI 적용 방안을 마련할 수 있다. AI 적용 범위를 잘 정의하면 중복 투자나 비효율적인 도입을 방지하고 기업 자원을 보다 효율적으로 사용할 수 있다.

두 번째로, CAIO는 AI 활용에서의 윤리적 문제, 특히 알고리즘 편향, 개인 정보 보호 및 투명성 문제를 해결하는 데 중요한 역할을 수행하게 된다. 이는 기업이 사회적 책임을 다하면서 AI를 사용하는 데 필수적인 요소라고 볼 수 있다. 미국의 경우, 개인 정보법이 워낙 엄격해 이를 관리하는 조직이 반드시 있어야 하기에 CAIO는 이러한 조직과 가까이서 협력해야 한다.

데이터 거버넌스 구축은 신뢰기반 AI 시스템 운영의 필수 요소다. CAIO는 AI 모델이 정확성과 윤리성을 가지고 작동하도록 데이터 관리 체계를 구축해야 한다. 이를 위해 데이터 보안, 프라이버시 보호, 편향 방지 등 다양한 원칙을 수립해야 한다. 이러한 데이터 거버넌스 구축은 AI 시스템이 지속 가능하게 운영되고 AI 도입에 대한 기업 내외부의 신뢰를 높일 수 있다. 예컨대, HSBC(글로벌 금융기업)는 AI 기반의 신용 평가 시스템을 운영하면서 데이터 보안과 개인 정보 보호를 위해 엄격한 거버넌스 시스템을 구축했다. 이 시스템은 고객의 금융 거래 기록과 신용정보 기록을 분석하여 대출 한도를 알려준다. 모든 고객 데이터와 개인 정보를 암호화하여 AI가 이를 분석할 수 있도록 처리한다. 또한 AI 모델이 편향성을 갖지 않도록 다양한 인구 집단을 포함한 데이터를 사용하여 AI 모델의 공정성을 보장하는 노력도 하고 있다.

끝으로, CAIO는 AI 기술이 여러 부서에 걸쳐 하나로 통합될 수 있도록 부서 간 협업을 촉진하는 촉매제 역할을 한다. CAIO는 AI가 모든 비즈니스 기능에 적용될 수 있도록 비즈니스 전반에 걸쳐 AI의 사용 잠재력을 극대화하기 위한 여러 구상을 한다. 또한 AI 프로젝트가 각 부서의 목표와 필요에 맞게 효과적으로 실행되기 위해서는 마케팅, 생산, 인사, 고객 서비스 등 여러 부서와 긴밀히 협력이 필요하다. AI가 특정 부서에만 국한되지 않고 전체적인 비즈니스 목표를 지원할 수 있도록 조직 경쟁력을 강화해야 한다.

CAIO는 마케팅팀과 협력해 AI가 분석한 고객 데이터를 통해 개인화된 마케팅 캠페인을 수립하고 생산 부서와 협력하여 수요 예측을 개선하는 계획을 세운다. 이는 자연스레 재고 관리 효율성을 높이고 마케팅 캠페인이 성공적으로 실행될 수 있는 환경을 조성한다. 더 나아가 생산 부서는 이를 기반으로 필요한 제품을 적절하게 준비하고 재고의 수요 파악을 하여 잔여 재고 낭비를 방지할 수 있다. 이렇게 부서 간 협업이 가능한 이유는 AI가 일관된 전략을 가지고 효율적으로 데이터를 이용할 수 있게 하고 비즈니스 전체의 시너지 효과를 내는 데 보탬이 되기 때문이다. 이러한 협업은 각 부서의 AI 활용 역량을 고르게 발전시키는 데 톡톡한 역할을 한다.

다시 K의 사례로 돌아가 보자. K가 난관을 극복하고 AI 도입을 성공시키기 위해서는 어떻게 해야 할까? 먼저 K는 AI가 일관되고 명확한 방향성을 가질 수 있도록 단계적인 목표를 설정하여 AI 프로젝트의 전반적 방향을 명시해야 한다. 또한 데이터 편향을 줄이고 개인 정보 보호를 함으로써 AI가 신뢰받는 도구로 인식되게 해야 한다. 마지막으로, AI의 기능을 활용하여 조직 협업이 촉진될 수 있도록 각 부서에서 통합을 위해서도 힘써야 한다.

인공지능 상호작용의 대두, AI 경험 디자인(AX)의 등장

더 많은 조직들이 신기술을 도입하고 일상에서는 AI, 로봇과의 협업이 증가하면서 AX도 자연스럽게 중요성을 갖게 되었다. AX는 Artificial Intelligence Experience의 줄임말로, 인공지능을 사용할 때 어떤 경험을 설계하고 고민해야 하는지를 의미한다. 앱 개발이 보편화되던 시절에는 앱이나 웹에 대한 경험을 User experience(UX)로 명칭하고 UX를 연구하고 설계하는 분야가 생긴 것처럼 AI가 보편화되면서 AX에 대한 연구와 설계 작업이 활발해지고 있다.

실제로 AI와 인간의 상호작용 방식이 점점 중요해지면서 사용자는 AI에게 더 이상 단순한 효율성과 정확성을 가진 도구로만 기능하길 바라지 않는다. 이제는 사용자는 '기계같이 딱딱한 시스템' 보다 사람과 비슷한 상호작용을 할 수 있기를 기대하게 되었다. 사용자들은 AI에게 업무 수행 이상의 것을 기대하고 있고, 이러한 흐름 속에서 AI가 얼마나 인간적이고 공감능력이 있는지 그리고 사용자에게 어떻게 다가가는지가 중요해졌다.

감정 컴퓨팅(Affective Computing)은 AI의 감정적 경험을 설계해야 한다는 개념을 바탕으로 시작되었다. 감정 컴퓨팅은 인간의 감정과 심리적 반응을 파악하고 이를 바탕으로 AI가 인간과 더욱 자연스럽게 상호작용할 수 있도록 하는 기술이다. 이는 1995년 미국 MIT의 Media Lab 교수로 재직 중이었던 로잘린드 피카드(Rosalind Picard)가 제시한 개념이다. 피카드는 이 기술이 단순한 데이터 처리와 달리 컴퓨터가 인간의 감정이 중요하게 생각하고 상호작용하는 과정 속에서 외연이 확장되고 있다고 설명했다.

감정 컴퓨팅은 인간과 컴퓨터 간의 상호작용을 더욱 자연스럽게 하고 실제 인간의 경험을 구체화하는 데 목적이 있다. AI가 사람의 얼굴 표정, 목소리 톤, 심박수 등을 분석해 사용자의 감정 상태를 이해하고 그에 맞는 맞춤형 반응을 제공한다. 특히 피카드는 감정 인식 기술이 의료, 교육, 고객 서비스 등의 분야에서 어떻게 활용될 수 있는지 연구하고, 이용자 만족도와 신뢰성을 높일 수 있는 방법을 고민해 왔다.

오늘날 AI는 생산성 도구에서 벗어나 사용자의 감정과 심리적 반응을 고려할 수 있는 단계까지 이르렀다. AI가 인간의 감정을 인식하고 그에 맞는 반응을 하면서 이전보다 더욱 인간적이고 자연스러운 상호작용을 할 수 있는 환경이 구축되었다. 이러한 이유로 최근 감정 컴퓨팅은 여러 분야에서 각광을 받고 있고 AI가 인간과 자연스러운 상호작용하는 맞춤형 경험 설계가 중요해지고 있다. DreamFace Technologies에서 2022년 발표한 파일럿 연구에서 Ryan은 "로봇이 노인 돌봄 시설에서 사용되고 독거노인들의 외로움과 우울증을 감소하고 있다."라고 언급했고 "전반적인 삶의 질을 높이는 데 기여했다."라고 밝혔다(장길수, 2022). 이 결과는 AI가 얼굴 표정 인식과 음성 분석을 통해 사용자의 감정을 파악하고 적절한 공감적 반응을 제공함으로써 사용자의 심리적 안전감을 증진시킨 것으로 해석된다.

AX 설계의 대표적인 예시는 구글 어시스턴트(Google Assistant)이다. 구글 어시스턴트는 잘 알려진 AI 기반의 가상 비서로, 음성명령을 통해 다양한 작업을 수행할 수 있다. 특히 구글이 광고에서 강조하듯이 이 도구는 매우 자연스러운 음성 인터페이스를 제공하여 마치 실제 사람과 대화하는 것처럼 사용자의 요구를 들어준다. 더 나아가 구글은 사용자의 말투나 습관, 일상 스케줄까지 모두 학습하고 이에 맞추어 대화의 맥락을 이해하고, 사용자가 원하는 것을 실행해 준다. 구글은 구글 어시스턴트의 AX를 더 고도화하기 위해 계속해서 새로운 목소리와 상호작용 방안 아이디어를 내놓고 있다. Interactive canvas라고 하는 화면을 붙여서 사람들이 목소리만 듣는 게 아닌 시각적인 정보 지원을 받으면 어떨지 실험하거나 인간과 AI가 함께 할 수 있는 다양한 게임들(타로카드 읽어주기, 성격 검사해 주기, 매일 감사한 일 나누기 등)을 개발하여 구글 어시스턴트에서 사용할 수 있도록 해주고 있다.

AX를 이루는 핵심 요소들은 다음과 같다. 첫 번째로 개인화이다. AI는 빅 데이터를 기반으로 사용자 행동, 선호도 같은 내용을 분석해 사용자에게 꼭 맞는 맞춤형 콘텐츠와 추천을 제공할 수 있다. 이것은 다른 시스템과 다르게 사용자와의 개인적인 친밀감을 만들어주고 그 개인화를 얼마나 잘하는지에 따라 AX에 대한 만족도가 달라진다. 넷플릭스는 AI 기반의 추천 시스템을 통해 사용자들이 좋아할 만한 콘텐츠를 맞춤형으로 제공한다. 이 시스템은 사용자들의 시청 및 검색 기록, 평가, 시청 시간 등의 데이터를 분석해 각 개인에게 가장 적합한 콘텐츠를 추천한다. 이 방식 덕분에 사용자는 방대한 라이브러리 속에서 자신이 선호하는 콘텐츠를 쉽게 찾을 수 있었다. 여기까지는 일반인들이 잘 이해하고 있는 AX의 깊이이다. 하지만 실제로 넷플릭스의 AX는 더 깊은 단계로 나아간다. 넷플릭스의 AI는 이전에 시청한 콘텐츠뿐 아니라 시청자의 패턴, 사용자의 반응을 기반으로 어떤 콘텐츠를 제공할지 판단하여 더 정교한 추천을 한다. 만약 어떤 사용자가 짧은 시간에 로맨스 드라마의 3개 시즌을 시청 했다고 가정해 보자. 넷플릭스는 비슷한 로맨스물을 추천하는 것뿐 아니라 시즌 개수, 시청자가 빠르게 건너뛴 구간, 여러 번 돌려본 구간 등을 파악하고 나의 시청 스타일까지 분석하여 추천해 준다. 또한 자동 생성된 썸네일은 사용자들이 자주 누르는 종류의 이미지에 맞추어 비슷한 영화나 드라마 추천도 하고 있다. 개인의 시청 성향에 맞춘 시각적 요소를 제공하여 추가 클릭을 유도하는 전략을 사용한다. 이처럼 넷플릭스는 개인화된 경험을 최대한 이용하여 시청자 만족도를 높였으며 시청자들이 플랫폼에 머무는 시간을 극대화시키고 이탈률을 줄였다.

다음 핵심 요소는 자연어 처리(NLP)이다. 챗GPT가 세상에 공개되고 기존에 어려웠던 자연어 처리가 꽤 완성도 있고 쉽게 가능해지면서 AX도 새 지평이 열렸다. AI는 자연스러운 언어 처리를 통해 사용자가 음성 비서나 챗봇과 쉽게 대화할 수 있게 해줬고 이는 사용자와 시스템 간의 자연스러운 대화를 가능하게 했다. 자연어 처리가 자연스러울수록 AX의 완성도가 높아지고 'AI와 사용자 관계'를 친밀하게 해준다. 아마존의 Alexa는 음성 인식을 통해 이용자의 음성을 정확하게 해석하고 평범한 대화나 질문에 자연스럽게 반응하는 능력을 갖췄다. 또한 Alexa는 가정에서 스마트 기기를 제어하고 음악을 재생하며 사용자에게 맞춤형 정보를 제공하고 있다. 특히 개인화된 경험을 제공하기 위해 사용자의 음성 패턴, 명령 이력 등을 학습하여 점점 더 자연스러운 대화가 가능해졌다. 사용자가 자주 사용하는 명령이나 일상적인 질문에 대해 빠르고 정확한 답변의 제공은 Alexa 이용에 더 큰 만족감을 준다.

세 번째 핵심 요소는 자동화이다. 모든 AI 도입의 시작은 자동화라고 할 수 있을 만큼 이는 가장 기본이 되는 요소이다. AI는 복잡한 작업을 자동화해 사용자의 인지 부담을 줄이고, 매끄럽게 시스템을 경험할 수 있도록 도와준다. Coca-Cola는 2023년 AI와 협업하여 '미래의 맛'이 나는 콜라를 출시했다. 3000년도에 어울리는 맛을 만든다는 의미의 Cola Y3000이라는 코드명을 사용했고 인공지능이 직접 레시피를 배합했다. 이 콜라는 2023년 12월부터 미국, 캐나다 시장에 풀렸는데 젊은 층에서 큰 인기를 끌었다. 미국의 최대 소셜 커뮤니티인 Reddit에 올라오는 사용자들의 후기를 읽어보면, 거의 대부분 기존 콜라 맛인데 삼키고 나면 올라오는 향이 젤리곰이나 막대사탕, 과일, 캐러멜 맛 등이 섞여 있다고 한다. 이 신제품은 포장까지도 AI가 디자인했는데 '미래의 맛'을 위한 포장에는 펑키한 핑크, 파랑 색상과 픽셀화된 로고가 박혀있어 기존 클래식 디자인과의 차이를 두었다. AI가 크리에이티브 워크까지 이루게 된 것이다.

코카콜라의 AI 도입 시도는 이번이 처음이 아니다. 1998년도에 이미 자판기 자동화를 시작했는데 당시에 매우 신선한 시도로 시장에 충격을 안겨준 적이 있다. 이는 날씨에 따라 달라지는 콜라값 자판기였는데 무더운 날에 시원한 콜라를 뽑을 경우 1달러, 비가 오거나 추운 겨울에는 일반 콜라가 자동으로 50센트로 떨어지는 것이었다. 코카콜라는 당시 기상대로부터 미국 전역의 기상정보를 제공받아 지역별로 콜라값의 레인지를 결정하였다. 하지만 그들의 시도가 너무 시대를 앞서 갔던 것인지 소비자들에 의해 '소비자 착취, 갈취'라는 비난을 받았다. 소비자들 입장에서는 여름철 추가 요금이라고 생각된 것이 원인이었다. 현재 시점에서 보면 상당히 똑똑한 시도로 보이지만 안타깝게도 지금은 더 이상 상용화되지 않는 서비스이다(이방실, 2010).

네 번째 핵심 요소는 예측 분석(forecasting)이다. 이는 AI가 사용자의 과거 행동을 분석해 다음 행동이나 필요를 예측하는 형태를 말한다. 사용자가 관심 있어 할 만한 콘텐츠를 추천하거나 문제를 미리 해결해 둠으로써 AX 만족도를 높일 수 있다. 2019년에 도입된 스타벅스의 AI 프로그램인 Deep Brew는 고객의 과거 구매 기록, 위치, 시간대, 기상 조건, 지역 이벤트 등을 포함한 다양한 데이터를 활용하여 고객의 선호도를 분석하고 개인화된 음료 추천과 할인 혜택을 제공할 수 있게 한다. 이 서비스를 계기로 스타벅스는 고객의 재방문을 유도하고 고객 충성도를 크게 향상시켰다.

스타벅스 앱을 사용해 본 사람이라면 앱을 열자마자 상단에 표시되는 맞춤형 메시지를 기억할 것이다. 이를테면, '선선한 가을바람과 함께 오후의 라떼를 즐겨보세요'라는 문구는 과거 구매 시간과 구매 내역을 분석해 제공하는 개인화된 메시지이다. 스타벅스 앱은 실시간으로 날씨, 시간, 위치 기반의 데이터를 분석하고 조합하여 맞춤형 음료 추천과 프로모션을 제공한다. 또한 고객이 자주 구매하는 음료나 베이커리 제품을 바탕으로 새로운 제품을 추천하는 기능을 통해 고객이 필요로 하는 제품을 예상해 사전에 준비해 둘 수 있게 한다. 이 시스템은 특히 모바일 주문과 드라이브 스루에서 더욱 효과적이며 팬데믹 이후 비대면 서비스 수요가 증가한 환경에서 그 활용도가 더욱 높아지고 있다. AI 시스템의 도입으로 스타벅스는 매출과 고객 참여도를 증대시킬 수 있었고, 매장별 특성에 맞는 재고 관리와 고객 맞춤형 서비스를 통해 고객 만족도도 높일 수 있었다. 이러한 예측 분석을 통해 스타벅스는 경쟁이 치열한 커피 시장에서 고객의 기대에 부응하며 강력한 브랜드 충성도를 구축하는 데 성공했다(Kotorchevikj, I., 2021).

'감성 지능'은 AX의 마지막 핵심 요소다. 감성 지능은 사용자의 감정을 더 잘 이해하고 반응하여 개인화된 상호작용을 제공한다. 이는 AI-사용자 관계를 깊이 있게 만들고 사용자의 만족도를 높여준다. AI와 감성 지능을 결합한 고객 서비스의 성공 사례로는 MetLife의 Cogito AI 시스템을 들 수 있다. 미국의 대표적인 다국적 보험회사인 MetLife는 2017년 감성 컴퓨팅을 통해 고객 서비스 경험을 향상시키기 위해 미국 기술 회사 Cognito Corporation의 AI 기반의 감정 분석 및 실시간 피드백 시스템인 Cogito를 도입했다. 이 시스템은 고객과의 통화 중에 감정적 신호를 실시간으로 분석하여 상담사에게 즉각적인 피드백을 제공한다. 만약 고객이 스트레스나 불만을 표현한다면, Cogito는 상담사에게 공감적인 대응을 권장함으로써 보다 감성적인 상호작용이 이루어지도록 돕는다. 이를 바탕으로 당시 MetLife는 고객 문제 해결 비율을 23% 향상시키고 고객 만족도(NPS; Net Promoter Score) 점수를 15포인트 증가시키는 성과를 얻었다(Garza, A., 2024).

이 사례는 AI가 고객의 감정적 요구를 실시간으로 이해하고, 이에 공감하는 반응을 제시함으로써 AI-사용자 관계를 더욱 깊이 있게 만들 수 있음을 보여준다. 이러한 접근은 고객 충성도를 높이고, 브랜드 신뢰를 강화하는 데 기여하며 특히 고객 서비스에서 중요한 '진정한 감성적 연결'을 가능하게 한다. 우리나라에서도 대부분의 조직들이 앞서 얘기한 요소들 모두 혹은 일부를 활용하여 AX를 설계해 나가고 있다. LG전자는 2024년 '공감지능(AFFECTIONATE INTELLIGENCE)'을 신규 AI 가전 시장을 선도하기 위한 전략 개념으로 제시했다. 공감지능은 사용자를 더 배려하고 공감해 보다 차별화된 고객 경험을 제공하는 AI라는 뜻으로, LG는 실시간으로 사용자 데이터를 모아서 사용자와 관련된 전체 가전을 조율하고 지휘할 수 있는 신개념의 AI칩을 개발한다고 한다. 더운 여름날 사용자의 위치 정보와 집 안의 온도 등을 스스로 파악하여 사용자가 걸어 다닐 때마다 풍향과 세기, 온도를 조절해 준다는 시나리오가 존재한다.

점차 AX의 중요성이 더해가고 이 분야가 확장되면 각 조직에는 어떤 변화들이 생길까? 기업들은 AI의 기술적인 성능뿐만 아니라 사용자에게 얼마나 자연스러운 공감과 감동을 줄 수 있는지가 경쟁력의 중요한 요소가 될 것이다. 이는 AI의 정확성만 높아지는 것에 그치지 않고 AX를 연구하고 전담하는 부서까지의 등장도 예견된다. 기존 UX, CX를 담당해 오던 조직들은 AI를 연구하고 AX를 설계하는 조직으로 변형될 수 있다. AX는 AI개발에 대한 지식이 필수이기 때문에 개발자 직군에서 이러한 조직이 생성될 것이다.

AX 전담 조직이 만들어진다면 아마 이럴 것이라고 상상해 볼 수 있다. 자동차 제조업체에서 'AI 경험 혁신팀'이라는 새로운 부서가 만들어지고 이 부서는 차량 내 AI 비서를 만든다. 이 AI 비서는 운전자의 감정 상태를 이해하고 공감하며 차량의 탑재된 AI 시스템이 운전자의 목소리 톤, 얼굴 표정을 분석한다. 운전자가 피곤하거나 스트레스를 받은 상태를 감지하면 운전자를 위해 편안한 음악을 재생하거나 휴식을 권장하는 알림을 제공하는 서비스를 보낸다. 이러한 기술들을 통해 직원들의 컨디션 관리와 효율적 업무처리가 가능하게 하고 이는 자동차 시장에서 경쟁력을 제고할 수 있는 무기가 될 것이다.

감성적 AI의 발전은 사용자와 AI 간의 관계를 더욱 긴밀하게 만들지만 동시에 AI가 사용자에게 미치는 영향에 대한 윤리적 고민도 함께 따라오게 될 것이다. 일례로 AI가 사용자의 감정을 잘못 해석하거나 조작할 가능성, 또는 사용자가 AI와 지나치게 감정적으로 연결되면서 현실과 가상 간의 경계가 흐려지는 등의 문제가 발생할 수 있다. 더 나아가 AI가 감정을 다루는 과정에서 개인의 감정적 데이터를 수집·분석하게 되면서, 이 데이터가 어떻게 사용되고 보호되는지에 대한 윤리적 기준의 중요성이 커지고 있다. 데이터 프라이버시, 편향 없는 처리, 투명한 데이터 사용 방식 등은 앞으로 조직 내부에서 주요 쟁점으로 떠오를 것이다.

NEXT ChatGPT,
Large Action Model(LAM)과 AI 에이전트의 등장

미국 라스베이거스에서 열린 2024년 CES(Consumer Electric Show) 첫날, 작은 AI 장치 Rabbit R1은 수많은 관람객의 시선을 끌었다. 관람객들은 손바닥에 들어오는 이 장치가 "완전히 새로운 경험을 선사할 AI"라는 설명에 열광하고 있었다.

〈Rabbit R1 – Digital Today〉

한 관람객이 무심코 “오늘 저녁엔 뭐 먹지?”라고 묻자, R1은 냉장고에 남아 있는 재료를 스캔하듯 분석한 뒤 몇 가지 요리를 추천했다. 필요한 재료가 부족하다며 간편하게 장보기 목록까지 준비해 보여주는 모습은 많은 이들에게 신선한 충격을 주었다. R1은 ‘비서’라는 단어 이상의 능력을 보여주고 있었다. 이 장치에 탑재된 LAM(Large Action Model)은 기존 AI의 예측과 분석을 뛰어넘어 실시간으로 상황을 감지하고 사용자가 필요로 하는 행동을 먼저 준비할 수 있는 가능성을 열어 주었던 것이다.

R1의 첫 생산량 10,000대는 CES 행사 첫날에 모두 판매되었고, 곧바로 두 번째 생산을 시작했다(Dias, M., 2024). 전문가들은 R1의 출시를 통해 LAM이 AI의 새로운 장을 열었음을 실감했다. 이제 AI는 단순한 지시를 수행하는 보조 기기를 넘어 사용자의 필요를 예측하고 그에 맞춰 능동적으로 행동하는 진정한 ‘디지털 파트너’로 자리 잡을 가능성을 보이고 있는 것이다. 기존의 AI 혁신이 주로 ‘언어’와 ‘이미지’를 이해하

고 생성하는 데 초점을 맞췄다면 새로운 LAM 기술은 한 단계 더 나아가 실시간으로 상황을 감지하고 적절히 반응하는 실행 능력까지 갖추었다. 챗GPT나 구글의 Bard와 같은 Large Language Model(LLM)은 방대한 데이터를 학습하여 인간과 자연스러운 대화를 가능하게 했지만 이와 달리 LAM은 복합적인 행동 수행을 포함하고 AI가 조직과 사람의 새로운 상호작용을 할 수 있는 기반을 만들고 있다.

LAM은 실시간으로 감지, 예측, 의사결정 처리를 하고 복잡한 업무에 즉시, 구체적인 행동을 가능하게 만든다. 감지(Sensing) 기능을 통해 아마존 물류 창고에서는 LAM 기반 시스템이 수백만 건의 주문 데이터를 실시간으로 분석해 자동으로 우선순위를 정한다. 아마존의 이러한 실시간성을 통해 고객 수요 변화에 즉각 대응하고 경쟁적 우위를 갖게 하고 있다. 또한 LAM의 감지 기능은 물리적 환경 정보를 빠르게 수집하고 분석한다. 테슬라의 자율주행 시스템이 이러한 안정성과 효율성이 발현된 대표적인 사례다. 이 시스템은 주변의 차량, 보행자, 교통 상황을 실시간으로 감지하고 상황에 따라 경로를 계산하고 차량이 안전하게 움직일 수 있도록 한다.

기업들 중 IT 관련 계열사를 보유하지 않거나 회사 규모가 중견 기업 이하인 회사가 AI를 업무에 적용하기에는 기술적 기반과 내부 인프라가 부족하다는 점이 가장 큰 걸림돌로 작용한다. 직원들에게 AI를 직접 활용하기 위한 AI에 대한 기본적인 개념부터 이해하고 교육시키는 데에는 상당한 시간이 필요하다. 경영진은 무조건적인 빠른 도입을 통하여 빠른 성과를 내길 원하고 구성원들은 업무에 바쁜 관계로 적응하지도 못하고 'AI는 어렵다'는 인식이 자리 잡을 가능성이 많다.

이러한 충돌은 산업군별로도 AI 도입에 대한 다양한 반응이 나타나고 있다. 특히 패션 업계는 특유의 감각적이고 경험 기반의 의사결정 방식과 AI가 제안하는 데이터 중심의 접근이 충돌할 수 있다. 예를 들어, 디자인이나 트렌드 예측을 AI가 지원할 수 있음에도 불구하고 현업에서는 오히려 기존의 직관적 판단이 더 신뢰받을 수도 있다. 더 나아가 교육을 통해 배운 AI 활용법이 실제 업무 현장에서 연결되지 않는다면 학습 경험은 단발성에 그치게 된다. 이를 방지하기 위해서는 조직 차원에서 AI를 접목할 수 있는 구체적인 과제나 프로젝트를 발굴하고 이를 실행할 수 있는 지원 체계를 마련해야 한다. 하지만 중견기업 입장에서는 비용과 자원의 한계로 인해 이를 충분히 제공하기 어려운 경우가 많다. 결국, IT 전문기업이 아니거나 중견기업이 AI 교육을 추진할 때의 가장 큰 과제는 기술적 한계, 문화적 저항, 그리고 실행 기반 부족이라는 세 가지로 요약할 수 있다. 그러나 이러한 어려움 속에서도 교육을 통해 직원들이 AI를 친숙하게 받아들이고 점진적으로 업무에 활용할 수 있는 기반을 마련한다면 이는 회사가 새로운 성장 동력을 확보하는 출발점이 될 수 있다.

예측은 LAM의 또 다른 중요한 요소다. 기존의 LLM이 텍스트를 예측하는 데 그쳤다면 LAM은 더 복잡한 패턴을 예측하고 이에 따른 최적화된 의사결정을 내릴 수 있게 한다. 마이크로소프트의 클라우드 플랫폼에서는 LAM을 통해 서버 다운타임을 방지하기 위해 자동화된 조치를 취하고 서버 트래픽 변동을 예측하고 있다. 이는 서버 인프라의 안정성을 높이고 예기치 못한 사고를 줄이는 역할을 하고 있다.

마지막으로, LAM의 핵심 요소는 의사결정(Decision-making)이다. 의사결정 시 여러 데이터를 분석하여 실질적이고 구체적인 행동을 지시함으로써 산업 분야의 작업 현장에서는 사람이 수행하던 의사결정을 LAM이 대신하게 되었다. 이로 인해 생산성과 안전성이 동시에 높아졌고 제조업 공장에서 LAM을 통해 기계 상태를 실시간으로 모니터링할 수 있게 되었다. 또한 필요시 자동으로 유지보수 조치를 실행도 가능해졌다. LAM 도입의 궁극적인 목표를 AI 에이전트의 생성으로 보는 경우가 많다. AI 에이전트는 앞서 소개한 Rabbit R1과 같이 사용자의 필요를 스스로 판단하고 실행에 옮기기까지 하는 시스템을 이야기한다. 이러한 AI 에이전트가 로봇에 탑재되어 물리적인 힘까지 생긴다면 실제 사람, 혹은 필요한 업무를 수행할 수 있는 '인력'으로 대체될 수 있다.

최근 이러한 AI 에이전트 개발에 대한 소식이 세계 곳곳에서 들리고 있다. 많은 기업들이 활용하고 있는 마케팅·세일즈 솔루션사인 Salesforce에서도 최근 AI 에이전트인 Agentforce 2.0에 대한 소식을 전했다. 에이전트포스는 콜센터 대신 사용자의 전화를 받고 사용자의 문제를 해결해 주기도 하고 고객의 스타일리스트로 변신해 사용자의 선호도에 따라 물건을 추천해 주기도 한다. 더 나아가 광고 캠페인을 만들어주는데 시스템에 캠페인을 생성해서 업로드하고, 이 캠페인에 맞는 고객층을 찾아주며, 타깃 고객층이 좋아할 만한 문구나 사용자의 경험 여정을 설계, 제작해 주기도 한다. LAM 시대의 조직을 준비하는 것은 마치 완벽한 오케스트라를 구성하는 것과 같다. 조직은 모든 AI 시스템과 데이터가 하나의 목표에 맞춰 조율될 수 있도록 철저한 준비와 거버넌스를 마련해야 한다. CAIO와 같은 리더는 이러한 AI 오케스트라를 지휘하는 역할을 맡아 윤리적 기준을 지키며 모든 부서가 AI와 협력할 수 있도록 조율할 것이다. 완벽하게 조율된 오케스트라처럼 각 부서가 서로의 역할을 이해하고 LAM이 조직 전반을 지휘할 때 비로소 혁신의 하모니가 완성될 것이다.

빠른 인공지능 적용이 필요해! Bricolage DX의 세상

앞에서 소개한 보스턴 컨설팅사의 AI 실험은 신규로 쏟아져 나오는 여러 가지 생성형 AI 활용에 대한 단적인 예시일 뿐이다. 실제 조직에는 훨씬 더 다양한 문제들이 있고 또 그만큼 다양한 AI 모델들이 개발되고 있다. 원하는 이미지를 설명하면 어떠한 이미지도 뚝딱 만들어주는 Midjourney나 이미지를 넣고 원하는 동작을 글로 입력하면 움직이는 영상을 만들어주는 Runway와 Sora, 원하는 느낌만 알려주면 아름다운 음악으로 만들어주는 resemble.ai 등 다양한 생성형 AI가 이미 대중에게 공개되어 사용되고 있다. 그리고 대부분의 조직들이 한 가지가 아닌 여러 가지의 생성형 AI를 활용하여 매일 문제를 풀고 있다.

Bricolage DX는 이러한 시대를 설명하는 키워드로, '손재주' 혹은 '여러 가지 일에 손대기'라는 뜻을 가진 프랑스 단어와 디지털 트랜스포메이션을 뜻하는 DX가 합쳐진 말이다. Bricolage DX는 폭포수처럼 쏟아져 나오는 다양한 디지털 기술들로 그때그때 창의적이고 즉흥적인 접근 방식을 통해 특정분야에서 필요한 새로운 솔루션을 만들고 문제를 해결하는 방법을 이야기한다. 핀란드 헬스케어 스타트업 헬티

(Heltti)는 Bricolage DX를 성공적으로 도입한 사례로서 디지털 도구와 기존 자원을 창의적으로 결합해 변화하는 요구에 즉각적으로 대응하는 디지털 방식을 구축하여 기존 헬스케어 시스템의 한계를 넘어서는 확장 가능한 서비스를 출시했다. 헬티는 AI 기술을 활용하여 환자의 데이터를 분석해 위험 요소를 조기에 발견하고 맞춤형 예방 조치를 제안하는 e헬스(eHealth) 솔루션으로 약 70%의 서비스를 디지털 방식으로 제공하였다. 이로써 기존의 대면 중심 서비스에서 벗어나 디지털 방식으로도 높은 품질의 헬스케어 서비스를 제공하게 된 것이다. 이러한 혁신적인 접근 덕분에 헬티는 2019년 매출 500만 유로를 달성했으며 2020년에는 유럽에서 가장 빠르게 성장하는 기업 중 하나로 선정되었다(Crunchbase, 2024).

1800년대에 제철소를 인수하여 출범한 슈나이더 일렉트릭(Schneider Electric)은 에너지 관리를 위한 AI 도입의 또 다른 사례이다. 슈나이더 일렉트릭은 전부 자동화된 생산 시스템을 도입하여 세계 곳곳에 흩어져 있는 80개 공장을 모두 디지털화했다. 슈나이더 일렉트릭은 정말 필요한 순간순간에 과감하게 새로 나온 디지털 기술들을 활용해 왔는데 2021년에는 스마트 팩토리 부문을 확장하면서 '코봇(Cobot)'이라는 로봇을 적극적으로 도입하여 사용하고 있다(DC Velocity Staff, 2024).

코봇은 인간과 협업하도록 설계된 로봇으로, 다양한 센서를 통해 안전하게 작업할 수 있게 한다. 이 로봇은 센서를 통해 미리 어떠한 사건 사고가 일어날 수 있는지 인지하고 사고가 발생하는 순간 개입해서 작업을 중단시킨다. 코봇은 누구나 할 수 있는 저차원의 반복적인 일을 수행하지만 앞으로 고차원 수준으로도 활용될 것이다. 코봇은 지속적으로 방대한 공장 데이터를 수집하고 품질 관리를 하고 있기 때문이다. 슈나이더 일렉트릭의 과감한 Bricolage DX가 향후 이 회사를 어떤 방향으로 이끌어갈지 귀추가 주목된다.

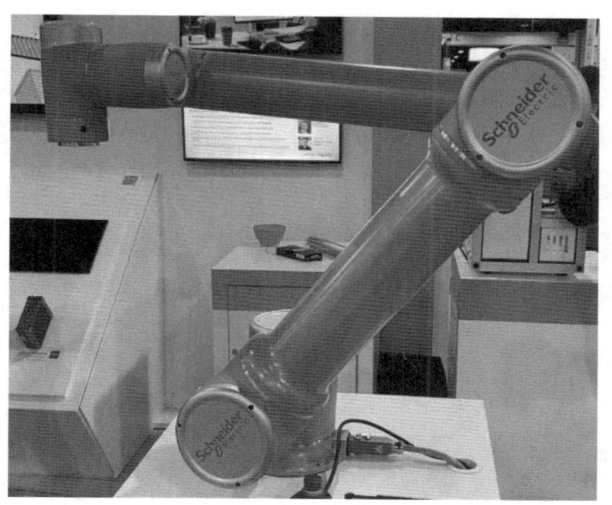

〈슈나이더 일렉트릭에서 출시한 로봇 - automationworld〉

브리콜라주 DX를 적극적으로 하고 있는 국내 대표회사로는 아모레 퍼시픽을 뽑을 수 있다. 이들은 외부에서 전문가를 영입해서 다양한 업무를 어떻게 디지털화할지 그리고 그 과정에서 어떤 도구를 사용할 수 있을지 고민한다. 아모레 퍼시픽은 2018년부터 마케팅, 연구개발, 재무회계 등 여러 가지 영역에서 DX를 진행하고 있다. 특히 B2C 제품 판매가 주력 분야이다 보니 빠르게 변하는 고객 경험을 만드는 것에도 디지털 기술을 적극적으로 활용하고 있다. 'Mind Linked' 매스봇은 고객의 뇌파까지 분석하여 즉석에서 로봇이 고객 맞춤형 제품을 디자인하는데 고객의 기분에 따라 향과 색을 직접 골라 입욕제나 비누를 만들어준다. 아모레퍼시픽에서 만든 팝업 공간인 '샴푸브러시 랩'에서는 생성형 AI가 쇼츠나 이미지 같은 소셜 콘텐츠까지 만들어주고 있다 (강성전, 2024).

이렇듯 브리콜라주 DX는 여러 산업분야에서 그 모습을 나타내고 있지만 한편으로는 이런 즉흥적이고 단기적인 디지털 기술 활용이 회사의 장기적인 계획이나 개개인의 직업 안정성에 미치는 영향에 대해서도 고려할 필요가 있다. 지금 당장 로봇이 유행이라고 해서 무조건 기존 인력을 로봇으로 대체한다면 그 과정에서 일어날 수 있는 사건 사고, 기존 인력의 고용안정성, 그리고 로봇이 만드는 제품의 품질에 차이가 있는지 등에 대해 구체적으로 생각해 봐야 할 것이다. 상황에 빗대어 보면 한 제조업체가 로봇을 도입해 생산 공정을 빠르게 자동화했지만 짧은 개발 시간과 단기간 적용으로 인해 미처 예상하지 못한 기계 오류로 인해 수백 개의 불량품이 생산될 수 있다. 이런 경우에는 기존의 숙련된 인력들을 모두 로봇으로 대체하기보다는 신규로 도입하는 로봇을 감독하는 역할로 재배치하여 더 장기적으로 품질 관리와 안전성을 유지하는 방법을 고려할 수 있어야 한다.

또한 디지털화가 가속화되면서 팀 내 협업을 어떻게 변화시킬지도 생각해 볼 수 있다. 기존에는 소수의 전문가가 하던 일들이 이제는 경력이 미비한 팀원들끼리도 완료할 수 있을지 그리고 기존에 하던 일들을 대체되지 않도록 어떻게 디지털 기술과 협력하여 더 완성도 있게 진행할 수 있을지 등을 생각해 보는 것이다. 만약 한 법률 컨설팅 회사가 AI 계약 분석 도구를 도입한다면 주니어 변호사들도 AI를 통해 업무를 처리할 수 있겠지만 더 복잡한 업무를 해본 적 없는 주니어 변호사들이 계속해서 AI의 분석 결과에만 의존한다면 이들이 추후 기존에 노련한 시니어 변호사들이 경험으로 커버할 수 있던 판단들을 놓치게 되는 등 다양한 리스크와 부작용이 발생할 수 있다. 이런 경우들을 미리 고민한 후 AI를 도입하고, 인간과 AI가 공존하며 안정적으로 업무를 진행할 수 있는 프로세스를 마련해야 할 것이다. 이 경우에서는 자주 발생하는 법률적 문제점을 AI가 미리 탐지하여 주니어 변호사가 1차 검토하고 복잡한 법률 해석과 전략적 의사결정은 경험이 많은 전문가가 최종 결정을 내리는 상호보완적인 방식으로 업무를 수행할 수 있을 것이다.

패션 유통 기업 세정, AI 교육 도입 사례

국내에서 AI를 도입하여 조직문화의 새로운 방향 전환에 사용한 사례로 세정기업이 있다. 세정은 남성복 브랜드인 인디안과 여성복 브랜드인 올리비아로렌(현재 OVLR로 분사) 그리고 주얼리 브랜드인 디디에두보 등 패션 전반에 걸친 중견 패션 기업이다. 중견 규모의 패션 회사가 최근 추진한 AI 관련 교육은 조직문화 차원에서도 의미 있는 전환점이 되고 있다.

이 회사는 초기에 개인 단위에서의 역량 강화에 초점을 맞추어 AI 교육을 실시하였다. 교육의 첫 출발은 2024년 전 직원을 대상으로 열린 AI 특강이었다. 이 특강에서는 생성형 AI의 비즈니스 활용 가능성을 소개하며 기업 환경에서 AI가 가져올 변화를 설명하였다. 또한 AI의 일자리 영향과 생산성 향상이라는 현실적인 논점을 다루어 직원들이 막연한 불안 대신 AI의 역할을 균형 있게 바라볼 수 있도록 안내하였다.

더 나아가 실질적 활용 역량을 기르도록 실무워크숍도 진행했다. 프롬프트 작성 방법 및 시연을 통해 직원들이 직접 실습하며 경험할 수 있도록 하였다. 이러한 움직임은 패션 산업처럼 창의성과 감각이 중요한 영역에서도 AI가 실질적인 도구로 자리 잡을 수 있다는 가능성을 열었다. 이 교육의 핵심은 조직 전체가 새로운 기술을 두려움이 아닌 학습과 도전의 기회로 받아들이게 하는 데 있다. 개인의 업무 방식 변화에서 출발한 이러한 시도는 조직문화 전반에 걸친 점진적 혁신의 시작점이 된다.

세정은 AI 핵심 인력을 양성하기 위해 전사적 참여 기반의 선발 방식을 채택하였다. 전 직원에게 신청 기회를 열어두되 지원 의사를 밝힌 교육생을 선발함으로써 집중도와 참여 의욕을 강화한 것이다. 이는 AI 학습이 소수 전문가의 영역이 아니라 관심이 있는 조직 구성원 모두가 도전할 수 있는 영역이라는 메시지를 담고 있다.

교육은 직접 개발한 'AI 마에스트로 과정'으로 구성되었으며, 매주 5시간씩 8주간 진행되었다. 이론보다 실습에 초점을 두었다. 매 회차 과제를 패들렛에 업로드하도록 하여 학습 과정과 결과물을 투명하게 공유했으며, 강사의 즉각적인 피드백과 우수 학습자에 대한 인정으로 학습 효과를 극대화하였다. 이러한 방식은 구성원들이 지식 습득에 머무르지 않고, 실제 결과물을 만들어내며 AI를 '자신의 도구'로 체화할 수 있도록 돕는다. 교육의 마무리는 AI 과제 발표회였다. 경영진을 비롯한 임원들과 주요 사업부장들이 한자리에 모여 학습 결과물에 대해 심사

평가하여 현장에서 우수 교육생을 선정하고 'AI 프론티어'로 발탁하였다. 우수 교육생은 조직 내에서 AI의 가능성을 선도하고 전파하는 핵심 인재로 육성되며, 회사는 이를 통해 AI 역량을 조직문화 차원에서 확산시킬 수 있는 기반을 마련했다.

이 외에도 세정은 다양한 직무별 교육을 진행하여 직원의 절반 이상이 5시간이 넘는 AI 교육에 참여했고, 이제는 AI가 업무 파트너로 자리 잡아 조직문화를 만들어가고 있다. 세정의 사례는 한 기업이 AI 시대에 대응하는 방식이 외부 기술을 들여오는 데 그치지 않고, 내부의 학습과 실천을 통해 새로운 역량을 길러내는 조직문화 변화의 여정임을 말해준다.

이러한 교육의 결과, 현재는 사내 인력만으로 인사 챗봇을 개발하여 테스트 중에 있다. 챗봇은 임직원이 평소에 자주 묻는 복리 후생, 인사 제도, 회사 규정 등에 대한 업무 처리를 돕는다. 개발 과정에서 가장 많이 문제된 것은 할루시네이션 현상인데 데이터 학습 및 연동 범위를 내부 문서로 한정하여 오류를 최소화하였다. 앞으로는 업무에 필요한 사내 시스템 기능을 추가적으로 개발할 예정이다.

〈세정 인사 도우미 챗봇 홍보 영상 – 세정홍보영상〉

또한 최근에는 리더십 다면 평가 결과에 따른 팀장과 팀원 코칭용 봇과 면접 봇을 개발 중이다. 이를 위해 AI를 활용해 과거와 현재 핵심인력들의 직무 경험과 프로젝트 경험을 자료화하고 이를 다시 분석하게 하였다. AI가 도출한 분석 결과는 흥미로웠다. 핵심인력들의 다양한 경험과 성과를 유형별로 분류하면서 조직은 자연스럽게 임원형, 사업부장형, 신사업형 등과 같은 인력 육성 모델을 마련할 수 있었다. 이는 곧 한 사람의 커리어가 조직 전체의 자산임을 보여주는 사례라 할 수 있다.

이러한 접근은 두 가지 의미를 가진다. 첫째 AI를 통해 조직의 경험 자산을 구조화함으로써 후속 세대에게 체계적으로 전수할 수 있는 토대를 마련했다는 점이다. 둘째 인재 육성에 있어 추상적인 이상형이 아닌 실제 데이터를 기반으로 한 모델을 제시함으로써 조직 내 교육과 성장의 방향을 구체화했다는 점이다. 결국 이 회사의 시도는 AI를 조직문화 혁신의 촉진제로 활용한 사례라 할 수 있다. 과거와 현재의 경험을 연결해 미래의 인재를 육성하는 과정은 곧 조직이 지속적으로 성장하기 위한 문화적 자산이 된다.

마무리

챗GPT가 2022년 11월 출시된 이후 생성형 인공지능(AI)은 일상과 산업 전반에 깊숙이 자리 잡았다. 일부 기업은 큰 타격을 입었고, 다른 기업은 이를 기회로 삼아 성장했다. 영국 이코노미스트지는 어떤 기업들이 챗GPT의 등장으로 어려워지고, 어떤 기업들이 성장하는지 그 공통점을 분석했다. 미국 온라인 교육업체 체그(Chegg)는 교재 대여 업체에서 온라인 스터디 가이드 제공 업체로 탈바꿈하면서 팬데믹 기간 동안 폭발적으로 성장했으나 학생들이 이제 스터디 가이드를 챗GPT로 대체하면서 구독자와 매출이 급락했다. 특히 매월 19.95달러의 구독료를 지불하던 구독자 50만 명이 한꺼번에 빠져나가면서 시총 145억 달러(한화로 약 20조 원)가 순식간에 증발했다고 한다(Raines, J., 2024). 반면 외국어 학습 플랫폼 듀오링고는 AI를 적극 활용해 성공한 사례다. AI 기반 캐릭터를 활용하여 화상 채팅 기능을 도입하며 투자자와 소비자의 호평을 받았고, 주가는 사상 최고치를 기록했다(문상덕, 2022).

체그와 듀오링고의 차이는 무엇이었을까? 이코노미스트에 따르면, 체그도 AI 활용에 대한 이야기가 전혀 없던 것은 아니라고 한다. 특히 2022년 코로나19로 인해 비대면 교육산업이 격변할 때, 체그의 직원들 사이에서는 자동화된 AI 답변 도구 개발에 대한 사용자들의 니즈가 논의되었다고 한다. 하지만 경영진이 이를 거부했다. 일부 직원들은 이러한 초기 챗GPT에 대한 대응이 회사의 주가 폭락을 초래했다고 본다. 반대로 듀오링고는 발 빠르게 챗GPT로 어떻게 서비스를 업그레이드시킬지 아이디어를 내고 적용시켜 기획하고 개발하였다. 변화될 세상의 모습을 먼저 상상하고 이것을 서비스에 접목시킨 것이다. 이는 생성형 AI의 급속한 발전이 기업들에게 기존 사업 모델의 재검토와 혁신을 요구하고 있음을 시사한다. 체그 사례는 AI가 기존의 서비스를 대체할 수 있을 때 기업이 얼마나 빠르게 시장에서 밀려날 수 있는지를 잘 보여준다. 특히 AI 기술을 적극적으로 도입하지 않고 기존 방식을 고수하면 변화에 뒤처질 위험이 크다. 반면 듀오링고는 AI를 활용한 독창적인 서비스로 경쟁력을 강화하며 성장 가능성을 증명했다. 이는 기업이 AI를 단순히 위협으로 보는 것이 아니라 새로운 기회를 창출할 수 있는 도구로 삼아야 한다는 교훈을 준다.

글로벌 전략 컨설팅 기업 중, HR 컨설팅으로 유명한 머서(Mercer)사는 「2025년 새로운 HR 트렌드 세 가지」라는 주제의 트렌드 리포트를 공개했다(Mercer, 2025). 그들이 발표한 내용을 보면 전 세계 조직의 98%가 향후 2년 이내에 AI를 사용하게 될 것이라고 한다. 또한 머서사에서 설문조사를 진행한 결과, 70%의 실무자들이 그들의 조직 내에서 이미 AI를 실험하고 업무를 진행하면서 그 활용 방법을 배우고 있다는 답변을 했다. '완벽한 준비' 없이 몸으로 부딪히며 AI를 실무에 도입하는 조직이 늘고 있다.

점점 더 폭발적으로 커져가는 AI 시장에서 앞으로 AI는 창의적이고 복잡한 문제 해결에서도 중심 역할을 할 것으로 전망된다. 기업들은

AI를 활용해 기존 제품과 서비스를 강화하거나 새로운 비즈니스 모델을 개발하는 방향으로 나아가야 할 것이다. 특히 AI 기술을 활용해 고객 경험을 개선하거나 차별화된 가치를 제공할 수 있는 혁신적인 접근법이 중요해질 것이다. 생성형 AI의 발전이 위협이 아닌 성장을 위한 촉매제가 되도록 기업들은 유연하고 전략적인 태도를 갖춰야 한다. 궁극적으로 생성형 AI의 진보는 기업들에게 위협인 동시에 성장을 위한 강력한 촉매제가 될 수 있다. 이에 발맞춰 기업들은 AI 역량을 확보하고 데이터를 효과적으로 활용하면서 끊임없는 혁신과 실험 정신을 유지해야 한다. 이는 AI 시대에 살아남고 더 나아가 도약하기 위한 필수 과제이기도 하다.

2-2 실험적 조직과 학습형 조직의 등장

M 본부장과 Z 사원은 다방면으로 조직에 AI를 도입하기 시작했다. 계획대로 조직원들과 자주 모여 'AI가 대신 해주었으면 하는 일'과 '우리 조직 내 해결하기 어려운 문제'들을 브레인스토밍으로 모았다. 생각보다 많은 숙제들이 쏟아져 나왔다.

M 본부장이 포스트잇 더미를 내려놓으며 말했다.

"우리가 모은 아이디어들을 실제 팀에서 실험해 볼 수 있는 방법은 없을까?"

Z 사원이 노트북을 열고 타이핑을 시작하며 대답했다.

"보고서로만 기록하기보다는, 작은 프로토타입이라도 만들었으면 좋겠어요."

두 사람은 모아진 AI 도입 방안 아이디어들을 실행할 수 있는 이상적인 조직에 대해 생각했다.

M 본부장이 커피 잔을 들며 물었다.

"이러한 조직은 어떤 성격을 가져야 할까?"

Z 사원이 포스트잇을 하나 건네며 웃었다.

"한번 써 보죠."

실패해도 불이익이 없는 조직

역할이 유동적으로 바뀔 수 있는 환경

자유롭게 의견을 내 놓을 수 있는 문화

공부할 수 있는 자료가 많은 곳

빠른 업무 흐름

M 본부장이 포스트잇을 보며 고개를 끄덕였다.

"음… 정식 조직보다는 실험적인 환경이니까… 베타 랩(Beta Lab)이라는 이름 어때?"

Z 사원이 엄지를 치켜들며 동의했다.

어떤 주에는 'AI 회의 요약봇 도입하기'를 테스트했고, 또 어떤 주에는 '아침 업무 시작 전 산책 15분'을 제안해 보았다. 실패한 실험도 있었다. 일부 자동화 도구는 팀원들에게 오히려 스트레스를 줬고, 자유로운 워킹타임은 업무 누락을 초래하기도 했다.

성과는 아무래도 상관없었다. 매주 팀 전체가 모여 '실험 피드백 회의'를 열고, 실패 이유를 함께 돌아봤다.

어느 날, 한 팀원이 회의실 벽에 포스트잇을 붙이며 말했다.

"여기선 잘못돼도 혼나지 않아서 좋아요. 계속 배워도 된다는 느낌이 들어요."

Z 사원이 고개를 끄덕이며 작게 웃었다. M 본부장은 그 순간, 이 베타조직이 단지 혁신적인 제도나 도구를 시험하는 곳이 아니라는 걸 깨달았다. 이곳은 실험이 곧 학습이 되는 조직이었다. 즉, 학습형 조직의 등장이었다.

2023년 11월, 미국 텍사스의 어느 발사장. 스페이스X의 로켓, '스타십'이 하늘을 향해 드디어 발사됐다. 발사 후 약 8분 만에 폭발했다. 대실패였다.

그러나 현장의 반응은 놀라웠다. 모두 환호성을 지르며, 엄청난 축하와 격려의 장이 되었다. 일론 머스크는 자신의 X 계정에 "스페이스X 팀, 축하합니다."라고 썼다. 7개월 전, 첫 시도보다 두 배 비행한 것에 대해 사람들은 "믿을 수 없을 정도로 성공적인 날이다." "오늘 시험 비행은 배움의 기회였고, 그들은 다시 날 수 있다." 등 축하와 격려의 반응을 보였다(문가영, 2023).

〈스페이스X의 우주 발사체 '스타십' - SpaceX〉

스페이스X는 2023년 4월부터 2025년 10월까지 총 11차례에 걸쳐 스타십의 지구 궤도 시험 비행을 진행했다. 이 기간 동안 우주선이 공중에서 연달아 폭발하며 실패로 돌아간 적도 있었지만, 회사는 이를 혁신의 필수 과정으로 인식했다. 각 발사는 중요한 데이터와 기술적 경험을 축적하는 학습의 기회였으며, 직원들은 이러한 경험이 향후 우주 탐사 기술 발전의 토대가 된다고 믿었다(백종민, 2024). 스페이스X에게 실패는 끝이 아니라 더 나은 미래를 향한 중요한 이정표다. 첫 팰컨1 로켓 발사의 두 차례 실패(2006~2007)는 좋은 예가 될 수 있다. 엔진 문제로 거듭 실패하긴 했지만, 이 과정에서 축적한 데이터를 토대로 2008년 세 번째 발사에서 성공을 거두었다(COSMO TIMES, 2024).

무엇보다 흥미로운 점은 그들의 도전적인 조직문화다. 직원들은 기술적 목표를 넘어 일론 머스크의 원대한 비전(인류를 화성과 달에 이주시키는 꿈)을 공유하기를 좋아한다. 그리고 그들은 사명감을 갖고 그 꿈을 실현하기 위해 헌신적으로 노력한다. 이 과정에서 실패는 두려운 대상이 아니라, 학습과 성장의 기회로 여겨진다. 이들에게 성공에 대한 정의도 남다르다. 스페이스X의 직원들은 “안전사고가 발생하지 않는 한, 개선에 필요한 데이터 수집 과정에서의 위험 감수는 장려되는 문화”라고 말했다(COSMO TIMES, 2024). 이러한 노력은 우주 산업 전반에 혁명적인 변화를 가져왔다. 팰컨9 재사용 로켓 기술을 개발했고, 2025년 10월에는 11번째 무인 지구궤도 시험비행에 성공했다(KBS News, 2025). 스타십의 첫 시험 비행에서 여러 문제점들이 발생했으나 팀원들 간의 적극적인 협업과 소통으로 해결책을 모색하면서 점진적 개선을 이뤄낸 결과이다(곽노필, 2024).

베타조직은 무엇인가?

요즘처럼 불확실성이 크고 변화가 많은 시대가 또 있었을까? 빠른 기술 발전과 세대교체, 예측하기 어려운 세계 경제 환경은 오늘날의 비즈니스 환경을 VUCA(변동성·불확실성·복잡성·모호성)라는 한 단어로 요약하게 만든다. 이러한 환경에서 조직은 더 이상 한 번에 완성된 해답을 찾기 어렵다. 작은 실험으로 가능성을 시험하고, 빠른 피드백으로 방향을 조정하며, 학습을 다음 실행으로 연결하는 방식이 경쟁력이 된다. 이 과정이 반복될수록 조직은 변화에 더 유연하게 반응할 수 있으며, 이런 조직을 ‘베타조직’이라고 부른다.

이 개념은 소프트웨어나 하드웨어의 베타테스트처럼 ‘완성된 조직’을 전제로 하기보다 실험과 개선이 지속되는 상태를 기본값으로 삼는 조직이다. 처음부터 완벽한 구조나 정답을 갖추려 하기보다는 빠르게 시도하고 그 과정에서 얻은 경험과 교훈을 조직 전반에 반영하며 점진적으로 발전해 나간다. 이와 같은 방식은 변화가 일상이 된 환경에서도 조직이 유연하게 대응하고 새로운 가능성을 지속적으로 만들어 갈 수 있게 한다. 베타조직의 등장 배경에는 코로나19도 크게 작용했다. 팬데믹 이후 많은 기업들은 빠른 디지털 전환, 재택근무 제도 등의 혁신을 가속화했다. 또한 MZ세대가 기업의 새로운 리더층으로 부상하면서 기존 세대와의 갈등은 물론, 소통 방식 등 조직문화 변화에 대한 요구가 커지고 있다. 더욱이 AI, 빅데이터, 클라우드 컴퓨팅 등 신기술의 발전은 기업에 근본적인 혁신을 요구하고 있다. 이처럼 변화의 속도가 빨라지고 불확실성이 일상이 된 환경에서는, '잘 계획하는 조직'보다 '빠르게 실험하고 배우는 조직'이 경쟁력을 갖게 된다. 이 같은 문제의식 속에서 등장한 또 다른 개념이 바로 '실험조직'이다.

마이크로소프트, 구글, 아마존 등 빅테크 기업들을 관통하는 혁신의 공통점 역시 실험을 중심에 둔 조직 운영 방식에서 발견된다. 이들의 사례를 통해 우리는 베타조직이 어떤 원리로 작동하는지를 보다 구체적으로 이해할 수 있다. '실험조직'이라는 용어는 세계 최고의 기업혁신 권위자인 스테판 H. 톰키 교수(하버드 경영대학원)의 저서 『실리콘밸리의 실험실』에서 처음 소개됐다. 이 책에서 실험조직을 "최고 경영진부터 말단 직원에 이르기까지 모든 구성원이 실험을 적극적으로 수용하고 실천하는 조직"이라고 정의했다. 한 언론사 기자와의 인터뷰에서 톰키 교수는 "실험조직의 가장 큰 특징은 '모든 것을 실험한다'는 혁신적 사고방식이다."라고 말했다. 이어 "이는 기업의 경쟁 우위 창출은 물론 주가 상승에도 도움이 된다."라며, "조직은 선택을 앞둔 모든 순간에 반드시 실험해야 한다."라고 강조했다(동아일보, 2023).

톰키 교수는 연구과정을 통해 실제로 실험조직의 놀라운 성과를 발견했다. 이는 S&P500 기업들과 실험조직들의 주가 비교를 통해 명확히 드러났다. 2008년을 기준지수 100으로 설정했을 때, 실험조직들의 기업가치는 2015년 이후 급격한 상승세를 보였다(다음 그래프 참조).

〈주도적인 실험조직의 주가변동(2008. 1. 2.) - 블룸버그 2019〉

이는 실험조직이 조직문화 변화를 넘어서 실제 기업 가치 창출까지 가능하다는 것을 증명한다. 끊임없는 실험과 학습, 전사적 참여와 수용이라는 특징은 베타조직이 지향하는 운영 방식과 본질적으로 일치하며, 이러한 점에서 실험조직은 그 핵심 원리를 가장 잘 드러내는 사례라 할 수 있다(한국경제신문, 2023).

알파에서 베타로: 애자일·홀라크라시·베타조직

1) 베타기업: 통제를 넘어 자율로

'베타조직'의 또 다른 뿌리는 '베타기업'에서 유래했다. 이 용어는 독일의 세계적인 경영컨설턴트 닐스 플래깅(Niels Pflaeging)의 저서 『언리더십(Un-Leadership)』에서 소개됐다. 그는 이 책에서 전통적인 경영 방식을 '알파기업', 혁신적 조직 모델을 '베타기업'으로 정의하며 그 차이를 명확히 설명한다.

먼저 알파기업은 위계질서와 관료주의 문화가 강하며, 소수 리더가 모든 권한을 독점하여 직원들의 자율성을 통제하는 조직이다. 이러한 조직은 체계적 관리와 효율적 운영에는 장점이 있지만 지금처럼 빠르게 변화하는 불확실한 시장에서는 적응력에 한계가 있다.

반면 이러한 알파기업의 한계를 극복하기 위해 등장한 것이 베타기업이다. 베타기업은 직원들에게 권한을 적극 위임하고, 조직의 분권화와 자율성을 강조하며 수평적이고 유연한 문화를 추구한다. 이를 통해 모든 구성원이 리더십을 발휘할 수 있는 네트워크형 구조를 구축한다. 리더십 측면에서도 큰 차이가 있다. 알파기업에서는 리더십이 소수의 전유물이자 명령·통제 시스템의 일부로 작동하지만 베타기업에서는 모든 구성원이 리더십을 발휘하며 개인의 역량, 잠재력, 열정, 창의성을 최대한 이끌어내는 것을 목표로 한다. 성과관리 측면에서도 알파기업이 성과와 노동을 강요하는 데 반해, 베타기업은 구성원들에게 성과 창출과 학습의 기회를 제공함으로써 자발적 동기부여를 촉진한다. 맥킨지의 연구 「The five trademarks of agile organizations(Mckinsey & Company, 2018)」에서도 보여주듯, 현대 조직은 알파기업의 수직적 피라미드 구조에서 베타기업의 유기체형 네트워크 구조로 빠르게 진화하고 있다. 이러한 맥락에서 베타조직은 구성원 각자가 자율적 리더십을 바탕으로 주어진 원칙 안에서 자신의 책임으로 역할을 기민하게 수행하는 네트워크형 조직이다. 이는 현대 비즈니스 환경이 요구하는 적응력, 창의성, 혁신 역량을 갖추기 위한 필연적 진화의 결과다.

2) 애자일 조직: 빠른 실행과 학습

베타조직을 이해할 때 종종 함께 언급되는 개념이 애자일 조직이다. 애자일은 변화에 빠르게 대응하고, 자율과 협력을 바탕으로 반복적인 실험과 학습을 이어가는 조직문화로 잘 알려져 있다. 특히 소프트웨어 개발이나 프로젝트 중심 환경에서 짧은 주기의 피드백과 개선을 통해 성과를 만들어내는 데 강점을 보여 왔다. 이러한 애자일의 접근은 많은 조직에 중요한 전환점을 제공했지만, 실제 적용 과정에서는 주로 팀이나 프로젝트 단위에 머무는 경우가 많았다. 업무 방식의 민첩성이나 실행 속도를 높이는 데에는 효과적이었지만, 조직 구조나 의사결정 체계, 성과 관리 방식까지 근본적으로 바꾸는 데에는 한계가 있었다는 평가도 존재한다.

베타조직은 이러한 애자일의 경험을 토대로 한 단계 더 나아간 개념이라 할 수 있다. 애자일이 강조해 온 가치와 원칙을 출발점으로 삼되, 이를 특정 업무 방식이 아니라 조직 전체를 운영하는 관점으로 확장한다. 즉, 일하는 방식뿐 아니라 조직 구조, 의사결정의 흐름, 학습과 성과를 다루는 방식까지 하나의 유기적인 시스템으로 바라본다. 특히 AI, 빅데이터, 클라우드와 같은 기술을 단순히 특정 프로젝트를 위한 도구로 활용하는 데 그치지 않는다. 기술은 조직 전반의 판단과 협업, 실험과 학습을 뒷받침하는 기반으로 통합되며, 변화에 대응하는 조직의 감각을 한층 정교하게 만든다. 이는 애자일이 강조해 온 실험과 학습의 원리를 조직 운영 전반으로 확장한 결과라고 볼 수 있다.

이처럼 베타조직은 애자일을 포함해 다양한 혁신 조직 모델에서 검증된 요소들을 흡수하며, 자율성과 적응력을 조직 운영 전반에 확장하려는 접근이다. 다시 말해, 특정한 조직 형태나 제도를 가리키기보다 '항상 실험 중인 상태'를 전제로 조직을 운영하는 방식에 가깝다. 결국 이 접근은 단기적인 성과 개선을 넘어 변화에 스스로 대응할 수 있도록 조직의 기본 사고방식 자체를 재설계하려는 시도로 이해할 수 있다.

3) 홀라크라시 조직: 역할 중심의 자기조직화

홀라크라시(Holacracy)는 베타조직을 이해하는 데 중요한 참고 사례가 되는 혁신적 조직 운영 모델이다. 1967년 철학자 아서 쾨슬러가 제시한 '홀론(전체이면서 부분)' 개념에서 출발한 홀라크라시는 조직을 서로 상호작용하는 개체들이 만드는 유기적인 질서로 보고 자기조직화(Self-organization)하는 존재로 정의한다(Brian J. Robertson, 2017). 홀라크라시의 핵심은 권한의 분산과 자율성에 있다. 조직을 여러 자율적인 서클(Circle)로 구성하고, 각 서클이 독립적으로 운영되도록 한다. 구성원들은 고정된 직급 대신 역할(Role)을 중심으로 활동하며 한 사람이 다양한 역할을 수행할 수 있다. 각 서클은 특정 프로젝트에 대한 책임을 지며 이러한 구조는 시장 변화에 효율적 대응을 가능하게 한다. 대표적인 사례로 미국의 온라인 신발 기업 자포스(Zappos)를 들 수 있다. 자포스는 2014년 홀라크라시를 전면 도입했다. 초기에는 역할의 모호성, 의사결정 지연, 일부 인력 이탈 등 여러 도전 과제를 겪었다. 그러나 자포스는 이를 일괄적인 제도 적용의 실패로 보지 않고, 운영 방식 자체를 실험 대상으로 삼아 지속적으로 조정해 나갔다. 그 결과 홀라크라시의 원칙을 그대로 유지하기보다는 조직의 맥락에 맞게 변형하며 '역할 중심 운영'과 '자율적 의사결정 방식'을 점진적으로 강화해 왔다. 특히 기존의 매니저 직급을 없애고 리드 링크(Lead Link)라는 새로운 역할을 도입하여 팀원들이 각자의 역할 범위 안에서 판단과 결정을 내리도록 했다. 이러한 변화는 모든 문제를 해결했다기보다는 자포스가 위계 중심 조직에서 역할 기반 협업 구조로 전환하는 중요한 전환점이 되었다.

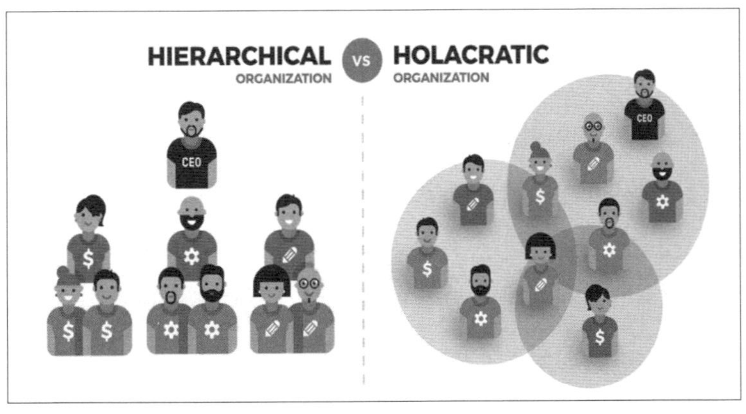

〈수직적 계층 조직 vs. 홀라크라시 조직 – Holacracy in Action〉

베타조직은 홀라크라시가 지향하는 자율성과 자기조직화의 가치를 받아들이면서도 이를 보다 유연하고 현실적인 방식으로 확장한 조직

모델이다. 홀라크라시의 원칙을 그대로 적용하기보다, 조직의 상황과 맥락에 맞게 조정하며 운영된다는 점에서 차이가 있다. 또한 두 조직 모두 목적 중심의 운영 철학을 공유하지만, 베타조직은 공식적인 거버넌스 체계보다는 실제 업무 흐름과 협업 과정 속에서 자연스럽게 작동하는 방식을 택한다. 두 모델의 가장 큰 차이는 변화에 접근하는 태도에서 드러난다. 홀라크라시가 비교적 명확한 규칙과 구조를 통해 자율성을 구현한다면, 베타조직은 지속적인 실험과 학습을 통해 조직을 점진적으로 발전시켜 나가는 방식을 강조한다. 이러한 접근은 불확실성이 높은 환경에서도 조직이 빠르게 적응하며 새로운 시도를 멈추지 않도록 한다. 자포스와 같은 혁신 기업들의 사례가 그 증거다.

베타조직 주요 특징

앞서 실험조직, 베타기업, 애자일 조직, 홀라크라시 등 다양한 혁신 조직의 흐름을 살펴보았다. 이제 이러한 논의를 바탕으로, 베타조직이 어떤 공통된 특징을 지니고 있는지 정리해 보고자 한다.

혁신 조직들의 주요 특징 및 베타조직과의 연관성

조직 유형	주요 특징	베타조직과의 연관성
실험조직 (Experiment Organization) *(Stefan H. Thomke, HBS)*	• 전사적 실험문화 구축 • 全 구성원의 실험 참여 • 실패를 학습의 자산으로 전환 • 데이터 기반 검증과 피드백 순환	• 실험을 통한 학습·성장 문화 정착 • 실패를 지식으로 전환, 지속 가능한 학습 생태계 구축 • 실험 데이터 기반의 합리적 의사결정 강화
베타기업 (Beta Company) *(Niels Pflaeging, 『Un-Leadership』)*	• 위계질서 탈피, 수평적 구조 • 권한 위임과 자율적 분권화 • 구성원 중심 리더십과 책임 강화 • 유기적 네트워크 운영	• 통제보다 자율, 보고보다 연결을 지향 • 내외부 경계를 허물며 협업생태계 확장 • 자율이 학습과 혁신의 동력으로 작동
애자일 조직 (Agile Organization) *(McKinsey, 2018)*	• 반복적 실험과 피드백 • 빠른 변화 대응/실행력 • 자율적 협업과 투명한 의사결정 • 지속적 개선과 학습	• 반복적 피드백/개선을 통한 민첩한 성장 • 개방적 소통과 협력을 통한 빠른 개선/실행 • 변화에 유연한 대응 및 실행 중심의 혁신
홀라크라시 (Holacracy) *(Brian Robertson, 2017)*	• 자기조직화 원칙 • 역할 중심의 자율운영 • 높은 투명성과 책임 공유 • 규칙적이되 자율적 거버넌스	• 위계 중심이 아닌 역할 중심의 순환 구조 구축 • 다양한 서클 간 상호 의존적 협업 강화 • 상황에 맞는 의사결정과 유연한 변화 대응 체계 확립
베타조직 *(통합형 모델)*	• 실험과 학습이 일상화된 조직 • 자율과 연결이 공존하는 N/W구조 • 데이터와 피드백 중심의 의사결정 • 외부 협력과 기술 융합을 통한 개방형 혁신	• 실험조직의 학습력, 베타기업의 자율성, 애자일의 협업민첩성, 홀라크라시의 자기조직화를 통합하여 AI시대의 끊임없이 진화하는 유기적 조직모델로 발전

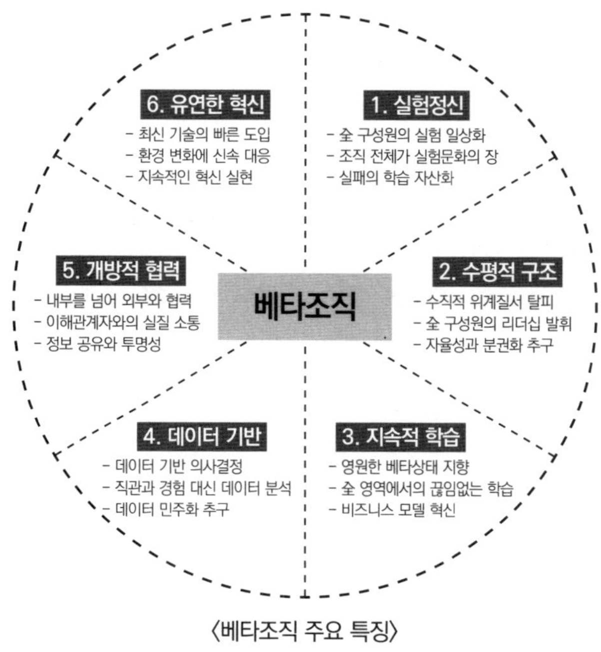

〈베타조직 주요 특징〉

베타조직은 다양한 혁신 조직들의 주요 특성을 계승하고 발전시킨 형태라고 할 수 있으며 주요 특징들은 다음과 같다.

첫째 '실험정신'이다. 베타조직에서는 '완벽한 계획'보다 '작은 실험→검증→학습'의 반복이 일상적인 운영 방식으로 자리 잡는다. 실패도 책임 추궁의 대상이 아니라 다음 시도를 위한 데이터로 전환된다. 이 원리가 실제로 어떻게 작동하는지는 뒤에서 부킹닷컴(실험 플랫폼), USAA(혁신랩), 토스(자율 실험) 사례를 통해 구체적으로 살펴본다.

둘째 수평적이고 유연한 네트워크 구조다. 베타조직은 고정된 위계보다 역할과 연결을 중심으로 작동하는 네트워크형 구조를 지향한다.

이를 통해 판단과 실행이 현장에 가까운 곳에서 이루어지도록 설계된다. 이러한 구조가 실제로 어떻게 작동하는지는 토스와 자포스 사례에서 확인할 수 있다.

셋째 지속적인 학습과 진화를 추구한다. 베타조직은 '완성'을 목표로 하지 않고, 지속적인 개선과 학습을 전제로 조직을 운영한다. 학습은 특정 시점의 교육이 아니라, 일상적인 업무 흐름 속에서 반복된다. 부킹닷컴과 USAA 사례는 이러한 학습 구조가 어떻게 성과로 연결되는지를 보여준다.

넷째 데이터 기반의 의사결정을 중시한다. 베타조직에서는 경험과 직관보다 데이터와 검증을 의사결정의 기준으로 삼는다. 데이터는 통제를 위한 수단이 아니라, 학습과 판단의 공통 언어로 활용된다. 이 원칙은 부킹닷컴의 실험 플랫폼 사례에서 구체적으로 드러난다.

다섯째 개방적인 협력을 강조한다. 베타조직은 조직 내부를 넘어 외부와의 연결과 협업을 자연스러운 운영 방식으로 받아들인다. 문제 해결을 위해 경계를 유연하게 넘나드는 것이 특징이다. 네이버 1784 사례는 이러한 개방형 협업 구조의 좋은 예이다.

마지막으로 유연한 혁신을 실천한다. 베타조직은 기술 도입 자체보다 기술을 실험하고 조정하며 조직에 맞게 흡수하는 과정을 중시한다. 혁신은 일회성 이벤트가 아니라 지속적인 실험의 결과로 축적된다. AI를 포함한 기술 활용 방식은 이후 사례 섹션에서 자세히 살펴본다.

이처럼 베타조직은 자율성, 개방성, 수평적 구조라는 기존 혁신 조직 모델의 강점을 이어 받으면서도 보다 실용적이고 유연하게 진화한 형태다. 반복적인 실험과 학습을 통해 지속적으로 발전하며 불확실성과 급변하는 글로벌 시장 환경에 적합한 조직 운영 모델이다. 여기에 더해 생성형 AI와 같은 최신 기술을 도입하며 고객과의 개방적 협업을 통한 지속적인 제품과 서비스 개선은 베타조직의 발전을 가속하는 중요한 동력으로 작용한다.

AI 시대, 베타조직의 역할과 가치

생성형 AI의 등장은 기업의 업무 방식과 조직문화에 근본적인 변화를 가져오고 있다. 많은 기업이 AI를 어떻게 도입하고 활용할지 고민하지만 실제 활용 방식에서는 여전히 시행착오를 겪고 있다. 이런 상황에서 베타조직은 AI 도입과 활용의 중요한 돌파구가 될 수 있다. 이 조직이 지닌 '실험 문화'는 AI 활용의 최적 방안을 찾는 데 매우 효과적이다. 최근 『트렌드 코리아 2026』에서 제시된 'AX조직'은 유연성과 자율성을 핵심 DNA로 삼는 조직모델이다. 기존의 계층과 부서 경계를 허물고 프로젝트 중심의 일하는 방식을 지향한다(김난도 외, 2025). 이는 베타조직이 추구하는 실험적 문화와 유연한 조직 운영 방향을 잘 보여준다. 새로운 기술이나 방식을 소규모로 빠르게 테스트하고, 그 결과를 즉시 반영하는 이 접근은 AI 도입의 위험을 줄이면서도 활용 가치를 극대화하는 데 의미 있는 역할을 한다. 예를 들어, 마케팅 부서에서는 생성형 AI를 활용한 콘텐츠 제작을 단계적으로 시도할 수 있다. 일부 기업은 AI 변화관리 담당자를 두어 AI의 도입 및 활용을 지원하고 있다. 이들의 역할은 구성원이 AI를 실제 업무에서 자연스럽게 활용하도록 돕는 데 있다. 더 나아가 AI 활용 극대화를 위한 교육도 증가 추세이다. 베타조직의 '유연한 구조'와 '사람 중심'의 운영 방식은 AI 도입과 활용에 큰 장점이 된다. 이는 AI를 인간의 능력을 대체하는 기술이 아니라 역량을 보완하고 확장하는 도구로 인식하게 함으로써 구성원들의 불안과 저항을 효과적으로 줄일 수 있다. 여기서 핵심은 실패를 배움의 과정으로 받아들이는 조직문화다. AI 도입 과정의 시행착오는 더 과감한 시도와 혁신을 가능하게 한다.

기업은 자사 환경에 맞는 작은 실험 단위부터 베타조직을 운영하며 AI 활용 경험을 축적하는 전략이 효과적일 것이다. 이러한 접근은 AI 시대에 기업이 기술을 조직 안에 정착시키는 데 가장 현실적인 조직 모델이라 할 수 있다. 실험과 학습을 장려하는 문화, 유연한 조직 구조, 사람 중심의 접근은 AI라는 새로운 기술을 조직에 성공적으로 도입하고 활용하는 데 필수적인 요소다. 이 같은 흐름은 이미 국내외 여러 기업의 실제 사례에서 확인되고 있다.

베타조직은 어떻게 작동하는가

— 부킹닷컴, USAA, 토스, 네이버 1784

1) 부킹닷컴: 연 1,000회 실험 혁신

부킹닷컴(Booking.com)은 1996년 네덜란드에서 설립되어 현재 세계 최대 규모의 온라인 여행 플랫폼으로 자리 잡았다. 'Testing and

Learning Culture'를 핵심 가치로 삼고 끊임없는 실험과 학습을 조직 운영의 기본 원리로 삼아 왔다. 이러한 운영 방식은 우리가 제안하는 베타조직의 특성을 비교적 명확하게 보여주는 사례다. 현재 부킹닷컴은 전 세계 220개국에서 2만 명 이상의 직원이 근무하며 하루 평균 150만 건 이상의 숙박 예약이 이루어지는 글로벌 기업으로 성장했다(Booking.com, 2025). 부킹닷컴의 가장 두드러진 특징은 'A/B Testing'을 조직문화의 핵심원리로 삼고 있다는 점이다. 회사는 매년 1,000개 이상 실험을 동시에 진행한다. 이렇게 실험이 일상화되면서 테스트는 특정 기능을 검증하는 단계를 넘어 조직 운영의 철학으로까지 확장되었다. "우리는 의견이나 직관이 아닌 데이터로 이야기한다."라는 말은 부킹닷컴 내부에서 가장 자주 인용되는 말이다. 여기서 눈여겨볼 부분은 실험의 범위다. 부킹닷컴은 웹사이트의 버튼 색상이나 문구와 같은 작은 요소부터 새로운 비즈니스 모델까지 조직의 모든 측면에서 실험을 진행한다. 이러한 실험들은 'Experimentation Platform'이라는 자체 개발 시스템을 통해 체계적으로 관리되며 실험 결과는 전 직원에게 실시간으로 공유된다.

※ 부킹닷컴에서 A/B 테스트란?

타깃 고객을 두 그룹으로 나누어 한 그룹에게는 기존 서비스 버전을, 다른 그룹에게는 새로운 버전을 제공하여 둘 중에 더 나은 것을 찾기 위한 실험용 테스트이다. 이를 통해 선택된 우수 버전은 전체 서비스에 적용되어 최소한의 위험으로 최적의 개선을 이루는 데 큰 역할을 하고 있다.

부킹닷컴은 제1회 실험 컨퍼런스를 업계 최초로 2024년 5월 암스테르담 본사에서 개최했다. 이 행사에는 24개 회사에서 90여 명의 실무자들이 참가하여 각 사의 실험 문화와 우수사례 등을 공유했다. 특히 세션 중에 "실험문화를 어떻게 만들 것인가?"라는 순서가 참가자들에게 가장 인기가 많았으며 반응도 뜨거웠다. 이 세션에서 어느 한 전문가는 "효과적인 실험을 위해서는 '실험에 대한 강력한 의지'와 '최고 품질을 향한 열정', 그리고 '실험 결과를 존중하는 문화'가 필요하다."라고 강조했다(booking.com, 2024).

부킹닷컴은 'Product Team'이라 불리는 소규모 자율팀 단위로 운영된다(honeycomb blog, 2022). 각 팀은 제품 관리자, 디자이너, 개발자, 데이터 과학자로 구성되며, 실험을 독립적으로 설계하고 실행할 권한을 부여받는다. 회사의 CTO 질리언 탄스(Gillian Tans)는 이를 두고 이렇게 설명한다. "우리는 중앙에서 의사결정을 내리지 않습니다. 각 팀이 자신들의 영역에서 최고의 전문가입니다(booking.com, 2024)." 부킹닷컴의 또 다른 특징은 철저한 데이터 기반의 의사결정 문화다. 회사는 '데이터 민주주의(Data Democracy)'라는 방식을 도입해 모든 직원이 필요한 데이터에 자유롭게 접근하고 분석할 수 있도록 했다. 이런 환경에서 직원들은 주어진 일을 처리하는 데서 그치지 않고 스스로 실험을 기획하고 실행하는 역할까지 담당한다. 직급이나 부서에 관계없이 누구나 자신의 아이디어를 실험으로 구체화할 수 있으며 그 결과 또한 스스로 책임진다. 물론 부담도 따르지만 직원들은 대체로 제품을 개선할 수 있는 좋은 기회로 여기고 있다. 이러한 데이터 중심의 논의는 각 실험이 더 정교해지고 판단의 질이 높아지는 데 큰 도움을 준다 (booking holdings, 2023).

부킹닷컴의 모기업인 Booking Holdings 역시 실험과 데이터 중심의 조직문화를 기반으로 의미 있는 성과를 거두었다. 2023년 기준, Booking Holdings는 전년 대비 두 자릿수 성장을 기록하며 실험 문화가 재무 성과로 이어질 수 있음을 보여주었다. 이는 부킹닷컴에서 일상화된 A/B 테스트와 데이터 기반 의사결정이 단기적인 개선을 넘어, 기업 차원의 성과로 확장될 수 있음을 시사한다. 특히 'Genius Program'은 수백 차례의 실험을 거쳐 고도화되며 고객 재구매율을 크게 끌어올린 대표적인 사례다. 부킹닷컴의 실험과 혁신의 여정은 베타조직의 핵심철학이 어떻게 비즈니스 성과로 구현될 수 있는지를 잘 보여준다. 이들은 실험 그 자체를 직원들이 일상적 업무로 자연스럽게 수행하면서 문화로 자리 잡도록 했다. 또한 철저한 데이터 기반 의사결정 체계를 구축하여 단순한 느낌이나 경험에 의존하지 않도록 했다. 부킹닷컴은 조직 운영 방식도 남달랐다. 현장에서 빠른 의사결정 및 실행을 위해 각 팀에 실질적인 권한을 위임하고 최대한 자율성을 보장해주었다. 더욱이 실패를 배움의 기회로 받아들이며, 구성원들이 부담 없이 도전할 수 있는 환경을 조성했다. 부킹닷컴의 성공 사례는 베타조직으로의 전환을 고민하는 기업들에게 훌륭한 교과서다. 특히 전통적인 산업 분야에서도 실험과 데이터 중심의 문화가 성공적으로 정착될 수 있다는 것을 입증함으로써 새로운 혁신의 가능성을 보여주었다(booking holdings, 2023).

2) USAA: 직원 94% 참여 혁신랩

USAA(United Services Automobile Association)는 Fortune 500 기업 중 하나로 베타조직의 특성을 성공적으로 잘 보여주는 대표적 혁신기업이다. 1922년 설립된 미국의 종합 금융 서비스 기업으로 고객 서비스 품질과 디지털 혁신 측면에서 금융 산업을 선도하고 있다. 최근 생성형 AI를 비롯한 첨단 기술을 도입하는 과정에서 드러난 실험 문화와 단계적 혁신은 MIT Sloan Management Review에서 하나의 대표 사례로 다뤄진 바 있다.

USAA가 베타조직으로서 보여주는 가장 큰 특징은 'Innovation Lab'을 통한 실험 문화의 정착이다. 이 Lab의 핵심 사명은 '모든 직원에게 아이디어를 실현할 수 있는 방법을 제공하는 것'으로 작은 규모의 실험부터 시작하여 성공 사례를 점진적으로 확산시키는 전략을 채택했다. 가장 인상 깊은 부분은 VIP(Volunteer Innovation Program)의 운영이다. 이 프로그램을 통해 직원들은 자신의 위치와 관계없이 필요한 기술과 리소스를 지원받아 혁신적인 아이디어를 개발할 수 있다. 그 결과는 매우 놀랍다. 3만 명이 넘는 USAA 직원의 94%가 기업의 혁신 커뮤니티에 적극적으로 참여하고 있다. "빠르게 실패하고, 적은 비용으로 배운다."라는 모토 아래, 직원들은 수많은 아이디어를 제안하고 있으며 우수 제안들은 특허 출원까지 이어지고 있다. IT 혁신 연구개발 부사장 팀 브라운의 말처럼, USAA의 Innovation Lab은 현재의 고객 니즈를 충족시키는 것은 물론 불확실한 미래의 다양한 고객과 시장 요구를 예측하고 대응하는 것을 목표로 하고 있다.

특히 USAA의 AI 도입 과정은 베타조직의 특성을 더욱 잘 드러낸다. 최고혁신책임자 잭커리 깁슨(Zachary Gipson)이 강조했듯이 USAA는 AI를 단순한 도구로 여기게 하고 그 활용 방식은 현장 직원들이 스스로 결정하도록 했다. 직원들은 AI를 실험하고 활용하는 과정에서 발생하는 시행착오를 학습의 기회로 삼았으며 이를 통해 얻은 지식과 경험들은 조직 전체로 공유되도록 했다. 예를 들어, USAA는 소프트웨어 엔지니어와 데이터 전문가들을 위해 'GenAI 페어 프로그래머'를 선보였다. 이 시스템은 인간 개발자와 함께 코드 작성, 문서화, 테스트 데이터 생성을 지원하며 개발 생산성과 품질을 크게 향상시켰다.

나아가 회사는 성공 사례를 서로 공유하고 AI의 활용가치를 높이기 위해 '엔지니어링 협업 포럼'을 운영 중이다. USAA에서는 지금도 '제안-검증-실험-확산'이라는 혁신 사이클이 끊임없이 순환하며 새로운 변화를 만들어내고 있다. 이는 실험 중심의 베타조직이 신기술을 도입할 때 취하는 점진적이고 실험적인 접근 방식이 얼마나 효과적일 수 있는지를 보여주는 훌륭한 사례다.

이 같은 성과는 금융과 같은 전통적이고 보수적인 산업에서도 베타조직의 원칙이 성공적으로 적용될 수 있음을 증명하고 있다. USAA의 성공 사례는 베타조직 전환을 고민하는 국내 기업들에게 중요한 시사점을 준다. 전사적인 실험 문화를 정착시키고 구성원의 자발적 혁신을 장려하며 지속적인 변화를 추구하는 것이 조직 혁신과 성장의 핵심 동력이 될 수 있기 때문이다(MIT Sloan Management Review, 2024).

3) 토스: 챕터 & 스쿼드 자율 실험

토스(Toss)는 한국의 대표적인 핀테크 기업이자 Agile 형태의 베타조직을 성공적으로 구현한 국내 선도 사례다. '빠른 실험'과 '수평적 소통'을 핵심 가치로 삼는 토스의 조직문화는 베타조직이 지향하는 이상적인 모습을 생생하게 보여준다. 토스의 조직 특성은 '챕터 & 스쿼드(Chapter & Squad)' 체계라는 독특한 조직 구조에서 가장 잘 드러난다. 스쿼드(Squad)는 제품이나 서비스 단위로 구성된 독립적인 팀으로, 기획부터 개발, 디자인, 운영에 이르는 전 과정에 대한 의사결정 권한을 보유한다. 반면, 챕터(Chapter)는 직무별 전문가 그룹으로 구성되어 업무 노하우와 지식 공유의 플랫폼 역할을 한다. 이와 같은 이중 구조는 업무의 효율성과 전문성을 동시에 추구할 수 있게 한다. 토스의 '챕터 & 스쿼드' 조직은 끊임없는 도전과 실험을 가능하게 하는 기반이 된다. 새로운 아이디어를 신속하게 테스트하고 검증하는 것을 권장하며 실패를 두려워하지 않고 오히려 이를 학습의 기회로 활용한다. 또한 길드라는 공통의 관심 분야를 가진 사람들의 커뮤니티 모임을 통해 이러한 활동을 더욱 촉진하고 있다.

토스의 선도적인 움직임은 토스가 핀테크라는 본업을 넘어 커머스와 같은 새로운 영역으로 사업을 확장하는 과정에서도 잘 드러난다. 토스의 이 같은 시도는 전통적인 금융 산업의 경직된 문화를 혁신적으로 재해석한 사례로 평가받는다. 스쿼드(Squad)의 자율성과 챕터(Chapter)의 전문성, 그리고 길드(Guild)라는 공동체가 조화를 이루며 빠른 실험과 학습이 일상화된 조직문화는 베타조직의 주요한 특징을 잘 설명해 주고 있다. 이 사례는 조직 운영 방식의 변화를 모색하는 국내 기업들에게 실질적인 모델이 될 수 있다. 특히 전통적인 산업 분야의 기업들에게 혁신적 조직문화가 어떻게 실제 비즈니스 성과로 이어질 수 있는지를 보여주는 좋은 본보기다(Toss, 2023).

토스의 사례는 이 같은 원칙들이 한국의 기업 환경에서도 성공적으로 적용될 수 있음을 입증한다. 특히 빠른 실험과 수평적 소통을 통한 혁신, 자율성과 책임의 균형 등은 다른 기업들에게도 중요한 시사점을 제공한다.

4) 네이버 1784: AI 첨단 테스트베드

끊임없는 실험과 혁신을 강조하는 베타조직의 대표적인 사례로 네이버의 1784 프로젝트를 눈여겨볼 만하다. 네이버는 2022년, 미래 혁신의 산실로 '1784'라는 제2 신사옥을 오픈했다. 1784년은 산업혁명이 시작된 해로 이 이름에서 네이버는 새로운 혁신과 창조의 시대를 열겠다는 강한 열망과 의지를 보여주고 있다. 이 사옥은 AI, AR, 로봇, 자율주행 등 새로운 첨단기술들을 실험하는 큰 테스트베드 역할을 수행하며 단순한 업무 공간 이상의 가치를 지니고 있다. 이는 실험과 도전을 통해 지속적인 혁신을 추구하는 베타조직의 철학과도 일맥상통

한다. 이곳에서는 다양한 첨단기술이 서로 연계되어 임직원들의 업무를 지원하고 혁신적인 서비스를 만들어내는 토대가 된다. 예를 들어, ARC(AI·ROBOT·CLOUD)라는 멀티 로봇 인텔리전스 시스템과 자율주행 로봇 '루키'를 통해 택배, 도시락, 카페 등 다양한 서비스를 24시간 제공한다. 또한 임직원들은 AI 챗봇과 스마트제어 기능을 통해 자동으로 회의실 예약, 온도·조명·환기 제어, 사내카페 주문, 주차 위치 확인 등 다양한 업무를 지원받을 수 있다(박현익, 2022).

네이버는 이 프로젝트를 시작하면서 다양한 분야의 전문가들로 TF를 구성하고 직원들의 창의성을 높이기 위해 팀 중심의 자율운영 체제를 구축했다. 유연한 조직 운영은 지금과 같은 급변하는 시장 환경에 신속한 대응 및 지속적 혁신을 하는 데 큰 도움을 준다. 직원들은 누구나 자유롭게 아이디어를 제안할 수 있으며 실패를 두려워하지 않고 적극적으로 실험하며 도전할 수 있다. 프로젝트의 2,000일간의 여정을 담은 『1784 THE TESTBED』라는 책에서 우리는 이러한 혁신적 시도들의 생생한 기록을 찾아볼 수 있다. 프로젝트에 참여했던 직원들은 다음과 같이 회고했다. "TF에는 아주 다양한 분야의 전문가들이 모였다. 전문성은 때로 벽이 되지만 우리는 1784를 용광로 삼아 기꺼이 서로의 전문성을 녹이고 소통하며 협력했다." 또 다른 직원은 "팀이 아니었으면 못 했을 일이고 협업이 없었다면 이 정도까지 완성할 수 없었을 것 같다."라고 말했다.

이 프로젝트의 또 하나의 혁신적인 특징은 사옥 자체를 하나의 거대한 실험실로 구축했다는 점이다. 네이버는 대내외 급변하는 기술 및 시장 환경에 민첩하게 대응하기 위해 끊임없이 실험하고 혁신할 수 있는 공간을 만들고자 했다. 더 나아가 이 공간을 사외 파트너사들까지 확장하여 함께 실험하며 윈윈할 수 있는 공동 성장 플랫폼으로 발전시켰다. 네이버는 1784 프로젝트에 대해서 "완공도 완성도 없는 현재 진행형 프로젝트이자 내일이면 또 다른 모습이 되는 마침표 없는 사옥"이라고 강조한다(네이버, 2024). 끊임없는 변화와 실험을 조직의 기본 철학으로 삼는 베타조직의 핵심 가치를 공간으로 구현한 것이다.

네이버의 혁신 사례는 AI와 디지털 전환 시대에 필요한 유연하고 신속한 조직 운영의 좋은 모델이다. 특히 도전과 실험을 통한 지속적인 혁신을 꿈꾸며, 베타조직으로의 전환을 고민하는 많은 기업들에게 실질적인 영감과 통찰을 제공해 줄 것이다.

베타조직으로의 전환 전략

베타조직으로의 전환은 단순한 조직 구조의 변화가 아닌 근본적인 혁신을 필요로 하는 도전적인 과제다. 앞서 살펴본 다양한 사례를 바탕으로, 앞으로의 조직 운영 방향을 모색해 보자.

1) 베타조직, 무엇부터 바꿔야 하는가

첫째 명확한 비전과 목표 설정이 필요하다. 어떤 미래를 지향하는지에 대한 그림이 있어야 전환의 필요성도 선명해진다. 네이버 1784가 '미래 기술 기반의 새로운 업무 방식'을 제시했듯, 비전은 구성원이 일상에서 이해하고 실행할 수 있는 언어로 구체화되어야 한다.

둘째 리더십의 강력한 지지와 문화적 변화가 필요하다. 전사적 변화에는 최고경영진의 확고한 의지와 지속적 지원이 필수다. 동시에 실험을 장려하고 실패를 학습으로 전환하는 문화가 뒷받침돼야 한다. 스페이스X나 USAA 사례가 보여주듯, 실패를 책임 추궁이 아닌 학습의 자산으로 다루는 태도가 전환의 속도를 결정한다.

셋째 변화는 단계적이고 점진적이어야 효과적이다. 한 번에 전체를 바꾸기보다 작은 파일럿에서 시작해 성공을 축적하고 확산하는 것이 좋다. 부킹닷컴의 반복 실험이나 USAA의 '제안-검증-실험-확산'처럼 작은 성공의 누적이 전환을 현실로 만든다.

넷째 인재 관리와 평가·보상 체계가 달라져야 한다. 베타조직에 맞는 역량을 키우기 위한 재교육과 학습이 병행돼야 하며, 성과 역시 결과뿐 아니라 협업·학습·실험의 질까지 반영되도록 재설계할 필요가 있다. 토스처럼 자율과 책임이 균형을 이루려면 평가 기준부터 바뀌어야 한다.

다섯째 지속적인 소통과 점검이 필요하다. 변화의 이유와 진행 상황을 투명하게 공유하고, 성과를 점검하며 전략을 유연하게 조정해야 한다. 부킹닷컴처럼 실험 결과를 공유하고 토스처럼 학습이 교류되는 구조를 만들수록 전환은 더 빠르게 정착한다.

베타조직 전환은 끝없는 도전과 혁신의 여정이므로 성과를 지속 점검하고 전략을 유연하게 조정해 나가는 것이 필요하다. 각 조직의 상황에 맞는 고유한 해법을 찾는 것도 중요하다.

2) 베타조직 전환과 한국 기업의 과제

베타조직은 단순한 조직 모델의 변화가 아닌 비즈니스를 바라보는 관점 자체의 근본적인 전환을 의미한다. 특히 한국 기업들이 이를 도입하는 과정에서는 다음과 같은 몇 가지 과제들을 고려할 필요가 있다.

먼저는 문화적 장벽의 극복이다. 한국 기업의 뿌리 깊은 위계질서와 체면 문화는 베타조직이 지향하는 실험과 실패를 긍정적으로 수용하는 문화와 충돌할 수 있다. '실수는 곧 무능력'이라는 인식, '상사의 의견에 이의를 제기하기 어려운' 문화는 자유로운 실험과 혁신을 저해하는 요소가 될 수 있다. 이를 극복하기 위해서는 최고경영진의 일관된 메시지와 실제적인 뒷받침, 그리고 구성원들의 심리적 안전감을 보장하는 것이 중요하다. 그다음은 리더십의 근본적 변화다. 한국의 전통적인 하향식, 통제 중심의 리더십으로는 베타조직을 효과적으로 운영할 수 없다. 리더는 지시자가 아닌 코치이자 조력자로서 구성원들의 자율성을 존중하면서도 조직의 방향성을 잃지 않도록 균형을 잡아야 한다. 이는 중간관리자들에게 큰 도전이 될 수 있다. 마지막으로, 세대 간 인식 차이를 관리해야 한다. MZ세대의 자율성과 성장 욕구는 기성세대의 가치가 충돌할 수도 있지만 서로의 강점을 살리는 것이 중요하다. 그럼에도 베타조직 전환은 글로벌 경쟁력 및 인재, 혁신역량 확보 등의 다양한 기회를 가져올 수 있다. 부킹닷컴, USAA, 토스, 네이버가 그 가능성을 보여주는 좋은 예이다. 베타조직은 완성이 아닌 끝없는 여정이다. 실험과 혁신으로 진화하며, 변화 속에서 새로운 기회들을 만든다. 그 과정에서 조직은 더 강해지고, 똑똑해지며, 더 혁신적으로 변하여 불확실한 미래의 승자가 될 수 있을 것이다.

마무리

베타조직의 등장과 확산은 기업과 사회에 깊은 시사점을 남긴다. 더욱 중요한 점은 베타조직이 변화에 대한 관점을 크게 바꾸어 놓았다는 점이다. 부킹닷컴, USAA, 토스, 네이버와 같은 혁신 기업들의 사례가 보여주듯 이제 변화는 더 이상 특별한 사건이나 위기가 아닌 일상적인 과정으로 받아들여지고 있다. 불확실성이 일상화된 현대 비즈니스 환경에서 변화를 두려워하거나 안정성만을 추구하는 것이 오히려 더 큰 위험이 될 수 있다는 인식이 확산되고 있는 것이다. 베타조직은 또한 '실험 문화'의 중요성을 일깨워 주었다. 부킹닷컴의 연간 1,000개 이상의 A/B 테스트나 토스의 끊임없는 서비스 실험에서 보듯 대규모 투자나 일회성 개편 대신 지속적인 소규모 실험을 통해 리스크를 관리하면서도 혁신의 기회를 포착하는 방식은 현대 기업이 나아가야 할 새로운 길을 제시한다.

또한 기술을 다루는 데 있어서도 실험 문화는 큰 의미를 지닌다. 베타조직은 최신 기술을 적극 도입하면서도, 이를 구성원의 판단과 역량을 보완·확장하는 도구로 활용한다. USAA의 생성형 AI 도입과 네이버 1784의 실험이 대표적이다. 더 나아가 베타조직은 '학습'의 의미를 새롭게 정의했다. 더 이상 학습은 선택의 문제가 아니라, 업무 과정 속에 자연스럽게 스며드는 일상이 되었다. 부킹닷컴의 '데이터 민주주의', 토스의 '챕터 & 스쿼드'가 이를 증명한다. 자기주도적 학습과 데이터 기반 의사결정, 창의성이 새로운 경쟁력이 되고 있고 이에 발맞춰 기업의 인재 육성도 빠르게 달라지고 있다.

물론 변화는 쉽지 않다. 수많은 어려움과 난관이 기다리고 있기 때문이다. 하지만 그 도전과 실패를 잘 극복한 기업은 오히려 큰 기회가 될 것이다. 특히 한국 기업에게 베타조직으로의 전환은 이제 생존을 넘어서 글로벌 무대에서 주도권을 쥐기 위한 필수적인 진화다. 앞으로는 실험하고 학습하며 혁신하는 조직만이 더 나은 미래를 만들어갈 수 있을 것이다. 우리 기업들이 이 변화의 흐름을 잘 받아들이고 더 혁신적이고 경쟁력 있는 모습으로 도약하길 기대한다.

데이터가 다 말해줘

베타 랩은 이제 자리를 잡아 갔다. 팀원도 늘었고, 나름의 업무 흐름도 만들어졌다. 팀원들은 항상 서로 소통하고 새로운 것을 시도할 때마다 공유하며, 함께 학습하고 성장하는 중이었다.

M 본부장과 Z 사원은 이런 '베타 랩' 운영 방식이 다른 조직과 차별화되어야 한다고 생각했다.

Z 사원이 문득 말했다.
"어떤 인프라를 갖춰야 베타 랩이 고인 물이 아닌 흐르는 물이 될 수 있을까요?"

M 본부장은 잠시 생각하다가 편하게 반말로 답했다.
"흐르는 물이 되려면… 모든 데이터를 모아야 해."

Z 사원이 살짝 놀란 표정으로 다시 물었다.
"데이터로 어떤 활용이 가능할까요?"

M 본부장은 설명했다.
"우리가 지금은 소통도 잘되고, 시시각각 생각을 공유하면서 성장하고 있지만, 그 효과를 아직은 감으로만 판단하고 있지.

우리가 시도한 것들에 대한 가설, 지표, 결과를 기록해야 같은 실수를 반복하지 않고 더 나은 결정을 할 수 있어.

그러니 모두가 같은 데이터를 공유하고, 그 위에서 판단이 이뤄져야 해."

Z 사원이 고개를 끄덕이며 말했다.

"그러면 베타 랩의 데이터 허브 같은 걸 만들어야겠네요."

M 본부장이 호응하며 말했다.

"좋은 아이디어야. 우리의 아이디어와 결과뿐 아니라, 지금 이렇게 학습하는 조직문화까지 데이터로 남길 수 있다면 우리 회사는 더 앞서가는 조직이 될 거야."

하지만 M 본부장이 갑자기 얼굴을 찡그리며 걱정스러운 목소리로 덧붙였다.

"그런데 문제가 있어. 데이터를 어느 범위까지 어떤 방식으로 모아야 하는지 정해야 한다는 거야."

"예를 들어, 회사가 1:1 미팅 내용을 다 녹음하고 기록한다면, 개인 정보 보호법에 걸리지 않을까 걱정돼."

Z 사원이 서류를 펼치며 말했다.

"음, 그럼 법무팀과 꼭 상의해 봐야겠어요."

오늘날 조직을 움직이는 가장 중요한 기반 중 하나인 데이터는 과거를 정리하고 현재를 이해하며 미래를 예측하는 데 중요한 역할을 한다. 데이터는 측정과 보관의 대상보다는 조직의 전략 수립과 문화 형성, 경쟁력 확보를 위한 중심축으로 자리 잡고 있다. 과거의 조직은 정보의 비대칭성을 기반으로 권력이 작동했으며 정보 접근권을 가진 일부 리더가 의사결정을 독점하고 구성원들은 이에 수동적으로 따르는 구조였다. 그러나 디지털 환경의 발전은 이러한 구조를 근본적으로 전환시켰다. 정보 접근성과 해석 능력이 조직 전체로 확장되면서 권력 구조는 수평적으로 재편되고 있다. 데이터의 개방성과 실시간 활용 가능성은 이제 조직 내 공정성과 신뢰를 제도적으로 뒷받침하는 기반으로 작용하고 있다.

이 변화의 중심에는 대규모 언어모델(LLM; Large Language Model)을 기반으로 한 인공지능 기술이 있다. 이 기술의 등장은 자연어를 통해 정형 및 비정형 데이터를 해석할 수 있는 환경을 조성했으며 복잡한 통계 도구 없이도 누구나 데이터를 탐색하고 인사이트를 도출할 수 있게 만들었다. 이는 데이터 분석 능력을 전문가의 전유물에서 전 구성원의 공통 역량으로 확장시키는 전환점이 되었고, 조직 내 의사결정의 투명성을 획기적으로 높이는 계기가 되었다. 그 결과 데이터는 조직문화의 방향성을 결정짓는 규범적 요소로 자리 잡았다. 데이터에 기반한 판단은 감정이나 직관에 의존하던 주관적 의사결정을 줄이며 모든 구성원이 공동의 기준과 근거 위에서 협력할 수 있는 토대를 마련한다. 이는 곧 조직 안에서 공정한 판단이 가능해지고, 신뢰가 축적되며, 정보가 소통되는 조건을 만들어낸다.

이러한 맥락에서 데이터는 조직 내 투명성을 전제로 한 공정성, 신뢰, 그리고 소통이라는 핵심 가치들이 선언에 그치지 않고 실제로 구현하도록 만드는 공통의 기반이자 언어라고 볼 수 있다. 투명한 공정은 평가와 보상 기준의 명확성을 요구하며 이는 객관적 데이터 없이는 성립될 수 없다. 투명한 신뢰는 예측 가능성과 일관성을 전제로 하며 실시간 데이터와 반복 가능한 분석을 통해서만 확보된다. 투명한 소통은 정보의 독점이 아니라 공유를 지향하며 데이터의 접근성과 해석 가능성이 이를 뒷받침한다.

데이터가 조직 내 투명성을 구현하는 방식은 크게 두 가지로 구분된다. 첫째는 객관화된 사실을 실시간으로 공유함으로써 정보의 비대칭성을 해소하는 방식이다. 둘째는 의사결정의 근거와 전 과정을 추적 가능한 형태로 기록하고 관리하는 방식이다. 전자는 구성원 간 공통의 이해 기반을 형성하여 협업의 방향성을 맞추는 데 기여하고 후자는 조직 내 불신과 오해를 줄이며 제도적 신뢰를 구축하는 기반으로 작용한다. 이와 같은 구조는 데이터가 조직의 사회적 작동 원리와 윤리적 정당성을 담보하는 핵심 메커니즘이라는 사실을 보여준다. 즉, 데이터는 내부적으로는 공정성과 책임성을 강화하고 외부적으로는 이해관계자와의 소통에서 디지털 기반의 정당성을 확보하는 수단이다.

투명성을 작동시키는 데이터의 역할

이 같은 체계를 가장 구체적으로 구현하고 있는 사례 중 하나가 깃랩(GitLab)의 '공개 핸드북'이다. 이 회사는 소프트웨어 개발과 운영, 보안을 통합적으로 관리할 수 있는 웹 기반 플랫폼을 제공하는 기업이다.

깃랩은 '투명성을 기본값(Transparency by default)'으로 설정하고 조직 운영 전반을 하나의 공개 문서 체계로 구조화한 대표적 사례다. 공개 핸드북은 이 조직이 무엇을 기록하고 어떤 기준으로 의사결정을 하는지를 외부와 내부 모두에 드러내는 데이터 기반 투명성의 핵심 수단으로 기능한다. 방대한 데이터를 수집한다는 것은 정보의 양을 늘리는 차원에서 끝나지 않는다. 그것은 조직이 스스로 "무엇을 측정하고 공유할 것인가?"라는 질문에 대한 명확한 의사결정을 내리고 있다는 것을 의미하며 조직의 전략적 방향성과 내재된 가치체계를 반영하는 하나의 선언이다. 즉, 어떤 데이터를 수집하고 어떤 항목을 공개하는가는 해당 조직이 무엇을 중요하게 여기는지를 드러내는 상징적 지표이자 미래의 의사결정의 기준이 된다.

예를 들어, 소셜 미디어 관리 플랫폼 제공 기업인 버퍼(Buffer)의 운영 사례는 매우 시사적이다. 버퍼는 데이터의 투명성을 중심으로 조직의 운영 철학과 문화를 구조화하고 있다. 이 회사는 비용 구조와 보상 기준을 포함한 핵심 데이터를 공개함으로써 조직 운영 전반을 데이터 기반으로 설명하고 있다.

데이터의 공개는 그 자체로 하나의 메시지를 내포한다. 어떤 데이터를 공개하는가는 조직이 무엇을 중요하게 판단하고, 어떤 기준으로 책임을 지는지를 드러낸다. 결과적으로 버퍼의 사례는 데이터 수집과 공유가 조직 운영의 기술적 요소를 넘어서 문화적 정체성과 전략적 지속가능성을 확보하는 근간임을 보여준다. 여기서 데이터는 '얼마를 공개했는가'가 아니라, '어떤 기준을 공개했는가'를 말해준다. 데이터는 숫자가 아니라 태도이며 수치는 조직의 윤리적 기준을 말해주는 또 하나의 언어이다.

수집된 데이터는 AI에 의해 분석되고 분석된 데이터는 경영진의 의사결정과 구성원의 행동에 영향을 준다. 이 흐름 속에서 중요한 것은 데이터의 양이 아니라 데이터의 '공유 구조'와 '활용 방식'이다. 크래프톤은 배틀그라운드, 테라 등을 개발·퍼블리싱하는 국내 대표 게임사다. 이 회사는 데이터를 일방적으로 축적하는 대신 사내 소통 프로그램을 통해 조직 구성원들과 공유하는 방식을 선택했다. 이는 정보와 콘텐츠를 투명하게 공유할 때 조직 내 소통과 신뢰가 강화될 수 있음을 보여주는 사례다.

데이터의 기능은 과거의 상황을 설명하고 현재를 진단하는 데 그치지 않는다. AI 기반의 예측 분석은 미래에 대한 대응력을 높이는 수단으로 진화하고 있으며 이는 조직 경영에 있어 핵심적인 전략 자산으로 작용하고 있다. 특히 예측 가능성은 신뢰 형성의 필수 조건으로 조직이 구성원 및 이해관계자에게 안정성과 일관성을 제공하는 기반이 된다.

사람들은 일반적으로 예측 가능한 구조나 인물에 대해 신뢰를 느끼고 예측 불가능한 환경에서는 불안과 거부감을 경험한다. 이러한 심리적 반응은 조직문화에도 동일하게 적용된다. 조직의 전략이 일관되며 보상 체계와 성과 평가 기준이 명확하게 구조화되어 있을 때 구성원들은 해당 조직에 대한 신뢰를 형성하고 지속적인 몰입을 유지하게 된다. 이는 자연스럽게 조직의 성과와 내부 분위기를 개선하는 효과로 이어진다.

한편 외부 고객과의 관계에서도 데이터 기반 예측 분석은 신뢰를 구축하는 구조적 장치로 작용한다. 예를 들어, 소매업체는 AI를 활용하여 제품별 수요를 사전에 예측하고 재고 수준을 최적화함으로써 낭비를 최소화하고 고객의 요구에 신속하게 대응할 수 있는 운영 체계를 구축할 수 있다. 이는 고객 경험의 일관성과 만족도를 제고하는 동시에 기업이 고객으로부터 신뢰를 획득할 수 있는 기반을 마련한다.

예측 분석은 조직 내부와 외부에서 모두 작동하는 '신뢰의 메커니즘'으로 데이터의 실질적 가치를 입증하는 사례라 할 수 있다. 구성원이 본인의 평가 시점과 기준을 예측할 수 있고 고객이 기업의 반응을 어느 정도 예측 가능할 수 있을 때 조직은 투명성과 신뢰라는 두 축을 안정적으로 유지할 수 있게 된다. 이러한 구조 속에서 데이터는 조직 운영의 일관성과 책임성을 제도화하는 핵심적 자원으로 기능하며 투명성의 가장 깊은 뿌리를 형성한다.

2021년 성과급 산정 기준을 둘러싼 내부 논란을 계기로 SK하이닉스는 보상 공정성과 데이터 투명성의 중요성을 조직 차원에서 재정의한 사례로 꼽힌다. 성과급 산정에 대한 구성원의 문제 제기는 작은 불만 표출이 아니라, 성과 기준의 명확성과 수치화된 판단 근거의 공개를 요구한 것이었다. 이는 조직 운영의 공정성이 객관적 데이터 기반 위에 수립되어야 한다는 점을 분명히 드러낸다. 이 사례는 공정성이 암묵적 신뢰에 의존할 수 없으며 데이터를 통해 근거가 제시되고 확인되어야 한다는 요구가 분명해졌음을 보여준다. SK하이닉스가 보상 기준을 어떻게 재설계했고 그 과정에서 데이터가 어떻게 제도적 신뢰로 이어졌는지는 뒤의 사례에서 보다 구체적으로 살펴볼 것이다.

데이터 기반 의사결정은 조직의 보상과 평가 시스템을 추상적인 기준에서 수치화된 체계로 전환시키는 데 핵심적 역할을 한다. 궁극적으로 데이터는 조직이 신뢰를 구축할 수 있는 기회를 제공한다. 공정성이 정량화되고 보상의 기준이 투명하게 공개될 때 구성원은 조직 운영 전반에 대한 예측 가능성을 확보하고 이에 대한 신뢰를 갖게 된다. 이는 장기적으로 조직문화의 투명성과 정당성 그리고 지속 가능한 몰입을 이끌어내는 근본적 조건으로 작용한다.

오늘날 조직이 직면한 모든 변화는 하나의 질문으로 수렴된다. 바로, "귀하의 조직은 공정하며, 신뢰할 수 있고, 투명한가?"라는 물음이다. 이 질문은 더 이상 최고경영진이나 특정 부서의 전유물이 아니다. 이제는 조직 구성원 개개인이 스스로 데이터를 통해 공정성의 수준을 검토하고 신뢰 기반의 실체를 평가하며 조직 내외부의 소통 구조를 비판적으로 점검할 수 있는 시대가 도래하였다.

AI와 데이터 기술은 이미 조직문화의 핵심에 깊이 내재되어 있으며 조직이 데이터를 수집·관리·공유하는 방식은 운영 기법 그 이상이다. 해당 조직이 인간을 어떻게 대하고 사회와 어떤 관계를 구축하며 어떤 미래를 지향하는지를 반영하는 상징적 행동 양식으로 간주된다. 투명한 공정·신뢰·소통을 조직 내에서 실질적으로 구현하기 위해서는 AI 기반의 실시간 데이터 수집과 해석 그리고 이를 구성원과 이해관계자에게 효과적으로 전달할 수 있는 공유 체계의 구축이 필수적이다. 이는 조직 철학과 가치 체계 전반에 걸친 근본적인 재구성이 요구되는 과제이며 투명성은 외부에 보여주기 위한 결과물이 아니라 조직이 주체적으로 선택해야 할 문화적 의지의 산물이다.

결국 조직문화의 설계 언어는 데이터다. 데이터는 의사결정의 구조, 소통의 방향, 신뢰의 기준을 정형화하는 조직 내 언어이며 이를 어떻게 설계하고 운용하느냐에 따라 조직의 미래 지속 가능성이 결정된다. 투명성은 일회성 조치가 아니라 지속 가능한 구조이며 조직의 철학이 기술과 만나 실천으로 전환될 때에만 진정한 문화로 정착될 수 있다. 이와 같은 전환기에 우리는 투명성의 실체를 묻는 것이 아니라 데이터를 통해 그것을 어떻게 구현할지를 질문해야 한다.

특히 데이터 기반의 문화 형성 및 효율적인 협업 환경의 중요성이 더욱 부각되면서 AI와 데이터는 불가분의 관계가 되었다. 이 같은 흐름의 중요성은 최신 글로벌 연구인 맥킨지(McKinsey)의 「The data-driven enterprise of 2025」 보고서에 잘 나타나 있다. 그 보고서에 따르면, 데이터 기반 의사결정을 도입한 기업들은 조직의 구성원들이 필요한 정보를 실시간(real-time)으로 이용할 수 있게 되었고 의사결정 속도와 커뮤니케이션의 정확성도 크게 향상됐다. 이는 기존의 수직적인 피라미드형 의사결정 구조에서 수평적인 의사결정 문화로의 전환이 이루는 데 중요한 역할을 했다. 데이터 민주화를 바탕으로 한 데이터 기반 조직문화 속에서 AI는 협업을 촉진하고 고객의 니즈에 신속하게 대응할 수 있도록 돕는다. 과거에는 AI 전문가나 특정 부서만이 데이터를 다룰 수 있었지만 AI가 발전하게 되면서 비전문가를 포함하여 모든 부서가 데이터를 이용하고 분석하는 것이 가능해졌다. 그 결과, 조직문화에 데이터 활용이 일상화되었고 전통적인 업무 방식을 혁신하는 변화들이 진행 중이다.

이러한 변화는 조직 내 부서 간 칸막이를 허물고 협업 문화를 더욱 촉진한다. 실시간으로 진행되는 협력 체계의 기초는 모든 부서가 데이터 활용에 기반한다는 점이다. 이는 자율적인 의사결정을 내릴 수 있는 환경을 만들고 데이터 활용이 선택이 아니라 조직 생존의 필수 요인이 되고 있다. 앞서 살펴본 것처럼 데이터와 AI는 판단의 기준을 바꾸며 공정·신뢰·소통이 '투명하게' 운영되도록 만드는 핵심 인프라로 작용한다.

왜 투명한 공정·신뢰·소통인가

공정·신뢰·소통은 데이터로 설명되고 검증되는 '투명한 기준' 위에서 실현되어야 한다.

투명한 공정은 평가와 보상, 의사결정의 기준이 암묵적 판단이 아니라 데이터로 설명 가능할 때 비로소 성립한다.

투명한 신뢰는 개인의 선의나 리더의 도덕성에 의존할 때보다, 반복 가능한 기준과 일관된 운영 방식이 데이터로 축적될 때 형성된다. 구성원 간의 신뢰는 조직의 효율성을 높이는 핵심 요소이며 이는 감정이 아니라 예측 가능성이 투명하게 보장될 때 형성된다. 투명한 소통 역시 마찬가지이다. 정보가 일부에 독점되지 않고 논의의 과정과 결과가 기록·공유되며 구성원 누구나 왜 그런 결정이 내려졌는지를 이해할 수 있는 상태를 의미한다. 이는 형식적인 소통 활성화를 넘어 데이터에 대한 접근성과 해석 가능성이 조직 전반에 투명하게 열려 있는 상태를 가리킨다. 투명한 공정·신뢰·소통 중 어느 하나라도 투명성을 잃으면 균형은 무너진다. 세 가지가 동시에 구현될 때 조직은 지속 가능한 성장을 기대할 수 있다.

데이터가 만든 투명성의 트라이앵글

이전 장에서 다룬 다양한 사례들은 데이터가 공정, 신뢰, 소통이라는 개별 가치를 하나의 체계로 연결하는 방식을 보여준다. 이 글에서는 이러한 구조를 '투명성의 트라이앵글(Transparency Triangle)'이라 부른다. 이것은 데이터 기반 조직이 공정·신뢰·소통을 구조적으로 유지하는 방식을 설명하기 위한 분석 틀이다. 영국의 복식학자(패션을 연구하는 학자) 제임스 레이버(1899~1975)는 '레이버 법칙'을 통해 트렌드를 연구했다. 그의 연구에 따르면 '20년 전의 트렌드는 끔찍하게 느껴진다'라고 했다. 이어 30년이 지난 트렌드는 '흥미롭게 느껴진다', 40년이 지난 트렌드 '고풍스럽게 느껴진다'… 150년이 지난 트렌드는 '아름답게 느껴진다'라고 밝혔다. 조직문화의 트렌드도 이와 마찬가지다. 공정, 신뢰, 소통은 조직문화에서 가장 오래된 가치이자 가장 반복적으로 요구되어 온 기준이다. 누군가는 케케묵은 담론이라고 이야기할 수 있겠지만 레이버의 연구처럼 가장 기본적인 것이 가장 중요한 가치이다. 이처럼 투명성의 트라이앵글은 '투명한 공정', '투명한 신뢰', '투명한 소통'을 지향하여 조직문화의 이상적인 패러다임 구축을 목표로 한다.

동서고금을 막론하고 균형은 필수적인 가치였다. 그러한 균형을 잘 표현하는 숫자는 '3'이다. 세 축이 균형을 이룰 때 구조가 안정된다는 상징으로서 '3'은 여러 학문과 체계에서 반복적으로 등장한다. 셋, 세 가지, 3의 모임은 모든 것의 근본과 완전함을 이룬다고 여겨진다. 기독교에서는 '성부, 성자, 성령' 불교에서는 '제행무상, 제법무아, 열반적정' 삼법인을 이야기한다. 물리학에서는 시간·공간·물질로 우주의 구성을 설명하고, 물체의 상태는 기체·고체·액체로, 생명 활동에서는 세포막,

세포핵, 세포질 이라는 세 요소로 기본 구조를 이룬다.

조직문화 투명성의 트라이앵글도 이와 마찬가지이다. 데이터를 통해 공정이 설명되고, 신뢰가 예측 가능성으로 축적되며, 소통이 기록과 공유의 구조로 정착될 때 '투명한 공정, 투명한 신뢰, 투명한 소통'의 세 축이 균형을 이루게 된다.

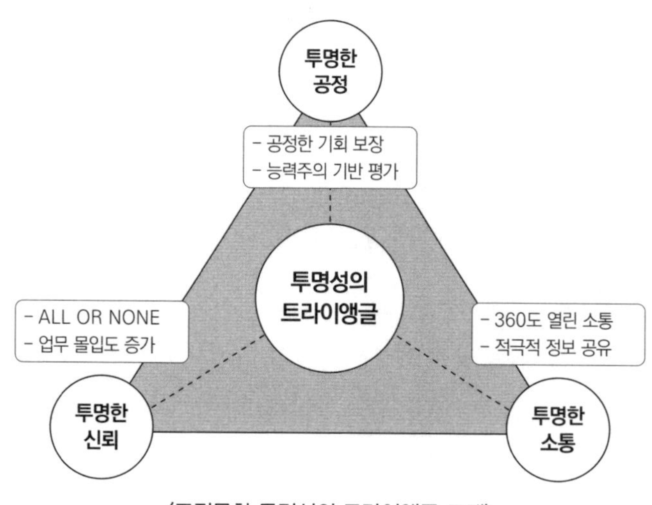

〈조직문화 투명성의 트라이앵글 모델〉

투명성의 트라이앵글의 세 가지 구조

1) 첫 번째 축, '투명한 공정'

투명한 공정이란, 평가·보상·의사결정의 기준이 개인의 판단이나 관행이 아니라 데이터로 설명되고 누구나 이해할 수 있도록 공개된 상태를 의미한다. 세계은행과 세계경제포럼(WEF)의 보고서에서 공통적으로 이야기하는 것은 공정한 기회는 개인과 조직의 성장을 촉진하는 중요한 요소이자 비즈니스 성과와 사회적 영향력의 핵심임을 강조한다. 인종, 성별, 경제적 배경에 따라 공정한 기회의 제공은 단기적으로 조직원들의 직무 몰입과 직장 만족도를 높일 수 있고 장기적으로 조직의 성과를 높일 수 있다. 또한 공정한 사내 정책은 조직뿐만 아니라 사회 전체의 번영을 돕는다는 점도 강조하고 있다.

공정성(公正性, fairness)은 사회 정의와 비슷한 의미로 쓰인다. 아리스토텔레스는 공정을 '개인 간 관계에서 사물의 적절하고 마땅한 분배'라고 정의했다. 돌바크(P. H d'Holbach)는 공정(형평)이란, '각자의 재능과 업적에 따라 대우하는 것'을 의미한다고 했다. 즉, 정의가 공정이라고 두 사람은 공통적으로 이야기한다(이재훈 & 최익봉, 2004). 다시 말해, 동일한 것은 동일하게 취급하고 서로 다른 것은 서로 다르게 취급하는 것이 공정이다.

GenZ, MZ세대는 '공정'에 대한 관심이 많다. 예전에는 어떤 것을 동일하게 취급하고 출발선을 같게 해주었다면 그에 따른 결과에 대해서는 대개 묵과하고 인정하는 편이었다. 예를 들어, 연공서열을 기준으로 근속 연수와 직급에 의한 성과급, 연봉에 대한 배분을 당연시하게 생각했었다. '나도 나중에 그만큼의 성과급 연봉을 받겠지.' 하고 문제 제기를 하지 않았다. 그러나 요즘은 다르다. 지금 세대는 일을 많이 하고 잘한 만큼 보상을 받기 원한다. 낮은 경제성장률과 일상이 경쟁인 불확실성의 시대에 살고 있는 MZ세대들은 노력과 보상의 교환 비율을 생각하고 공정성을 점검하는 경향이 있다. 지금 세대가 이야기하는 공정은 철저하게 능력주의다.

2) 두 번째 축, '투명한 신뢰'

투명한 신뢰란, 개인의 선의나 도덕성에 기대는 신뢰가 아니라 예측 가능한 기준과 반복 가능한 운영 방식이 데이터로 축적되어 형성되는 신뢰를 말한다. PwC(2023)의 신뢰에 관한 조사 결과에 따르면 신뢰가 높은 조직이 그렇지 않은 조직보다 생산성이 높고 직원 이직률이 낮아짐을 발견했다. 신뢰가 구축된 팀은 그렇지 않은 팀에 비해 생산성이 50% 더 높고 직원의 약 2.5배가 본인이 속한 직장에 속해 있으려 한다. 이 수치는 신뢰가 조직의 업무 효율성뿐만 아니라 직원 유지율에도 중요한 영향을 미친다는 것을 증명하고 있다. 반대로 신뢰가 부족하면 어떤 영향을 미칠까? 누구나 예상할 수 있듯이 성과에 부정적인 영향을 미치고 조직의 혁신을 저해하며 직원들이 그곳에 오래 머무를 확률이 낮아진다.

『신뢰의 속도』 저자 스티브 코비는 "신뢰는 하루도 빼놓지 않고 우리에게 영향을 미친다."라고 한다. 그러면서 "그것은 모든 관계, 소통, 업무 프로젝트, 사업 그리고 우리가 관여하는 모든 노력을 떠받치는 동시에 그것들의 질적인 측면에 영향을 준다."라며 신뢰가 얼마나 중요한지 우리에게 세세하게 알려주고 있다.

조직 생활에서 신뢰는 전부 아니면 아무것도 아님(ALL OR NONE)이다. 직장 생활에서 상사의 신뢰를 얻으면 상사와의 관계도 좋지만 결재받을 때도 편하다. '당신이 하는 일은 믿고 맡기겠다.' 하며 흔쾌히 서명해 준다. 반면 신뢰가 쌓이지 않은 경우는 같은 수준의 보고서를 작성하더라도 검토 과정이 불필요하게 길어지거나 반복되는 일이 잦다. 동료와 하급자의 관계에서도 비슷한 양상을 보였다. 존슨앤드존슨의 짐 버그 회장은 '신뢰는 정말로 장기적인 성공의 열쇠'라고 말했다. 구성원 간의 신뢰를 쌓는 것은 개인에게도 중요하지만 조직 전체에게도 영향을 미치는 일이다. '신뢰'는 사전적으로 '굳게 믿고 의지함'이다. 어떤 상황이나 의사결정에 대해 100%의 통제권을 넘긴다는 의미다.

이미 많은 연구를 통해서 조직 내에 신뢰의 중요성은 자주 언급되었다. LG경영연구원이 펴낸 「신뢰받는 직장의 조건」 보고서에서 '신뢰'를 가지고 20대 이상 직장인 450여 명을 온라인으로 조사했다. 그 결과 직장인들의 조직 신뢰도는 100점 만점에 50점으로 조사되었다. 언스트앤영(Ernst & Young, 2021)이 실시한 글로벌 조사에서는 구성원의 54%는 회사를 신뢰하지 못했고 상사, 동료는 51%가 신뢰하지 못한다고 응답했다. 조직 신뢰가 낮은 조직원들은 42%가 다른 일을 찾거나 최소 시간만 근무하며 몰입과 생산성이 낮아진다. 반면 신뢰도가 높은 직원은 스트레스가 적고 업무가 효율적인 것으로 나타났다. 또한 감시 비용을 포함한 여타의 비용을 절감하는 측면도 있다. 「조직공정성, 신뢰, 조직유효성간의 관련성에 관한 연구(2004)」에서는 조직신뢰가 높을수록 직무만족과 몰입도가 높아지고 절차공정성과의 관계서도 유의미한 정(+)의 관계로 나타났다. 이렇듯 많은 조직에서 신뢰를 조직의 핵심가치(Core Value)로 제시하는 이유는 그것이 비용 감소, 혁신 강화, 회사에 대한 로열티 상승으로 이어지기 때문이다.

3) 세 번째 축, '투명한 소통'

투명한 소통이란, 정보가 일부에 독점되지 않고 논의의 과정과 결과가 기록·공유되어 누구나 동일한 맥락에 접근할 수 있는 소통 구조를 의미한다. Edelman Trust Barometer 2023 신뢰지표 조사에 의하면, 조사 응답자들은 투명한 소통이 중요하고 답했다. 이는 조직 내부에서 투명한 소통과 정보 공개가 직원들의 신뢰를 높이고 결과적으로 직원과 고객의 신뢰 관계에도 긍정적인 영향을 미친다는 것을 시사했다. 특히 정기적인 소통 채널 구축을 통해 경영진과 직원 간의 열린 대화를 장려하고 회사의 목표와 성과 그리고 변화 사항 등을 투명하게 공유해야 한다. 더 나아가 모든 정보들을 쉽게 접근할 수 있도록 내부 시스템을 개선하고 중요한 결정을 투명하게 공개하는 것이 중요하다.

소통(Communication)은 라틴어 'Communicationem(공유하는 것, 나눠주기, 의사소통)'이라는 말에서 유래했다. 이는 무엇인가를 서로 나누거나 공통으로 만든다는 것을 의미한다. 소통을 잘한다는 것은 막힘없이 통하고 서로 나누거나 공통으로 무엇을 만드는 행위라고 어원적으로 알 수 있다. 옛날의 소통 방식은 '수직적, 일방향(상사 중심의)', '대면', '일부 인원 정보 독점', '정보 공개의 제한 등'으로 정리될 수 있다. 또한 '하라면 해! 까라면 까!' 식의 소통 방식이 대단히 만연해 있었다. 사실 우리나라 조직문화는 일본과 군대의 영향을 많이 받았다. 상명하복 문화와 상하관계가 뚜렷한 조직문화 속에서 당연히 소통도 경직될 수밖에 없었다. 이 같은 문화에서는 서열에 따라 권한이 과도하게 부여되었고, 그 결과 조직문화가 경직되며 하급자의 발언과 소통은 자연스럽게 위축되었다. 대표적으로 군대, 공무원 집단, 전문가 집단들도 이러한 문화 속에 많이 속해 있었다. 20세기 초 프레더릭 테일러(Frederick Taylor)의 과학적 관리기법을 살펴봐도 당시 하위 관리자는 상위 관리자의 지시를 따르고 "No talking back(말대꾸하지 마)!"라는 식의 소통 방식이었다(Wikipedia, 2010). 막스 베버가 이야기한 관료제에서도 위계적 구조와 엄격한 규칙에 기반한 소통이 주를 이루었다. 1980년대까지 소통 문화는 한마디로 '명령과 통제(Command and Control)'로 이야기해 볼 수 있을 것이다.

반면에 지금 시대의 소통 특징은 360도 소통이다. 수직적 소통의 부작용 때문에 수평적 문화가 무조건 맞다고 주장한다면 틀린 이야기다. 조직에는 수직적 소통과 수평적 소통 둘 다 필요하다. 이를 통합한 방식이 이른바 360도 소통이다. 이 개념은 모든 방향으로의 의사소통이다. 조직 내부의 모든 수준의 직원을 연결하고 외부의 이해관계자(고객, 파트너, 공급업체)와 효과적으로 대화한다. 그중 핵심은 정보 공유다. 이러한 소통 방식은 조직 구성원 모두에게 정보를 공유한다. 조직의 목표, 정책, 절차에 대한 명확하고 일관된 정보를 제공하는 것을 포함한다.

투명한 공정·신뢰·소통 사례

— SK하이닉스, 슈퍼셀, 번개장터

1) 투명한 공정: 데이터로 공정을 증명한 조직, SK하이닉스

2021년 1월 28일 SK하이닉스 사측은 "성과급으로 기본급의 400%를 지급하겠다."라고 공지했다(심재현, 2021). 이는 연봉의 20% 수준으로 삼성전자 반도체 부문 DS 직원 성과급(연봉의 47% 수준)의 절반에도 미치지 못했다. 이에 SK하이닉스 입사 4년 차 직원은 2만 8,000여 명에게 사내 게시판과 이메일 등을 통해 "성과급 산정 기준을 투명하게 공개해 달라."라고 요청했다. 또 다른 직원은 "대학 시절 캠퍼스 리크

루팅 때 '삼성전자와 비슷한 규모의 성과급을 보장하겠다.'라고 공언했지만 지켜지지 않았다."라고 말했다. 이러한 반응은 성과가 어떤 기준과 수치에 의해 평가되었는지 설명해 달라는 데이터 기반의 요구였다.

논란이 커지자 최태원 SK그룹 회장은 "SK하이닉스에서 받은 연봉 30억 원 전액을 반납해 임직원과 나누겠다."라고 선언했다. 하지만 젊은 직원들은 "최 회장의 연봉을 나누면 1인당 10만 원밖에 안 된다. 성과급 산정 방식을 투명하게 공개해 달라."라고 회사를 압박했다.

SK하이닉스는 성과급 관련 메일 발송 이후, 공정한 성과급 지급을 위해 꾸준히 노력하고 있다. 2024년 3분기(7~9월) 동안 SK하이닉스는 7조 300억 원의 영업이익을 기록하며 삼성전자의 반도체 사업을 담당하는 디바이스솔루션(DS) 부문을 능가한 것으로 나타났다. 이는 심각한 반도체 불황 속에서도 수조 원대 영업적자를 겪으며 직원들에게 위기 극복 격려금을 지급했던 경영진의 노력과 고대역폭메모리(HBM) 기술 리더십을 유지한 임직원들의 헌신이 성과급이라는 연결 고리로 '윈-윈'을 이뤄낸 결과라는 평가를 받고 있다. 2024년 10월 30일 업계에 따르면, SK하이닉스는 회사 발전에 기여한 직원들에게 '원팀 마인드 격려금'으로 1인당 450만 원을 지급하기로 했다. 이는 정기적으로 제공되는 생산성 격려금(PI)과 초과이익분배금(PS)과는 별개의 보상이다.

2024년 3분기 실적은 매출 17조 5,731억 원, 영업이익 7조 300억 원, 순이익 5조 7,534억 원으로 집계되며, 이에 따라 직원들이 매년 받는 PI와 PS 역시 역대 최고 수준이다(정우태, 2024). SK하이닉스는 상·하반기 각각의 생산량 목표와 영업이익률을 기준으로 PI를 산정한다. 지급 기준은 영업이익률에 따라 다음과 같이 책정된다.

※ SK하이닉스 성과급 지급 기준(매일신문, 2024)

- 목표 달성 시 기본급의 150%(영업이익률 30% 초과)
- 기본급의 125%(영업이익률 15~30%)
- 기본급의 100%(영업이익률 0~15%)
- 기본급의 50%(영업이익률 -10~0%)
- 없음(영업이익률 -10% 미만)

2024년 상반기에는 미국 자회사 솔리다임을 제외한 영업이익률이 30%를 초과하여 PI가 최고 수준인 기본급의 150%로 산정되었다. 이를 기준으로 보면, 2023년 입사한 신입사원이 약 400만 원의 성과급을 받을 수 있는 수준이다.

앞서 언급한 성과급 메일 덕분에 SK하이닉스는 성과급에 대한 공정한 룰을 만들어 지급하고 있다. SK하이닉스 노사는 성과급 제도 개선을 위해 PS 산정 기준을 '경제적부가가치(EVA)'에서 '영업이익'으로 바꾸기로 했다. 2023년 10월에는 기존 '생산량 목표 달성'과 '영업이익 발생'이라는 두 가지 조건을 모두 충족했을 때 지급했던 PI를 생산량 목표 달성 이후 영업이익률 수준에 따라 차등 지급하는 방식으로 바꾸기도 했다. 이러한 변화는 일한 만큼 보상을 받는 공정한 성과급 체계와 투명한 재원 구조를 요구하는 직원들의 요구에 SK하이닉스가 적절히 대응한 결과로 평가되며, 직원들의 근무 열의를 높이는 데 크게 기여했다. 그러나 SK하이닉스는 성과급 제도를 '보상 수단'에서 '신뢰의 제도'로 한 단계 더 확장했다. 2023년 8조 원에 가까운 영업적자를 보였는데도 4분기 흑자 전환에 성공하자 직원들에게 자사주 15주와 격려금 200만 원씩을 지급했다.

SK하이닉스는 당시 사내 공지를 통해 "다운턴 극복 과정에서의 구성원 노고에 감사드린다."라고 전한 것으로 알려졌다.

이 보상은 일회성 위로금이 아니라, 실적 회복이라는 데이터가 구성원의 기여와 어떻게 연결되는지를 명확히 보여준 신호였다. 2024년 SK하이닉스의 사상 최대 실적은 이 같은 노사의 성과급 공정성에 대한 확실한 데이터 기준 그리고 그 기준에 대한 공감대 형성이 한몫 톡톡히 했다.

2) 투명한 신뢰: 자율과 책임을 제도로 만든 슈퍼셀

슈퍼셀은 조직문화에 신뢰가 배태(胚胎)되어 있는 기업이다. 슈퍼셀은 클래식 오브 클랜, 클래시 로얄, 브롤스타즈 등 인기 모바일 게임을 개발한 핀란드의 게임업체이다. 이 업체의 매출은 2024년 20억 달러(한화 약 2조 6,800억 원)를 돌파했다. 슈퍼셀 CEO 일카 파나넨(Iikka Paananen)은 이러한 성과를 달성할 수 있는 가장 큰 원동력은 최고의 게임 전문가들이 모여 신뢰하고 협력할 수 있는 환경 구축 즉 조직문화 조성에 방점을 둔다.

슈퍼셀은 공식적 직급이 없는 수평 조직으로 자율과 의사결정 권한을 보장받는 셀(팀)들로 구성되어 있다. 또한 단기적 이익 향상을 위해 평범한 사람을 채용하는 것을 지양하고 최고의 인재를 채용하는 데 공을 들인다. 슈퍼셀은 직원들을 전적으로 신뢰하여 셀 단위로 게임의 전 과정에 대한 참여할 수 있도록 하고 예산도 자유롭게 사용할 수 있는 '엄청난 신뢰'를 통해 성과를 올리고 있다. 예를 들어 직원들은 평균적으로 25% 이상의 자율성을 가지고 자신의 프로젝트와 예산을 관리한다. 이러한 노력 덕분에 슈퍼셀의 직원 이직률은 10% 이하로 추정된다. 매년 50명 내외의 인재를 채용하는 슈퍼셀은 신뢰를 기반으로 한 환경을 제공하기 때문에 직원들이 장기적으로 회사에 남고 싶어 하는 회사 중에 하나로 손꼽힌다(Supercell, 2020).

3) 투명한 소통: 모든 의사결정 과정을 공개하는 조직, 번개장터

전국경제인연합회가 여론조사 기관 모노리서치에 의뢰해 MZ세대 직장인 827명을 대상으로 실시한 기업 인식조사 결과, 전체의 77.9%가 가장 선호하는 경영진의 리더십 유형으로 '소통형'을 선택했다. 또한 미국의 세대 연구기관 CGK(Center for Generation Kinetics)의 조사 결과에서는 직장 내 Z세대 근로자의 20% 이상이 매일 또는 하루에 여러 차례 능력 있는 팀장에게 피드백 받길 원한다고 했다. 이렇듯 투명한 소통은 바람직한 조직문화 조성에 필수불가결한 요소이다(전국경제인연합회, 2023).

선호하는 경영진 리더십 유형

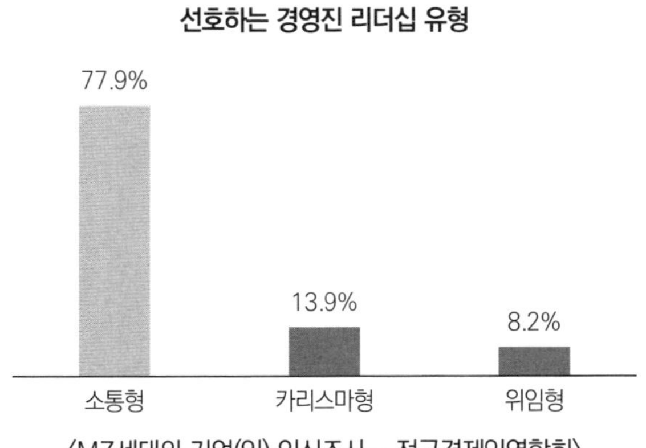

〈MZ세대의 기업(인) 인식조사 – 전국경제인연합회〉

번개장터는 높은 브랜드 인지도에 비해 조직 내부에서 이루어지는 투명하고 자유로운 소통 문화가 상대적으로 잘 알려져 있지 않다. 번개장터는 슬랙(Slack)이나 위키(Wiki)를 통해 공개된 문서와 정보를 공유하고 누구나 이를 활용해 효율적으로 업무 히스토리를 파악할 수 있다. 덕분에 내가 왜 이 일을 해야 하는지, 이 일이 서비스에 어떤 영향을 끼칠 수 있을지 상식적으로 납득하고 이해한 뒤 업무에 임할 수 있다. 대부분의 커뮤니케이션과 의사결정 역시 투명하게 공개된 채널에서 진행되고 있다. 이러한 문화를 바탕으로 구성원 누구나 슬랙 채널을 통해 번개장터 서비스에 대해 의견을 제안하고 건의할 수도 있다. 더 좋은 서비스를 만들기 위해 '서비스-제안' 채널에서 누구나 좋은 의견을 제안할 수 있고 좋은 의견이 모여 공감대가 형성되면 실제로 서비스에 반영되기도 한다.

더욱이 번개장터의 비전이나 오피스 생활, 각종 건의사항이나 궁금증에 대해 질문하면 리더 그룹에서 답변하는 Q&A 시간도 마련되어 있다.

번개장터에서 가장 특별했던 소통 방법은 '방 안의 코끼리[2)]'를 만들지 않기 위해 누구나 코끼리에 대해 이야기를 꺼내고 논의할 수 있는 슬랙 채널이 있다는 것이다. 실제로 오랫동안 불편했지만 말하지 못했던 부분들이나 문제점이 감지된 부분들에 대해 이야기하고 해결하기 위해 자발적으로 나서서 TF가 꾸려지기도 한다. 또한 전사적으로 개선이 필요한 부분은 전사 미팅을 열고 캠페인을 진행하면서 코끼리를 없애기 위해 행동으로 옮기고 있다.

---

2) 방 안의 코끼리(The Elephant in the Room): 모두가 알고 있지만, 불편해서 아무도 직접 말하지 않는 문제.

우리는 지금까지 투명한 공정, 신뢰, 소통의 사례를 개별적으로 살펴보았다. 그렇다면 이렇게 '투명성의 트라이앵글'이 통합적으로 잘 나타나는 사례는 어떤 것이 있을까?

투명성 트라이앵글 통합 사례

— 크래프톤, 깃랩, 버퍼

1) 공정·신뢰·소통을 모두 갖춘 회사, 크래프톤(Krafton)

현대 조직에서 투명한 소통은 선택이 아닌 필수가 되었다. MZ세대의 공정성에 대한 높은 기대와 디지털 기술의 발전은 기업들의 소통 방식에 근본적인 변화를 요구하고 있다. 이러한 변화 속에서 크래프톤은 소통을 개인의 감각이나 분위기에 맡기기보다 구조와 데이터에 기반해 운영해 온 사례로 눈여겨볼 만하다.

공정성에 대한 요구는 성과급 체계, 급여 계산에만 나타나지 않는다. 크래프톤은 투명한 소통이 곧 공정이라고 믿으며, 신뢰를 바탕으로 소통하고 있다. 즉, '크래프톤 피드백 그룹'을 통해 구성원들의 의견이 실제 정책과 제도 변화로 이어지는 과정을 투명하게 공개하고 있다. 또한 피드백은 전방위적으로 이루어진다. 구성원에 대한 피드백부터 서비스에 대한 제안까지 다양한 의견이 자연스럽게 오간다. 이러한 신뢰 기반의 피드백 시스템은 구성원들의 의견이 실제로 어떻게 제도에 반영되는지를 직접 확인할 수 있게 한다.

가장 주목할 크래프톤의 소통 혁신은 2015년 9월 시작된 'KRAFTON

Live Talk(KLT)'에서 잘 드러난다. 매월 셋째 주 목요일에 진행되는 이 전사 소통 프로그램은 약 3,000명의 구성원이 참여하는 글로벌 소통의 장으로 자리 잡았다. KLT는 단발성 이벤트가 아니라 정해진 주기와 형식을 유지하며 지속적으로 운영되어 왔다. 10개국 이상의 임직원들이 실시간으로 참여하며 경영진과 구성원 간의 '간극 없는 소통'을 실현하고 있다. KLT의 가장 큰 특징은 양방향 소통이 실시간으로 이루어진다는 것이다. 줌(Zoom)을 활용한 실시간 스트리밍으로 전 세계 구성원들이 참여할 수 있으며 실명으로 질문하고 답변을 받는다. 앱을 통해 익명으로 질문했던 방식은 58회부터 질문의 배경과 맥락을 온전히 이해하고 상세한 답변을 하기 위해 실명으로 현장에서 손을 들고 질문하는 방식으로 바뀌었다. 또한 현장에서 답변하지 못한 질문들은 서면으로 자세히 답변받을 수 있다. 이러한 KLT 행사 영상과 현장 Q&A는 크래프톤 허브(HUB)를 통해 제공된다. 100회의 KLT가 진행될 때까지 1,186개의 질문이 들어왔었고 2025년 1월 기준 113회 KLT를 진행했다. 디지털 기술을 활용한 소통 혁신도 눈에 띈다. 모든 KLT 세션은 실시간 자막 서비스와 동시통역 서비스가 이루어지며 글로벌 구성원들의 원활한 참여를 지원한다. 슬랙을 활용한 소통은 '역삼 Talk, 재무채널 talk' 등 궁금한 점이 생기면 각 소통 톡에 질문을 하고 그 질문을 아는 누군가는 거기에 실시간으로 답변할 수 있다. 또한 모든 소통 내용은 디지털 아카이브로 구축되어 구성원들이 언제든 참고할 수 있다. 이 과정에서 소통의 전 과정이 기록되고 축적되면서 크래프톤의 신뢰는 시스템을 통해 유지된다(크래프톤, 2025).

크래프톤의 사례는 디지털 시대의 투명성의 트라이앵글이 실제로 구현되는 방식을 설명한다. 실시간 소통 플랫폼, 피드백의 제도화, 소통 기록의 데이터화라는 구조를 통해 공정·신뢰·소통이 작동하고 있음을 확인할 수 있다. 크래프톤은 이처럼 투명성에 기반한 혁신을 통해 조직 문화를 개선하고 있으며 디지털 환경에 어울리는 새로운 소통 방식을 정착시켜 왔다.

2) 모든 정보를 공개하는 회사, 깃랩(GitLab)

2011년 설립 이후 깃랩(GitLab)은 'Transparency by default'를 핵심 가치로 삼고 혁신적인 조직문화를 구축했다. 특히 전 세계 60여 개국 이상에 분포한 2,300여 명의 직원들이 100% 원격으로 근무하는 환경에서 효과적인 협업을 실현하고 있다는 점에서 글로벌 테크 업계는 이를 주목하고 있다.

앞서 살펴본 '공개 핸드북' 사례가 깃랩 투명성의 상징적 출발점이라면, 여기서는 그 투명성이 어떤 제도와 운영 원리를 통해 조직 안에 정착되고 있는지를 보다 구체적으로 살펴보자.

깃랩에서 눈여겨볼 부분은 Global Compensation Calculator를 통해 전 세계 모든 직원에게 동일한 기준의 임금 정책을 적용한다는 것이다. 또한 Career Development Framework를 통해 승진과 평가 기준도 완전히 공개되고 각 직급과 역할에 필요한 역량과 책임이 명확히 정의된다. 채용 과정 역시 전 과정이 투명하게 공개되고 정기적인 DEI(Diversity(다양성)·Equality(형평성)·Inclusion(포용성)) 보고서 발행을 통해 트라이앵글의 한 축인 공정성에 기민하게 반응하며 조직을 운영하고 있다. 이는 '투명한 공정'이 데이터와 기준의 공개를 통해 조직 운영에 실질적으로 반영될 수 있음을 보여주는 사례다.

또한 깃랩은 'Results over Hours' 정책을 통해 신뢰 기반의 업무 문화를 구축하고 있다. 원격근무 환경에서 특히 중요한 이 정책은 업무 시간이 아닌 결과 중심의 평가를 실시하며 전사적 OKR(목표 및 핵심 결과)을 공개하여 목표 달성 과정의 투명성을 확보한다. 360도 피드백 시스템을 통해 모든 구성원이 서로의 성과와 발전 과정에 대해 투명하게 피드백을 주고받을 수 있는 환경도 구축되어 있다. 더욱이 깃랩의 직원들에 대한 신뢰는 원격근무를 어떻게 하는지를 보고 알 수 있다.

대런 머프(Darren Murph) 깃랩 원격근무 디렉터는 "깃랩은 원격근무 협업, 결과, 효율성, 다양성, 포용성, 소속감, 반복성, 투명성과 같은 기업의 가치에서 출발"한다고 강조했다. 깃랩의 제품은 소프트웨어 개발을 위한 협업 도구로 시작됐다. 이는 팀원들이 동일한 지역에 있지 않더라도 작업이 가능하도록 해준다. 머프는 "원격근무는 직관적이지 않다."라며 "모든 인력이 재택근무를 수행하면서 의사소통과 작업 플로우나 문화가 사무실 근무 때와 동일하게 운영될 것이라고 기대할 수는 없다."라고 경고했다. 그는 이어 "그러나 목적의식적인 계획을 통해 원격근무 환경에서 최적의 능력을 발휘할 수 있도록 팀을 구성할 수 있다."라고 덧붙였다. 원격근무가 이토록 성공적인 이유는 다름 아닌 직원들 간의 신뢰 그리고 조직에 대한 신뢰로 귀결된다(일렉포, 2020).

앞에서 데이터가 '예측 가능성'을 통해 신뢰를 만든다고 설명했다면 깃랩의 사례는 그 신뢰가 제도와 운영 방식으로 어떻게 정착되는지를 구체화한다. 이러한 공정성과 신뢰를 바탕으로 깃랩은 투명한 소통 문화를 실천하고 있다. 깃랩의 투명한 소통 문화는 공개 핸드북을 통해 가장 잘 드러난다. 수천 페이지에 달하는 이 방대한 핸드북은 회사의 모든 정책, 절차, 의사결정 과정을 투명하게 공개하며 누구나 접근할 수 있는 공개 문서로 운영된다. 회사의 운영 구조, 의사결정 프로세스, 제품 로드맵까지 포함된 이 핸드북은 깃랩의 투명성 철학을 잘 보여주는 대표적인 사례다.

또한 깃랩은 서로 다른 시간대에서 일하는 직원들을 위해 모든 회의는 녹화되어 공유되며 주요 의사결정 과정이 꼼꼼히 문서화된다. 전 세계 3,900명의 원격 근무자를 대상으로 한 조사에서 응답자의 34%는 리더십의 투명성이 직장 내 깊은 유대감을 조성한다고 답했으며, 38%는 업무 가시성 향상이 팀의 협력 관계를 강화한다고 응답했다. 회의 내용은 모두 녹화되어 구성원들에게 공유되고 제품 개발 과정은 공개 리파지토리(Repository)를 통해 투명하게 공개된다. 주요 의사결정 과정 역시 깃랩 핸드북에 상세히 기록된다. 동시에 깃랩은 고객 데이터와 보안 관련 민감 정보는 철저한 보안 정책에 따라 관리하는 균형 있는 태도를 보여줬다.

깃랩의 사례는 디지털 시대 속에서 앞으로 변화하게 될 조직문화의 청사진이다. 투명한 공정, 신뢰, 소통 이 세 가지 축이 균형을 이루며 진정한 의미의 협업과 혁신이 가능함을 보여주고 있다. 더불어 이러한 투명성 기반의 문화가 원격근무 환경에서도 효과적으로 작동할 수 있다는 것을 보여주었고 디지털 시대 조직문화의 새로운 가능성을 일깨웠다. 다만, 한국 기업들이 이를 도입할 때는 몇 가지 사항을 고려할 필요가 있다. 각 조직의 규모와 특성에 맞는 커스터마이징이 필요하고 개인 정보 보호와의 균형을 갖춰야 한다. 그리고 무엇보다 구성원들의 공감대 형성과 의지가 중요하다.

3) 신뢰를 수치로 증명한 회사, 버퍼(Buffer)

디지털 혁신 시대를 맞이하여 전 세계 기업들의 조직문화가 빠르게 변화하고 있다. 그중에서도 소셜미디어 관리 플랫폼 기업인 버퍼는 'Default to transparency(투명성을 기본값으로)'라는 혁신적인 경영철학을 통해 새로운 조직문화의 패러다임을 제시하고 있다. 2010년 설립된 버퍼는 조엘 개스코인(Joel Gascoigne) CEO의 주도하에 투명한 공정, 신뢰, 소통을 조직 운영의 기준으로 설정하고 데이터를 공개하는 방식으로 이를 일관되게 실천해 왔다. 버퍼의 투명성은 두 가지 명확한 목적을 가지고 있다. 첫째는 모든 정보를 투명하게 유지하려는 기업 철학의 실천이며 둘째는 스타트업으로서 빠른 성장에 대응하기 위한 유연한 체계 구축이다. 버퍼가 실천하는 완전 투명 경영의 가장 큰 특징은 파격적인 수준의 재무적 투명성이다.

버퍼는 심지어 고객이 지불하는 구독료 $10의 사용처까지 상세히 공개했는데 급여에 $6.56, 문화/복지에 $0.92, 도구 및 운영에 $0.98, 호스팅에 $0.67, 수수료에 $0.41 사용했고, 순이익은 $0.46이라고 밝혔다. 이와 함께 CEO를 포함한 모든 직원들의 급여 정보와 급여 산정 공식도 전면 공개했다. 월간 매출, 비용 구조, 투자 유치 현황, 자금 운용 방식, 향후 사업 계획과 예산 배정 과정까지 모든 재무 관련 정보를 실시간으로 공유한다.

Buffer Salaries

Team ▾ Country ▾

Name	Team	Role	Location	Salary
Joel	CEO	CEO	Boulder, CO, USA	$298,958
Caro	People Exec	Chief of Staff	Portland, OR, USA	$239,442
Maria	Product Exec	CPO	Denver, CO, USA	$304,929
Åsa	Advocacy Exec	VP Customer Advocacy	Sydney, Australia	$235,103
Jenna	Admin & People	EA & People Ops Specialist	Grand Rapids, MI, USA	$109,934
Suzanne	Admin & People	Operations Manager	Nashville, TN, USA	$94,369

〈버퍼의 온라인에 공개된 전 직원 급여내역 – Buffer's Official Blog〉

이러한 급여 투명성은 즉각적인 효과를 가져왔다. 공개 채용 포지션에 대한 지원자가 급증했으며 지원자들은 급여에 대한 기대치를 사전에 파악할 수 있다는 점을 긍정적으로 평가했다. 또한 팀 내 신뢰 수준이 높아지고 급여 인상 협상 과정에서의 불필요한 갈등이 줄어들었으며 특정 그룹 간 임금 격차 역시 완화되는 효과가 나타났다.

버퍼의 운영 방식을 살펴보면 투명한 의사결정 구조가 분명하게 드러난다. 모든 구성원이 회사 내 이메일을 볼 수 있고 최고 경영진의 회의 내용도 전체 직원들에게 회람이 된다. 이를 위해 버퍼는 개방형 커뮤니케이션 플랫폼과 실시간 피드백 시스템을 마련했다. 이 같은 구조는 의사결정의 결과뿐 아니라 그 과정까지 공유함으로써 조직 내 예측 가능성과 신뢰를 높인다.

버퍼의 직원 Carolyn은 "투명성이 자기 개선을 지원하는 도구가 되며 서로의 자기 개선 노력을 공유함으로써 더 큰 시너지를 만들어낸다."라고 설명한다. 버퍼의 CEO Joel 역시 "투명성은 신뢰를 낳고 신뢰는 훌륭한 팀워크의 기반이 된다."라고 말한다. 이러한 투명성 문화는 '온전한 자아(whole selves)'의 실현을 지향하며 직원들의 가족, 열정, 반려동물, 부업 등 삶의 다양한 요소를 조직 안으로 자연스럽게 포용한다. 버퍼의 사례는 투명성이라는 가치가 인간 중심의 조직문화를 만드는 핵심 요소가 될 수 있음을 분명히 보여준다. 투명성은 데이터 공개와 제도적 설계를 통해 조직 운영 전반에 실제로 구현될 수 있다. 나아가 투명한 소통·공정·신뢰라는 세 가지 핵심 가치를 일관되게 실천할 때 조직의 지속 가능한 성장이 가능하다는 점을 시사한다. 버퍼의 사례는 조직문화 혁신을 고민하는 기업들에게 중요한 벤치마킹 모델이 될 것이다.

투명성은 이벤트가 아니라 시스템이다

유·초·중·고·대입 그리고 취업까지 공정한 경쟁 환경을 자연스럽게 경험한 세대에게 '공정'은 일상적이며 기본적인 가치이다. 그래서 각 조직은 나이와 직급에 상관없이 지속적으로 '공정 이슈'에 대해 관심을 가져야 한다. 공정은 선언이나 캠페인만으로 정착되지 않는다. 구성원들이 그 기준과 과정을 반복적으로 경험할 수 있을 때 비로소 조직 안에 자리 잡는다. 이처럼 공정이 기준과 과정의 문제라면 신뢰 역시 개인의 태도나 선의가 아니라 조직이 어떻게 설계하고 운영하느냐의 문제다.

그러나 신뢰를 개인의 선의에만 맡기는 순간, 조직은 가장 취약한 상태가 된다. 이러한 위험은 개인의 일탈이 아니라 신뢰를 시스템으로 관리하지 못했을 때 실제로 발생한다. 1995년에 232년의 역사가 있던 미국 베어링스은행(Barings Bank)의 파산은 그 대표적인 사례다. 당시 28세의 베어링스은행 직원 닉 리슨이 일본 닛케이 주가지수 선물에 막대한 자금을 투자하였으며 이로 인해 베어링스은행에 13억 달러의 손실을 입었다. 이 사건이 남긴 교훈은 분명하다. 신뢰를 시스템이 아닌 개인에게 위임한 조직은 급격히 흔들릴 수 있다.

필자가 경험했던 실패 사례는 우리가 두고두고 반면교사로 삼을 수 있을 것이다. 어느 한 팀장은 팀원들에게 무한히 신뢰를 주었다. 재무회계팀 내에서 지출 처리는 이중 삼중으로 검토가 필요한데 팀장은 보지도 않고 결재를 했다. 또 팀원들을 위한다고 6시 5분 전에 퇴근을 했고 매일 '편하게' 일하라는 말을 계속했다. 처음에는 직원들을 신뢰해 주고 편하게 해준 팀장을 다들 좋아했다. 그러나 그런 우리 팀에게 불만이 많은 타 팀 직원들은 퇴근시간, 점심시간, 업무의 실수 등을 문제 삼았다. 호기롭게 팀원들을 믿어줬던 팀장은 그러한 이야기를 타 부서에서 계속 듣고는 기존과 180도 변하여 팀원들을 더욱 통제하려 했고 소통도 잘 하지 않았다. 그러한 팀장의 모습에 많은 직원들은 더욱 반발하며 결국 팀 이동과 인사개편까지 나오는 상황으로 치닫게 되었다. 이 사례는 선의에 기반한 신뢰와 자율이 시스템으로 뒷받침되지 않을 경우, 조직 내 갈등이 오히려 확대될 수 있음을 시사한다. 진정한 신뢰는 쉽게 흉내 낼 수 있는 것이 아니다. 미국의 경영학자인 피터 드러커는 "조직은 힘이 아니라 신뢰의 바탕 위에서 만들어진다."라고 했다. 그러나 이 신뢰는 개인의 태도에서 출발하기보다 조직이 설계한 기준과 운영 방식이 반복적으로 구현되는 과정 속에서 축적된다. 그리고 그 기준과 방식이 제대로 유지되고 있는지를 구성원들이 체감하는 가장 중요한 통로가 바로 '소통'이다.

알렉산드리아 대주교 알프레드 안젤로 아타나시오는 "침묵은 오해하기 쉬운 글과 같다."라는 격언을 했다. 과거의 조직들은 조직 구성원과 하급자에게 침묵을 강요했고 충성스러운 팔로워를 선호하는 문화가 일반적이었다. 그러나 이러한 일방적 소통 방식은 오늘날의 조직 환경과 점점 맞지 않게 되었다. 소통 문화는 일부 정보만 선택적으로 전달하는 방식에서 벗어나 보다 많은 정보가 공유되는 360도의 소통 구조로 전환될 필요가 있다. 특히 결과만 공유하는 방식이 아니라 의사결정과 실행, 그리고 결과에 이르기까지의 전 과정이 공유되는 소통이 요구된다. 또한 이와 같은 투명한 360도 소통 문화는 특정 세대의 요구에 국한되지 않고, 모든 세대와 구성원이 함께 신뢰를 형성하기 위해 필요한 조직의 기본 운영 방식으로 자리 잡고 있다.

또한 필자는 직접 크래프톤의 한 구성원과 대화를 나누며 크래프톤이 소통에 진심일 수밖에 없는 이유를 확인할 수 있었다. 크래프톤에서는 경영진이 KLT(Krafton Live Talk)에 모두 참석하고 중요한 사항에 대한 의견, 급여, 게임과 정책에 대한 민감한 사안까지 세심하게 논의한다. 이러한 방식은 구성원들의 자발적 참여가 전제될 때 비로소 의미를 갖는다. 이 사례는 투명한 소통 역시 일회성 이벤트가 아니라 반복적으로 설계되고 운영되는 시스템일 때 지속 가능하다는 점을 보여준다.

과거에는 현장 경영(MBWA; Management By Wandering Around)이 활발한 사내 소통 문화를 이끄는 주요 방식이었다. 하지만 오늘날 많은 조직은 물리적으로 분산된 환경에서 일하고 있으며 모든 구성원이 동일한 물리적 공간에서 근무하지 않는 경우가 많다. 이제 소통의 핵심은 정보에 대한 접근성과 지속적으로 남아 공유될 수 있는 방식에 있다. 다양한 채널과 커뮤니케이션 도구를 통해 공유되는 정보는 조직 구성원 간의 이해를 높이고 학습과 협업의 기반을 확장하는 역할을 한다(CEO&, 2023).

공정·신뢰·소통은 각각 투명성이 시스템으로 구현될 때 조직 안에서 구체적인 모습으로 드러난다. 투명성은 보여주기 위한 이벤트가 아니라 조직 운영 전반에 스며드는 시스템이며, 그 시스템이 작동할 때 조직의 판단과 행동을 이끄는 기준이 된다.

마무리

데이터는 조직이 무엇을 중요하게 여기는지를 보여주는 가장 정직한 증거다. 어떤 데이터를 수집하고, 누구와 공유하며, 어떻게 설명하는가는 그 조직의 진짜 모습을 보여준다. 공정·신뢰·소통이라는 투명성의 트라이앵글은 그 자체로 중요한 가치지만, 데이터가 기준이 되어 일관되게 적용되고 그 과정이 구성원에게 공유될 때 조직의 일상으로 자리잡는다.

‘데이터가 다 말해준다’는 표현의 진짜 의미는 데이터가 조직을 대신해 판단해 준다는 게 아니다. 데이터는 조직이 내린 선택을 감추지 못하게 만들고, 그 선택의 이유를 설명하도록 요구하며, 결과에 대한 책임을 회피할 수 없게 만든다. SK하이닉스가 성과급 산정 기준을 투명하게 공개했을 때, 깃랩이 모든 운영 정책을 핸드북으로 기록했을 때, 버퍼가 전 직원의 급여를 공개했을 때, 이들은 어떤 기준으로 판단하고 어디까지 책임질 것인지 데이터로 약속했다.

이제 우리가 던져야 할 질문은 “우리는 얼마나 투명한가?”가 아니다. “우리의 데이터는 지금 무엇을 말하고 있는가?”가 되어야 한다. 그 데이터가 침묵하고 있다면 조직의 공정도, 신뢰도, 소통도 결국 말뿐인 구호로 남을 것이다. 반대로 데이터가 명확한 기준을 제시하고 그 기준이 반복적으로 작동하며, 구성원들이 그 과정을 직접 경험할 수 있다면 투명성은 조직의 운영 방식 그 자체가 된다. 우리가 귀 기울여야 할 이야기는 ‘데이터가 공정을 증명하고 있는지’, ‘신뢰를 축적하고 있는지’, ‘소통을 기록하고 있는지’이다.

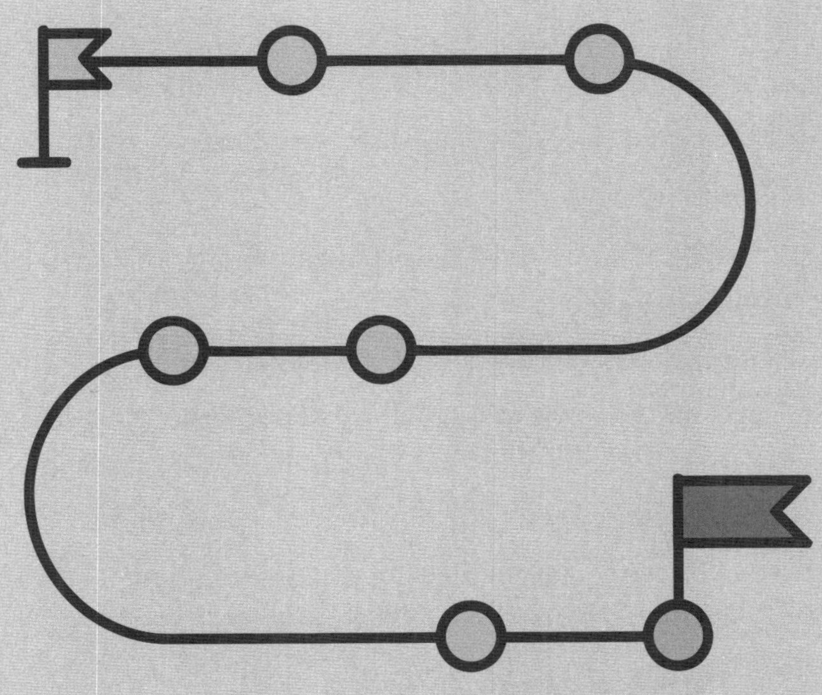

3.

변하지 않는 가치

트럼프가 버린 DEIB, 정말 필요 없을까?

스타트업이 조금씩 자리를 잡아 가자, 팀은 더 많은 사람의 손길을 필요로 하게 되었다.

프로젝트는 늘어나고, 고객의 요구도 다양해졌다.

이제는 새로운 인재를 뽑지 않고서는 감당하기 어려운 상황이었다.

Z 사원이 한숨을 쉬며 말했다.

"우리가 원하는 역량을 가진 사람을 찾는 게 쉽지 않네요."

M 본부장은 잠시 생각하다가 편하게 말했다.

"혹시 시야를 더 넓혀보면 어떨까? 외국인 근로자나 장애인 인재들도 고려해 보는 거지."

Z 사원은 잠시 망설이다 대답했다.

"좋은 아이디어 같지만, 현실적으로는 준비가 많이 필요할 것 같아요. 언어나 문화 차이도 있고, 장애인을 위한 근무 환경도 마련해야 하잖아요."

M 본부장은 고개를 끄덕이며 말했다.

"맞아. 그래서 채용만 할 게 아니라, 정책적으로 뒷받침할 수 있는 제도가 필요해. 예를 들면 언어 지원 툴을 도입한다든가, 교육 프로그램을 만들거나, 장애인 접근성을 높이는 설비 투자가 있어야 하지."

Z 사원이 덧붙였다.

"또 차별이나 불이익이 없도록 평가 제도도 바꿔야 할 것 같아요. 성과 기준은 동일하게 유지하되, 출발선에서 불리하지 않도록 기회를 보장하는 거죠."

M 본부장은 커피잔을 내려놓으며 말했다.

"결국 다양성을 받아들인다는 건 단순히 사람을 더 뽑는 게 아니라, 그들이 안심하고 역량을 발휘할 수 있는 제도를 갖추는 거구나. 우리 같은 작은 조직일수록 이걸 더 빨리 고민해야 해."

Z 사원은 고개를 끄덕였다.

"정책이 뒷받침되지 않으면 다양성은 구호에 그치겠죠. 차라리 지금부터 우리만의 원칙을 만들어 두는 게 좋을 것 같아요."

두 사람은 잠시 말을 멈추고, 채용 공고보다 더 큰 그림을 그려야 한다는 사실을 곱씹었다.

2025년 1월, 트럼프의 EO(행정명령)은 조직사회에 큰 파장을 일으켰다. 다양성을 중요시하는 미국에서 연방기관의 모든 DEI 프로그램(조직 내에서 모두가 공정하게 대우받는 문화를 만들기 위한 프로그램)을 축소하거나 폐지하도록 한 것이다. 트렌스젠더 권리를 비롯한 성 정체성 관련 차별금지 고용 기준을 모두 철폐하는 것과 마찬가지였다. 트럼프의 행보는 그동안 열심히 다양성에 투자해 온 회사들에게 혼란을 불러왔고, 많은 기업들이 기존에 수억 달러를 쏟아부은 DEI 프로그램을 문 닫게 만드는 데 일조했다. 트럼프 정권이 이러한 조치를 취한 데에는 자국민의 고용 보호를 위한다는 명목이 있었으나 노동부 전직 고위 인사들은 공개서한을 통해 이와 같은 행정명령은 미국의 법적 권한을 벗어난 조치이며, 역사적으로 '중대한 후퇴'라고 비판했다. 수십 년간 노력하여 일군 여성 차별이나 장애인 차별, 유색인종에 대한 차별을 없애고자 하는 의지를 무시하는 조치라고도 비판받고 있다.

하지만 대통령의 중대한 행정명령인 만큼, 많은 조직들은 이러한 움직임에 가담할 수밖에 없었다. 미국의 주요 통신회사인 Verizon은 트럼프 행정부의 DEI 정책 지침에 따라 모든 DEI 프로그램을 폐지했고 맥도날드나 아마존도 기존에 잡았던 DEI 목표를 후퇴시켰다. 미국의 주요 은행인 뱅크오브아메리카 같은 경우 연례 보고서에 들어가는 'Diversity(다양성)'이라는 표현을 모두 빼고 'Talent(인재)', 'Opportunity(기회)'라는 표현으로 대체하기도 했다(T. Ring, 2025).

이런 분위기에서 애플은 충격적인 선택을 했다. 2025년 국립공공정책연구소(NCPPR)에서 그동안 유색인종을 위한 대학 학비 지원과 멕시코 원주민 대상 코딩 교육 등을 해온 애플에게 DEI 프로그램 폐지를 제안했으나 이 제안을 거절했다. 이는 주주투표의 결과였고, 투표는 반대가 압도적으로 많은 97%를 달성했다고 한다(Darley, 2025). 트럼프 행정부는 애플의 이와 같은 결정에 법적 위험과 명성 손상, 재정 리스크 등의 주장을 하며 압력을 가했지만 애플은 계속해서 다양성과 포용성을 포기하지 않겠다는 명확한 입장을 유지하고 있다.

이 결과에 대해 일부 언론은 애플이 이렇게 행동하는 이유가 트럼프의 명령이 문화적으로 미국의 정체성을 훼손하기 때문이라고 말하기도 한다. 즉, 다양한 이민자들이 모여 만들어진 미국이 반DEI 행정으로 인해 미국인의 꿈을 향한 장벽을 세우고 결과적으로 유색인종이나 성소수자에 대한 혐오를 조장할 수 있다는 것이다. 또한 미국 헌법이 보장하는 자유표현과 문학적 자유를 침해한다는 이야기도 나오고 있다. 하지만 과연 애플의 선택이 이런 문화적인 측면만 있을까? 필자는 애플 주주들의 선택은 지극히 자연스러운 결정이며 장기적인 수익성을 고려했을 때 당연한 선택이라고 생각한다. DEI 프로그램은 그저 도덕적으로 '그것이 옳기 때문에' 그동안 추구된 것이 아니다. 맥킨지 보고서에 따르면 경영진 및 이사회의 다양성 강화는 재무성과를 27% 개선하는 효과가 있다(McKinsey report, 2023). 다양한 지식과 배경, 경험을 가진 멤버들로 구성된 조직은 문제 해결에도 더 다양한 해결책을 내놓을 수 있으며 혁신 능력이 향상될 수 있다. 더 나아가 DEI가 잘 구축된 조직에서 직원 충성도가 증가하여 이직률이 감소하는 효과가 있다고 나타났다. 모든 직원들이 자신이 차별받지 않고 존중받는다고 느낄 때 이직 가능성이 줄어든다는 것이다(Berkshire Report, 2025).

요약하자면, 트럼프 행정부의 행정명령은 상당히 단기적인 자국민

고용 증가에 도움이 되지만 애플은 기업으로서의 장기적인 경쟁력과 혁신을 위해 선택했다고 보인다. 다양성과 포용을 중시하는 문화는 그저 도덕적으로 좋은 기업문화여서가 아니다. 실제로 재무성과와 혁신, 인재 유지, 브랜드 신뢰도까지 기업 운영 전반에 긍정적 영향을 주는 것이다.

그렇기 때문에 DEI는 사회적 구호로만 볼 것이 아니라 미래 성장 전략으로 봐야 하며 글로벌 시장에서 경쟁 우위를 확보하기 위한 중요한 동력이다.

다문화 시대의 조직 전략 'Cross-Cultural Synergy'

"필리핀 이모님들 어서 오세요."

서울의 한 아파트 단지에서 들려오는 친근한 인사말이다. 2024년 8월, 서울시가 추진한 외국인 가사관리사 시범사업은 우리 사회의 큰 변화를 상징적으로 보여주었다. 내국인 돌봄 종사자의 수가 급격히 감소하면서 이를 대체하기 위해 바다 건너온 이들의 모습은 이제 우리 일상의 한 부분이 되어가고 있다.

필자는 어릴 적 TV에서 어눌한 한국말로 인사하는 외국인 패널을 인상 깊게 보았던 기억이 있다. 낯선 머리색과 생김새가 신기했고 서툰 말투로 이야기하는 어른의 모습이 어린 꼬마의 호기심을 자극했다. 과거에는 이 같은 경험이 생경했다면 알파세대(2010년 이후 출생자) 아이들은 외국인을 이모라 부르며 가장 가까운 곳에서 가족처럼 시간을 보내며 자라고 있다. 그렇기에 이 아이들이 인식하는 '외국인의 의미'

는 기성세대와 많이 다를 것으로 예상한다. 알파세대가 사회 진출할 때 쯤이면, 다양한 국적의 구성원들이 어우러진 사무실이 자연스러운 일상이 되어있을 것이다.

우리나라는 이미 다인종·다문화 사회로 진입했다. 2024년 4월, 체류 외국인이 전체 인구의 5.07%(260만 2,669명)로 집계되어 아시아 최초로 다문화 국가를 맞이하였다. 통계에 잡히지 않은 국내 불법체류자를 포함하면 외국인 비중은 5.72%까지 치솟을 것으로 예상한다(김대훈, 2023). 가까운 나라 일본도 외국인 체류 비중이 꾸준히 오르고 있으나 전체 인구의 2.7%(2024년 1월 기준, 332만 3,374명)인 점을 보면 한국이 아시아 국가 중 유례없는 변화를 맞이한 나라인 점은 분명하다.

체류 외국인 증감 추이 (단위: 명)

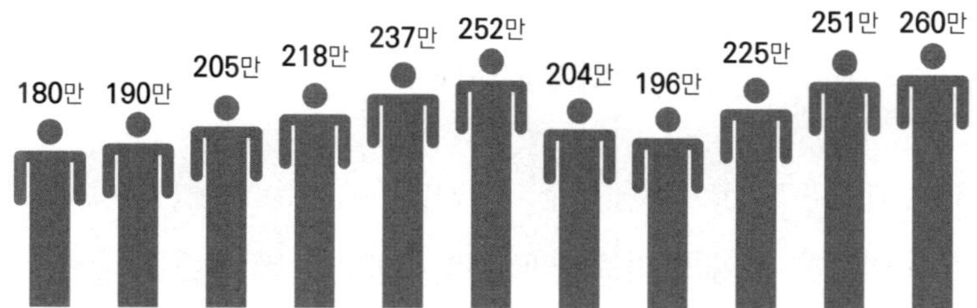

자료: 법무부 출입국·외국인정책 통계 월보(4월)

〈대한민국 체류 외국인 통계〉

인터브랜드 한국법인 김원중 상무는 '베스트 코리아 브랜드(Best Korea Brands 2024) 컨퍼런스'에서 "2054년에는 보수적으로 잡아도 560만 명, 최대 1,100만 명, 전체 인구의 12~25%가 다문화 구성원이 될 것"이라는 연구 결과를 제시하여(파이낸스뉴스, 2024) 다문화 사회의 전망을 내다보았다. 즉, 30년 후면 직장에서 마주치는 네 명 중 한

명은 다문화 배경을 가진 동료가 된다는 의미이다. 단일민족 문화를 이어온 한국 사회의 근본적인 변화를 예고하는 수치라 할 수 있다.

취업 자격 체류 외국인 연도별 현황

단위: 명

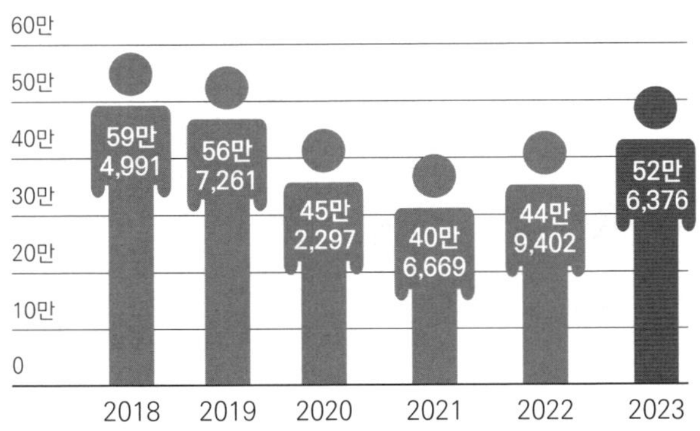

자료: 법무부 출입국·외국인정책 통계 월보

〈2018~2023년까지 외국인 근로자 현황〉

저출산과 고령화로 인한 생산 가능 인구 감소는 이제 먼 미래의 이야기가 아니다. 통계청 자료에 따르면, 2022년 말 기준 외국인 근로자 수는 52만 명을 넘어섰다. 이들은 더 이상 단순노동직에만 국한되지 않는다. 최근 주요 구인사이트의 설문조사에 따르면, 응답 기업의 61.5%가 향후 외국인 근로자 채용이 증가할 것이라고 답했으며(머스트뉴스, 2024), 그 범위도 건설업, 교육업, 서비스업 등 다양한 산업군으로 확대되고 있다. 특히 마케팅·홍보, 경영관리, 생산·제조 등 전문직종에서의 해외 인재 수요가 두드러지게 나타나고 있는 실정이다.

해외 인재 수요가 늘어가는 현실은 호텔 교육담당자로 근무했던 필자의 경험을 통해 더욱 절실하게 느껴진다. 하루에도 수많은 문화권의 고객을 맞이하는 호텔 서비스업은 다양한 문화권의 직원들이 자연스럽게 어우러질 수 있는 최적의 환경이지만 현재까지는 제2외국어가 능통한 한국인 채용에만 의존해 왔다. 비자 발급의 제한으로 외국인 채용이 '총지배인 또는 총괄매니저급' 전문가로만 한정되어 있었기 때문이다. 하지만 서비스업계의 심각한 인력난을 마주한 지금은 상황이 달라지고 있다. 2023년부터 외국인 근로자의 유입을 위한 방문취업 동포(H-2)와 외국인 유학생(D-2)의 시간제 취업 확대 등 정부 정책이 마련되고 있으며 고용허가제 외국인력의 범위도 확대하는 시범사업을 진행 중이다. 이처럼 인적서비스 중심 산업에서 외국인력 수급은 생존과 같다고 볼 수 있다.

정부의 정책과 행정 지원이 외국인 유입을 촉진하는 방향으로 확대되면서 기업의 채용 문턱도 낮아질 것이다. 만약 외국인 채용을 단순한 인력 충원 문제로만 보게 된다면 내부에서 문화적 갈등이 생길 가능성이 크다. 그렇다면 변화의 흐름 속에서 우리는 무엇을 준비해야 할까? 기업의 입장에서는 서로 다른 문화의 융합을 위한 DEIB(Diversity(다양성)·Equity(형평성)·Inclusion(포용성)·Belonging(소속감))를 사전에 고민해야 한다. 특히 다문화 사회로 진입한 현시점에서 국내 기업들은 다양성 관리와 포용적 문화 조성을 위한 체계적인 DEIB 전략이 절실하다. 앞으로 우리는 다국적 인재들이 자유롭게 역량을 발휘할 수 있는 포용적인 근무환경을 조성해야 하며 내국인 직원들 역시 다문화 이해도를 높이기 위한 노력이 필요하다. 만약 이러한 준비가 미흡하다면 세대 간 갈등과는 비교가 안 될 만큼의 심각한 문화적 충돌이 발생할 수 있기 때문이다. 그래서 이 글에서는 다양한 문화가 조화롭게 공존하는 기업의 DEIB 전략을 제시하고자 한다.

다문화 조직의 현주소와 도전 과제

2004년 한 개그 프로그램에서 "사장님, 나빠요."라는 유행어가 등장한 때가 있었다. 외국인 근로자가 부당한 대우를 받았을 때 반격할 수 있는 말로 사용하던 말이다. 그 당시(2004년) 국내 외국인 근로자는 3천 명에 불과했지만, 20년이 지난 현재 외국인 근로자(E-9 발급 기준) 수는 16만 명을 넘어섰다. 이러한 수적 증가가 한국의 다문화 수용성 향상을 의미하는 것일까? 놀랍게도 그 반대의 지표가 있다. 2023년 비즈니스 인사이더(Business Insider)는 외국인 근로자가 살기 좋은 나라 순위에 대해 보도한 적이 있다(Expat Insider 2023). 그 결과 멕시코가 1위를 차지했고, 스페인이 2위였다. 한국은 어디에 위치했을까? 총 53개국 중 50위로 간신히 최하위를 면할 수 있는 수치였다.

이는 한국 사회가 양적 성장에 비해 질적 포용성은 아직 부족하다는 것을 시사한다. 친절한 국가 이미지를 가진 한국 사회에서 아직 외국인과 가까이 지내는 일이 여간 어려운 일이 아니라는 걸 보여주는 결과였다. 한 가지 분명한 변화는 외국인 인력 수요가 전통적인 제조업과 농축산업을 넘어 서비스업 전반으로 확대되고 있다는 것이다. 2024년에는 가사관리사에 이어 마을버스 운전기사까지 그 영역이 매년 확장되어 외식업, 임업 등으로 더욱 다양화될 전망이다. 이러한 변화는 단순한 인력 교체로 설명되기 어렵다. 우리 사회의 서비스 제공 방식 전반에 큰 변화를 불러올 것으로 보인다(나상현, 2023).

중소기업중앙회의 실태조사를 보면 이런 변화가 이미 피할 수 없는 흐름임을 알 수 있다. 외국인 고용의 90% 이상이 내국인 채용난에서 따른 것이며 그 배경에는 저출산·고령화라는 구조적 문제가 자리하고 있다. 그럼에도 44%의 기업은 여전히 의사소통 문제나 문화적 차이로 어려움을 겪고 있다고 답했다.

특히 한국의 수직적인 조직문화와 집단주의적 분위기는 개인주의 문화권에서 온 근로자들에게는 익숙하지 않아 일하는 방식 자체에서 적잖은 부담과 혼란을 주고 있다. 이런 상황은 앞으로 우리에게 어떤 준비가 필요한지 분명하게 보여준다.

외국인 근로자의 증가는 우리 사회의 문화 지형이 바뀌고 있다는 신호다. 특히 이들의 활동 영역이 제조업에서 서비스업으로 확장되면서 문화적 차이로 인한 갈등은 더 이상 기업 내부의 문제가 아닌 사회 전반의 과제가 되었다. 높은 외국인 근로자 수요에 비해 현저히 낮은 삶의 질 지표는 우리 사회가 다문화 포용성 측면에서 아직 갈 길이 멀다는 것을 보여준다.

앞으로 예상되는 큰 이슈 중 하나는 여러 문화권의 구성원이 함께 일하면서 생길 수 있는 제도적 충돌이다. 예를 들어, 서구권에서는 흔한 동성 부부 복리후생 문제만 해도 우리 기업들에게는 아직 생소하고 해결이 쉽지 않은 사안일 것이다.

동성 커플의 결혼 축의금이나 배우자 의료보험 적용 여부, 입양 자녀에 대한 육아휴직 신청 등 기존의 인사 제도로는 해결하기 어려운 상황들이 발생할 수 있기 때문이다. 또한 종교적 신념에 따른 복장 규정이나 기도 시간 보장 요청, 특정 음식을 피하는 직원들을 위한 구내식당 메뉴 구성 등 일상적 업무 환경에서도 새로운 고민이 필요하다.

제도적 문제는 개별 사례로 처리하기에 복잡성과 민감성이 크다. 상황에 따라 임시방편으로 대응할 경우, 형평성 논란이나 역차별 문제를 불러올 수 있고 조직 내 갈등을 심화시키는 요인이 될 수 있다. 서로 다른 문화권의 사고방식과 생활양식을 이해하고, 조직문화와 제도에 어떻게 반영할지 고민해야 할 시점이다. 이제는 '함께 일하는 관계'를 넘어 서로의 성장을 돕는 환경을 만들어야 한다.

이런 변화의 흐름 속에서 특히 주목해야 할 집단이 바로 외국인 유학생들이다. K-콘텐츠의 확산과 함께 한국 문화에 매력을 느껴 찾아온 이들은 글로벌 Z세대에 속한다.

이 유학생들은 학위 취득 그 이상의 이유로 한국을 선택했으며 한국에서의 커리어와 미래를 직접 설계하며 들어온 인재들이다. 앞으로 이들이 한국 조직문화에 새로운 활력을 불어넣을 것으로 기대된다.

정부는 'Study Korea 300K Project'를 통해 적극적인 유학생 유치 정책을 펼치고 있다(한국대학신문, 2024). 이는 대학 재정난을 메우기 위한 임시책이라기보다는 저출산·고령화 시대에 대비한 미래 인재 확보 전략으로 볼 수 있다. 현재 중국, 베트남, 우즈베키스탄 등에서 온 유학생들이 주를 이루고 있으며, 이들은 각자 다른 문화적 배경과 기대를 가지고 한국 사회에 진입하고 있다. 최근 유학 트렌드를 보면 '엘리트 유학'에서 '대중형 유학'으로 무게가 옮겨지고 있음을 알 수 있다(안영진 & 최병두, 2008). 과거에는 주로 선진국으로 향했던 유학 흐름이 이제는 아시아 국가 간의 활발한 인적 교류로 진화했다. 한국 유학 역시 학위 취득뿐 아니라 글로벌 문화 경험과 취업 기회를 함께 고려하는 방향으로 바뀌고 있다. 하지만 현실은 녹록지 않다. 2022년 기준 학위과정 외국인 유학생 졸업자 중 단 3.9%만이 국내 취업에 성공했다는 통계는 우리 사회가 직면한 과제를 여실히 보여준다. 언어장벽(38.0%),

외국인 차별(21.1%), 정보 부족(18.3%) 등이 주요 장애물로 지목되고 있다. 특히 비자 제도의 복잡성과 취업 연계 프로그램의 부족은 우수 인재들의 한국 정착을 가로막는 주된 요인이 되고 있다(김민준 외, 2024). 이러한 현실에도 불구하고, 77.9%의 유학생들이 한국 기업 취업 의사를 보이고 있다는 점은 눈길을 끈다(이진경, 2024). 더욱이 74.4%가 비수도권 취업도 고려하고 있다는 점은 지역 균형 발전의 관점에서도 긍정적인 신호다. 이는 앞으로 우리 사회가 이들을 어떻게 포용하고 성장시킬 것인가에 대한 진지한 고민이 필요함을 시사한다. 우리는 이제 새로운 도전에 직면해 있다. 유학생을 유치하는 데서 한 걸음 더 나아가 이들이 한국 사회의 구성원으로 성장할 수 있도록 지원하는 체계적인 시스템이 필요하다. 특히 Z세대 유학생들의 특성을 이해하고 그들이 가진 글로벌 감각과 디지털 역량을 한국 사회의 새로운 경쟁력으로 이어가도록 만드는 것이 앞으로 우리의 과제가 될 것이다.

서구사회에서 1980년대 처음으로 생겨난 DEI 개념은 다양한 인종에 따른 갈등 속에서 2020년 흑인 남성 조지 플로이드의 사망 사건을 계기로 기업 정책으로 더욱 발전하였다. 최근에는 소속감(Belonging)을 추가해 DEIB로 제시되면서 조직 구성원들의 심리적 안전감까지 고려하는 포괄적인 개념으로 확장되었다(Decorah, C. et al., 2023).

불과 40년 역사를 가진 DEIB가 기업을 지속 가능하도록 돕는다는 사실이 아직 국내에서는 낯선 개념일 수 있다. 서구사회와 같이 다인종으로 인해 충돌하는 인종갈등이나 성정체성, 사회경제적 배경 등으로 대규모 시위가 일어날 만큼 심각한 상황을 경험하지 않았기 때문이다. 하지만 한국사회도 수면 아래 잠재된 정치갈등, 남녀갈등, 지역갈등,

세대갈등 등 이념의 차이로 인한 분열을 겪고 있다.

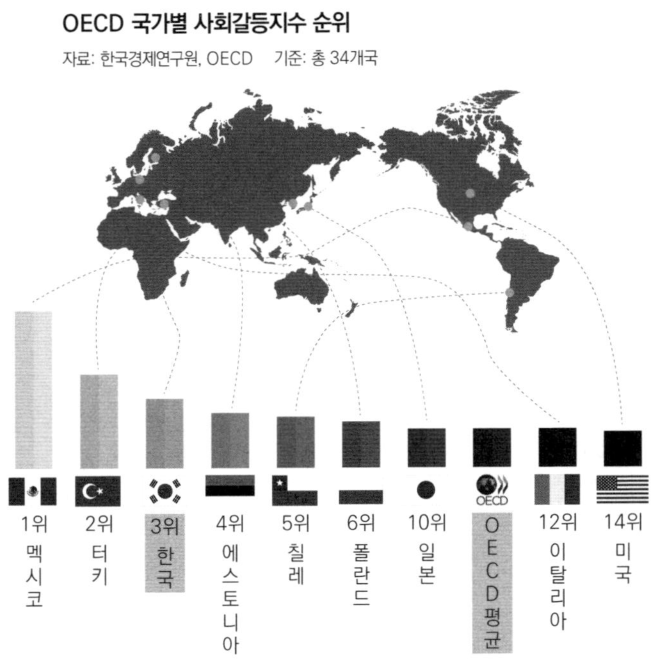

〈OECD 국가별 사회갈등지수 순위〉

1990년대 IMF 위기 때 보여준 한국의 놀라운 협업 능력과 달리 오늘날 한국 사회는 끊임없는 갈등에 직면해 있다. 2016년 전국경제인연합회가 발표한 OECD 30개국 갈등지수에서 한국은 멕시코, 이스라엘에 이어 3위를 기록했다. '갈등 공화국'이라는 오명은 우리 사회의 심각한 갈등 상황과 함께 이를 관리할 수 있는 시스템의 부재를 동시에 드러낸다. 특히 한국인의 심리를 연구하는 사회심리학자 허태균 교수의 말에 따르면 한국인은 불확실성 회피 성향과 함께 예방적 동기가 강하다고 한다. 현재 상황을 더 향상시키려는 향상적 동기와 달리 손실을 회피하려는 예방적 동기가 더 강하게 작용한다는 것이다(허태균, 2015). 이러한 특성은 우리의 일상에서도 쉽게 찾아볼 수 있다. 우리나라 사람들은 국민건강보험이 있음에도 '혹시 모를 상황'을 대비해 실손보험에 가입하는 비율이 75%(3,900만 명)이라고 한다. OECD 국가들 중에서 상위권에 속하는 높은 수치로 국민 4명 중 3명 이상은 실손보험 가입자라는 것이다. 또한 '지금 사두지 않으면 영영 내 집 마련을 못할 수도 있다'는 불안감으로 소위 '영끌(영혼까지 끌어모은) 대출'을 감수하는 부동산 투자 행태도 불확실성 회피 성향과 예방적 동기에서 비롯된 행동이라고 볼 수 있다. 이처럼 한국인들은 현재 상태를 더 발전시키려는 향상 동기보다는 현재 가진 것을 잃지 않으려는 예방적 동기가 더 강하게 작용하는 특성을 보인다.

이러한 한국인의 특성은 다문화 사회 진입을 앞둔 시점에서 새로운 도전이 될 수 있다. 낯선 것을 경계하고 불확실한 변화를 두려워하는 성향은 다양성 수용에 장애물이 될 수 있기 때문이다. 하지만 IMF 위기 상황에서 하나 되어 극복했던 저력이 있는 만큼 우리 사회의 미래를 어둡게만 볼 필요는 없다. 오히려 한국인의 예방적 동기를 고려할 때, DEIB에 대한 인식을 높이는 것은 미래의 갈등을 예방하는 '사회적 백신'과 같은 역할을 할 수 있다. 이제 우리에게 필요한 것은 다가올 변화를 인정하고, 이에 대비하는 새로운 패러다임으로서 DEIB를 적극적으로 받아들이는 것이다.

인적 다양성은 조직의 혁신과 성과에 긍정적인 영향을 미친다는 것이 여러 연구를 통해 입증되고 있다. 정보·의사결정 이론에 따르면, 다양성은 조직 구성원들에게 다양한 관점과 아이디어를 제공함으로써 성과에 긍정적 영향을 준다(Gruenfeld et al., 1996). 특히 서로 다른 전문성과 경험을 가진 구성원들로 이루어진 조직일수록 외부의 새로운 정보를 쉽게 습득하고 내부에 전파함으로써 창의성과 혁신이 향상된다고 한다.

실제로 글로벌 기업들의 사례를 보면, 다양성이 사회적 책임의 차원을 넘어서 기업 성과와 경쟁력을 높이는 핵심 요인임을 말해준다.

2020년 맥킨지(McKinsey & Company) 보고서 「다양성의 승리(Diversity wins): How inclusion matters」에 따르면, 15개국 1,000개의 대기업을 대상으로 조사해 보니 다양성과 포용성이 높은 기업들의 재무성과가 그렇지 않은 기업들을 크게 앞지르는 것으로 나타났다(고대신문, 2022). 특히 경영진의 민족적 다양성이 상위 25%에 속하는 기업들은 수익성이 평균보다 36% 높았다고 하니 인적 다양성이 기업의 성과에 영향을 준다는 것은 분명하다.

더욱 흥미로운 것은 보스턴컨설팅그룹의 연구 결과다. 다양성 지수가 평균 이상인 기업은 그렇지 않은 기업과 비교해 영업이익 마진이 9%p 높았으며 특히 혁신 수익에서 19%p나 높은 성과를 보였다는 것이다. 여기서 말하는 혁신 수익이란 최근 3년 내 출시된 신제품 및 서비스에서 발생하는 수익을 의미한다. 이는 다양한 배경을 가진 구성원들이 모였을 때 더 창의적이고 혁신적인 아이디어가 나올 수 있다는 것을 실증적으로 뒷받침한다.

그러나 다양성의 긍정적 효과에도 불구하고, 우리에게는 이를 가로막는 심리적 장벽이 있다. 바이른(Byrne, 1971)의 유사성-매력 이론(similarity-attraction theory)을 보면, 인간은 본능적으로 인구통계학적 특성뿐 아니라 성격과 같은 내적 특성이 유사한 사람들에게 더 큰 매력을 느낀다. 즉, 우리는 무의식적으로 '나와 비슷한' 사람들과 어울리려 하고 '다른' 사람들과는 거리를 두려는 경향이 있는 것이다. 그래서일까? 단일민족 의식이 높은 우리나라는 2024년 9월, 미국 시사주간지인 『US News and World Report』에서 발표한 '세계 인종차별적 국가 순위' 세계 89개국 중 5위를 기록했다. 이란, 벨라루스, 바레인, 미얀마 다음으로 인종차별이 심한 나라로 인식되었는데 OECD 국가 중에서 상위 10개국에 등장한 나라는 한국이 유일했다. 이번 보고서는 한국이 '피부색과 언어의 장벽'으로 인해 인종의 다양성을 받아들이지 못하고 있다고 지적했다(US News and World Report, 2024).

해외여행에서 아시아인이라는 이유로 인종차별을 경험했던 한국인들이 오히려 인종차별적 국가가 되었다는 사실에 필자는 적잖은 충격을 받았다. 우리도 모르는 사이에 제노포비아(Xenophobia)에 빠져가는 건 아닌지 진지하게 되돌아볼 시점이다. 심리적 특성이 다양성을 받아들이는 데 있어 가장 큰 장애물이 될 수 있기 때문이다.

이러한 도전 과제에 대한 해답은 구글(Google)의 사례에서 찾을 수 있다. 구글은 2014년부터 매년 'Diversity Annual Report'를 발간하며 투명하게 다양성 현황을 공개하고 있다. 2024년도 리포트에 따르면 테크(Tech) 분야에서 아시아계 직원 비율이 2014년 35.4%에서 2024년 51.4%로 크게 증가했으며, 흑인과 히스패닉(Hispanic) 직원의 비율도 각각 1.5%에서 4.2%, 3.6%에서 6.5%로 상승했다. 더욱 중요한 것은 구글이 이러한 자연스러운 심리적 장벽을 인정하고 이를 극복하기 위한 적극적인 노력을 기울인다는 점이다. "다양한 관점과 경험이 창의성과 혁신을 촉진한다."라는 믿음 아래 'Stay and Thrive'

와 같은 체계적인 멘토링 프로그램을 운영하여 서로 다른 배경을 가진 구성원들이 서로를 이해하고 협력할 수 있는 기회를 제공한다. 이러한 노력의 결과로 구글은 2023년 포브스가 선정한 '재향군인이 일하기 좋은 기업' 5위에 선정되었으며 장애인 포용성 측면에서도 싱가포르 Enabling Mark 인증을 획득하는 등 진정한 글로벌 기업으로서의 면모를 보여주고 있다.

대한민국은 앞서 살펴본 바와 같이 아시아에서 유례없는 속도로 다문화 사회로 진입하였다. 인적 다양성은 기업에게 기회이자 도전이 될 것이다. 잘 준비한다면 새로운 기회가 되겠지만 그렇지 못하다면 조직 내 심각한 갈등으로 이어질 수 있다. 다수의 글로벌 연구에서 다양성이 조직의 혁신과 성과를 높인다는 사실이 입증된 만큼 한국 기업들이 이러한 변화에 적극적으로 대응하고 다양성을 포용하는 문화를 구축한다면 글로벌 시장에서의 경쟁력을 한층 높일 수 있을 것이다. 다양성을 존중하는 일은 이제 윤리의 문제를 넘어 기업이 살아남고 성장하기 위해 반드시 갖춰야 할 조건이라고 볼 수 있다.

형평성(Equity): Z세대가 바라는 새로운 공정

형평성(Equity)이란 각 개인의 고유한 상황과 필요에 따라 기회나 자원을 분배받는 것을 의미한다. 이는 모두가 똑같은 대우를 받는 평등(Equality)과는 다른 개념이다. 아리스토텔레스는 법을 적용할 때 보편성이 적용될 수 없는 예외적인 경우가 있다면 '교정'이 필요하고 이를 형평이라 하였다. 즉, 형평성은 법이나 규칙을 상황에 맞게 유연하게 적용하여 더 나은 정의를 실현하기 위한 개념이라는 것이다.

트렌드 분석가 김용섭 저자는 그의 책에서 "Z세대에게 공정은 정의가 아니라 생존이다."라고 하였다. M세대가 어느 정도 그렇지만 Z세대는 불확실한 미래를 살아가는 환경 속에서 공정에 더 민감해졌다는 것이다(김용섭, 2024). 이들에게 진정한 공정이란 각자의 상황과 여건을 고려한 적절한 지원을 통해 실질적인 기회의 평등을 만드는 것이다. 예를 들어, 응급실에서 모든 환자를 선착순으로 진료하는 것이 평등이라면 환자의 위급도에 따라 치료 순서를 결정하는 것이 형평성인 것이다.

이러한 Z세대의 공정에 대한 인식은 취업 시장에서도 뚜렷하게 나타난다. 실제로 이들은 토스(toss)처럼 성과 기반의 투명한 보상 체계를 가진 기업, 당근마켓처럼 수평적 조직문화를 추구하는 기업, 네이버와 같이 블라인드 채용으로 순수 실력을 평가하는 기업을 선호한다.

이는 트렌디한 기업을 좇는 선택이라기보다, 자신의 실력과 노력이 공정하게 평가받을 수 있는 환경을 찾기 위한 생존 전략에 가깝다. 이러한 맥락에서 이들 기업의 높은 신입 공채 경쟁률은 Z세대가 공정한 평가와 보상 체계를 얼마나 중시하는지를 분명히 드러낸다. 형평성이 점점 더 중요해지는 이유는 명확하다. 다양성이 증가하는 현대 사회에서 획일화된 기준은 더 이상 유효하지 않고 기회의 평등만으로는 구조적 불평등을 해소할 수 없다는 인식이 확산되고 있기 때문이다. 또한 ESG 경영이 강조되면서 형평성은 기업의 사회적 책임을 넘어 경쟁력의 핵심 요소로 부상하고 있다.

그렇다면 기업은 어떻게 형평성을 실현할 수 있을까? 슈나이더 일렉트릭(Schneider Electric)의 사례는 하나의 방향을 제시한다. 이들은 '모든 구성원이 평등하고 특별하며 안전하게 최선을 다할 수 있는' 포용적 문화를 만들기 위해 노력하고 있다.

눈에 띄는 부분은 이들이 형평성을 아주 넓은 시각에서 다루고 있다는 점이다. 2014년부터 '글로벌 임금 형평성 이니셔티브'를 운영하며 성별·국적·직급에 따른 임금 격차를 꾸준히 해소해 왔다. 동아시아 지역 인사팀 역시 한국의 성별 임금 격차 문제를 일찍이 인식해 WISET(한국여성과학기술인육성재단)과 협력하며 포용적 기업문화를 만들어 왔다(슈나이더 일렉트릭 코리아, 2024). 이들의 철학은 형평성이 제도만으로는 완성되지 않으며 일상의 실천으로 자리 잡아야 한다는 데 있다. 예를 들어 '글로벌 유연근무제'를 도입하여 주 2일 재택근무와 최대 20주의 가족돌봄휴가를 보장하고, CP(Country President) 사운딩 보드 프로그램을 통해 초기 경력자들이 경영진과 직접 소통하며 비즈니스 리더로 성장할 수 있는 기회를 제공한다. 이러한 정책들은 각 구성원의 상황과 필요에 맞는 맞춤형 지원을 통해 기회의 평등을 만들어가고 있다.

이러한 노력의 결과, 2022년 내부 참여 설문조사에서 77%의 직원들이 "개인차에 관계없이 공정하게 대우받는다."라고 응답했다. 한국지사의 경우 성별 간 임금격차 1% 미만으로 줄였으며 전체 임직원 중 여성 비율 36%, 리더십 포지션의 여성 비율 20%를 달성했다. 구성원들이 심리적 안전감을 가지고 자유롭게 의견을 개진할 수 있는 문화가 정착되었다는 의미다. 진정한 형평성은 단순한 숫자나 인원 비율을 맞추는 일만으로는 설명되지 않는다. 각 구성원의 고유한 상황과 필요를 이해하고 그에 맞는 지원을 제공해야 비로소 실질적인 기회의 평등이 만들어진다. 특히 공정에 민감한 Z세대가 조직의 중심 세대로 자리 잡는 지금 이러한 실질적 형평성을 기반으로 한 조직문화 구축은 기업이 반드시 해결해야 할 과제이다.

포용성(Inclusion): 정(情)의 문화가 곧 포용의 문화일까?

정(情)이 많은 사람과 포용력 높은 것은 관련이 있을까? 최근 한 조사에 따르면, 기업의 다양성과 포용적 환경 조성 노력에 만족하지 못하는 MZ세대 직원 중 52%가 2년 내 이직을 고려한다고 응답했다. 이는 포용이 조직문화에서 얼마나 중요한 의미를 갖는지를 보여주는 사례다.

한국 사회에서 '포용'이라는 단어는 종종 '무조건적인 수용'이나 '일방적 순응'으로 오해받곤 한다. 그러나 진정한 포용력(Inclusion)은 그렇게 단순하지 않다. 서로의 다름을 인정하고 각자의 고유한 가치와 강점을 적극적으로 발굴하며, 이를 조직의 성장 동력으로 활용하는 능동적인 문화를 의미한다. 특히 MZ세대에게 있어 포용력은 성별이나 나이 같은 표면적으로 드러나는 구성 비율만으로 설명되지 않는다.

이들은 자신들의 독특한 관점과 아이디어가 존중받고 이것이 조직의 혁신으로 이어지는 과정에서 진정한 포용을 경험한다. 즉, 숫자로 표현되는 외형적 다양성보다는 실질적인 존중과 배려가 담긴 조직문화를 갈망하는 것이다.

이러한 트렌드를 선도적으로 파악한 구찌(Gucci)의 사례는 의미 있는 시사점을 제공한다. 구찌는 '그림자 위원회(Shadow Committee)'

라는 M세대 자문단을 구성해 운영했다. 이들의 신선한 통찰과 제안을 적극적으로 수용하면서 구찌는 젊은 세대의 마음을 사로잡는 데 성공했다. 이는 단순히 젊은 직원들을 늘리는 것이 아닌 그들의 시각과 의견을 진정성 있게 받아들인 포용력의 좋은 예시라고 할 수 있다.

글로벌 소비재 기업 '유니레버(Unilever)' 사례는 포용적 문화가 어떻게 지속 가능한 성장으로 이어지는지를 잘 보여준다. '지속 가능한 삶을 당연하게(Make Sustainable Commonplace)'라는 분명한 목표 아래 유니레버는 구호에만 머물지 않고 실제 행동으로 포용적 기업 문화를 만들어왔다.

여성 리더십과 다양성 확대 역시 중요한 변화로 꼽힌다. 지난 10년 동안 여성 관리직 비율이 37%에서 51%로 늘었는데, 이는 모든 구성원이 존중받아야 한다는 조직의 철학이 반영된 결과다.

더불어 '다양성이 곧 경쟁력'이라는 믿음 아래 포용적인 평가 제도를 구축했으며, 이는 우수한 인재 확보로 이어져 주당순이익(EPS)이 3배가량 성장하는 놀라운 성과를 거두었다.

이처럼 유니레버의 사례는 진정한 포용력이란 단순히 조직 구성원의 다양성을 높이는 것에 그치지 않음을 분명히 드러낸다. 명확한 목적의식 아래 개개인의 가치를 인정하고, 이를 통해 더 큰 조직의 성장을 이끌어내는 것. 이것이 바로 MZ세대가 바라는 진정한 포용적 문화의 모습이다. 진정한 포용력이란 '다름'을 인정하는 것에서 출발하지만 거기서 끝나지 않는다. 그 '다름'을 통해 새로운 가치를 창출하고, 구성원 모두가 자신이 존중받고 있음을 실감하며 공동의 성장에 기여하는 환경을 만드는 것이 현대 조직이 지향해야 할 포용력의 진정한 의미다.

소속감(Belonging): Z세대에게 소속감이란?

"자신의 의견을 자유롭게 이야기하고, 반영될 수 있는 회사를 가고 싶어요."

대기업 서포터즈로 활동하는 대학생 B군의 답변이다. 어떤 회사에 입사하고 싶은지 물었을 때 돌아온 이 답변은 Z세대의 특성을 정확히 보여준다. 코리 시밀러 라이트 주립대 부교수는 Z세대의 핵심 가치로 "워라밸(일과 삶의 균형), 사회적 임팩트, 재미"를 꼽았다. 많은 기업들이 Z세대를 '개인주의'이라고 단정 짓지만 이는 큰 오해다. LG경영연구원의 보고서에 따르면, Z세대의 93%가 "업무에서 소속감을 느끼는 것이 중요하며 이것이 업무 동기와 몰입의 원천"이라고 응답했기 때문이다(임우경, 2024). 중요한 것은 이들이 말하는 소속감의 의미가 무엇인지 면밀히 들여다보는 것이다.

Z세대가 추구하는 워라밸, 사회적 임팩트, 재미는 모두 '심리적 안전감(psychological safety)'과 밀접하게 연결된다. 구글(Google)의 아리스토텔레스 프로젝트에서 밝혀진 바와 같이 심리적 안전감은 고성과 팀의 가장 중요한 특성이다. 심리적 안전감이란 팀 내에서 대인관계적 위험을 감수하더라도 안전하다는 공유된 믿음을 의미한다.

하버드 경영대학원 에이미 에드먼슨(Amy Edmondson) 교수는 "심리적 안전감이 높은 팀은 실수를 인정하고, 질문을 하며, 새로운 아이디어를 제안하는 것을 두려워하지 않는다."라고 설명한다(Edmonson & Amy, 1999). Z세대가 원하는 '자유로운 의견 개진'과 '수평적 소통'은 바로 이러한 심리적 안전감의 표현인 것이다. 단, 여기서 주의해야 할 점은 심리적 안전감이 단순히 '편안함'으로 해석되면 안 된다는 것이다. 동료에게 듣기 좋은 칭찬과 무조건적인 수용이 아니라 서로의 의견을 거부감 없이 공유될 수 있는 분위기를 만드는 것을 의미한다.

Z세대의 소속감 추구는 '러닝크루' 문화에서도 잘 드러난다. 요즘은 거리를 다니다 보면 단체로 달리는 소규모 그룹을 심심찮게 만나볼 수 있다. 코로나19 이후 폭발적인 인기를 얻은 러닝크루는 2023년 한국 러닝화 시장규모를 1조 원까지 끌어올렸다. 기성세대의 시각에서 보면 개인 운동인 달리기를 왜 굳이 모여서 함께하려 하는지 의문이 들 수 있다. 하지만 러닝크루 참여자들은 '꾸준함', '소속감', '성취감'을 핵심 가치로 꼽는다. "혼자 하면 그만두기 쉽지만, 함께하면 꾸준히 할 수 있어요."라는 한 회원의 말처럼, 이들에게 소속감이란 서열과 통제가 아닌, 자율성을 기반으로 한 상호 지지와 격려를 의미한다.

이러한 특성은 직장에서도 나타난다. '상명하복, 관료주의'라는 단어가 익숙한 한국사회에서 심리적 안전감을 구축하기란 쉽지 않다. 필자가 기업 리더를 대상으로 강의를 다닐 때면 종종 '3요 주의보'에 대해 설움을 토하는 리더가 적지 않다. 3요 주의보란 조직에서 납득이 어려운 업무 지시가 있을 경우, 젊은 직원이 본인의 상사 또는 리더에게 "이걸요? 제가요? 왜요?"라고 묻는 반응을 일컫는 신조어다. 기성세대가 신입사원이던 시절에는 상사의 한마디면 군말 없이 업무를 수행했는데, 요즘 Z세대에게 업무 지시를 하려면 납득시키는 데 긴 시간이 걸린다는 것이다. "원래 업무 지시는 심플해야 하는 건가요?" M세대인 필자가 되레 물었던 질문이었다. 어쩌면 높은 업무 성과를 위해 치열하게 논의하는 과정이 필요하다는 사실을 알고 있지만 하급자와 평등하게 소통하는 행위가 불편했던 건 아닌지 생각해 볼 주제였다. Z세대의 3요 안에는 '그 일을 잘하고 싶다'는 적극성의 의미가 담겨있을지도 모르니 말이다.

IBM의 사례는 소속감의 중요성을 입증하는 좋은 예시다. IBM은 2017년 23,000명 이상의 직원을 대상으로 'Employee Experience Index'를 개발했는데, 이 지표의 첫 번째 영역이 바로 '소속감'이다. IBM은 소속감을 '팀, 그룹 또는 조직의 일부가 된 느낌'으로 정의하고 이를 직원 경험의 핵심 요소로 보고 있다. IBM의 연구 결과는 주목할 만하다. 직원 경험 지수가 상위 25%인 팀은 하위 25% 팀 대비 업무 성과가 23% 높았으며 자발적 노력과 업무 책임을 초과하는 동기부여도 훨씬 높은 것으로 나타났다. 또한 긍정적 경험을 한 직원들의 이직률은 부정적 경험을 한 직원들에 비해 절반 이상 낮았다(월간인재경영, 2021). 이는 DEIB가 더 이상 사회적 책임이나 트렌드에 머무는 것이 아닌 실질적인 비즈니스 성과로 이어지는 전략적 도구가 될 수 있음을 입증한다. Z세대는 완전한 재택근무보다 하이브리드 근무를 선호한다. 이는 동료들과의 유대감을 형성하면서도 자율성을 보장받고 싶은 그들의 균형 잡힌 소속감 욕구를 잘 드러낸다. 결국 다양한 배경의 사람들을 모아놓는 것이 중요한 것이 아니라, 그들이 조직 안에서 편안하게 목소리를 내고 소속감을 느낄 수 있는 환경을 만드는 일이다.

DEIB는 누가 이끌어야 할까?

"조직문화 담당자를 찾습니다."

최근 주요 구직사이트에서 가장 눈에 띄는 채용공고 중 하나다. 잡코리아의 조사에 따르면, 조직문화 담당 포지션의 검색 결과는 4,051건에 달한다. 이는 더 이상 조직문화가 인사·교육 담당자의 부수적인 업무가 아닌 전문가가 필요한 독립적인 영역으로 자리 잡았음을 보여준다. 현재 조직문화 변화를 인식하는 기업은 조직문화 담당자와 함께 CA(Change Agent) 제도를 운영하고 있다. '변화의 주체'라는 의미의 CA는 각 부서에서 1~2명의 직원을 선발하여 조직문화 개선을 위한 의견을 수렴하고 전달하는 역할을 한다. 하지만 CA 제도는 본연의 업무와 병행해야 하는 부담과 권한/책임의 모호성, 실질적인 변화 추진의 한계 등의 문제점을 안고 있으며 그 효과성이 미미한 것이 현실이다.

이러한 상황에서 의미 있게 살펴볼 대상은 집단 내 변화를 일으키는 '임계점'에 대한 연구다. 사회심리학자 솔로몬 애쉬(Solomon Asch)의 동조실험은 이에 대한 중요한 통찰을 제공한다. 그의 대표적인 실험에서 한 명의 실험 참가자가 7명의 실험 협조자들과 함께 선의 길이를 비교하는 과제를 수행했는데 협조자들이 의도적으로 틀린 답을 말했을 때 37%의 참가자가 이에 동조하는 결과를 보였다. 이는 다수의 의견이 개인의 판단에 얼마나 강력한 영향을 미치는지를 보여준다. 그러나 후속 연구에서 더욱 흥미로운 발견이 있었다. 소수의 의견이 다수에게 영향을 미치기 위해서는 최소 3명 이상이 일관된 의견을 제시해야 한다는 것이다. 즉, 혼자 또는 두 명이 변화를 주장할 때보다 3명 이상이 함께할 때 조직 내 변화를 이끌어내는 힘이 커진다는 것이다. 이러한 발견은 DEIB 정책 추진에도 중요한 시사점을 제공한다.

2023년 퓨 리서치 센터(Pew Research Center)의 조사 결과는 흥미롭다. 미국 직장인의 56%가 DEI 증진이 긍정적이라고 응답했으며 특히 여성(61%)과 흑인 근로자(78%)가 높은 지지도를 보였다. 그러나 HR 테크 기업 비즈니스솔버(Businessolver)의 2024년 조사에 따르면, DEIB 노력이 증가함에도 불구하고 직원들의 소속감은 오히려 감소하고 있다는 것이다. 전년 대비 14% 포인트 하락한 65%만이 직장에 소속감을 느낀다고 답했다(Fair Play Talks, 2024). 이러한 결과는 DEIB가 제도적 장치 마련만으로는 충분하지 않으며 조직의 실질적인 변화를 이끌어내야 함을 나타내는 결과이다.

이러한 도전 과제에 대응하여 글로벌 기업들은 혁신적인 접근을 시도하고 있다. 3M은 '최고 평등 책임자(Chief Equity Officer)'를 두어 사내외 평등 증진을 도모하고 있으며, 존슨앤존슨(Johnson & Johnson)은 '다양성 대학'을 운영하며 2025년까지 전 세계 여성 경영진 50% 달성을 목표로 하고 있다(캐롯, 2024). 이 흐름을 잘 보여주는 사례로 잉카 그룹(이케아)을 들 수 있다. 이들은 각 사업부와 국가별 맞춤형 접근 방식을 개발하고 성중립 급여 도입, 여성 리더십 강화 등을 통해 현재 국가 CEO 직책의 48%, 전체 관리자 직책의 50.2%를 여성이 차지하는 성과를 거두었다(World Economy Forum, 2024).

따라서 조직문화 담당자와 함께 최소 3명 이상으로 구성된 DEIB 전담 조직을 만들어 운영할 필요가 있다. 이를 통해 다양성 정책의 기획부터 실행, 모니터링까지 체계적으로 관리할 수 있으며, 현장의 목소리를 더 효과적으로 반영하고 신속하게 대응할 수 있다. 또한 제도와 실행조직이 유기적으로 맞물려 돌아갈 때 진정한 조직문화의 변화가 가능할 것이다. 미국, 유럽 등에서는 이미 다양성 증진을 위한 법적 규정이 있으며, 한국에서도 다양성과 인권 보호에 대한 법적 요구와 정책들이 증가하고 있다. 그뿐만 아니라 고용 평등법, 장애인 인식 개선법 등을 통해 적극 활동하는 기업에 대한 지원을 하고 있다.

글로벌 기업들의 움직임은 더욱 구체적이다. 실리콘밸리의 빅테크 기업들은 전체 직원의 47%를 해외 인재로 구성하고 있으며 DEIB 전담 조직을 통해 이들의 조직 통합과 성장을 체계적으로 지원하고 있다. 이들 기업은 DEIB를 단순한 규정이 아닌 혁신의 원동력으로 인식하고 있다. 이에 최고다양성책임자(CDO)를 임명하여 조직 전반의 DEI 관련 소통과 교육을 주도하고, 다양성 데이터에 기반한 조직문화 혁신을 추진하고 있다(서지원, 2023). 구글, 애플, 메타, 마이크로소프트 등 주요 테크 기업들은 2014년부터 다양성 보고서를 정기적으로 공개하여 DEIB 현황과 성과를 투명하게 공유하고 있다(월간인재경영, 2024).

글로벌 기업들의 행보에 발맞춰 국내 기업들도 DEIB 전담 조직 구성에 박차를 가하고 있다. 공익미디어 '더나은미래'가 분석한 30대 기업의 지속 가능 경영보고서(2023~2024)를 살펴보면 현대그룹과 삼성전자의 행보가 두드러진다(더나은미래, 2024).

현대그룹은 ESG 경영 기대 수준에 부응하기 위해 그룹 차원의 DE&I 정책을 수립하고 주요 계열사에 확대 적용하고 있다. 특히 현대글로비스는 2022년 7월 D&I 정책 수립과 함께 기업문화팀 산하에 전담 조직을 신설했다. 이 조직은 다양성 확산 계획 수립부터 활동 이행 점검까지 체계적으로 관리하고 있다. 현대제철의 경우 2023년 6월

'문화다양성협의체'를 출범시켰는데, 본부별 조직문화 담당자 10여 명이 주축이 되어 임직원의 다양한 배경과 경험, 사고방식을 존중하는 문화 조성에 앞장서고 있다고 한다.

삼성전자는 2023년 11월, 기존 인사팀 내 DE&I 담당 인력을 'DEI 사무국'으로 격상했다. 이는 DEIB에 대한 기업의 확고한 의지를 보여주는 상징적인 조치다. DEI 사무국은 전사 전략 수립과 프로그램 기획·실행을 담당하며 특히 'DEI 협의체'를 통해 지속 가능 경영추진센터, 글로벌마케팅실, 커뮤니케이션팀, 디자인경영센터와 긴밀히 협력하고 있다. 2024년에는 '접근성 페스티벌 위크' 등 혁신적인 프로그램을 통해 실질적인 포용성 증진을 도모하고 있다.

현대그룹과 삼성전자의 이러한 행보는 한국 기업문화의 획기적인 전환점이 될 것으로 기대된다. 전통적으로 보수적이고 위계적이라고 인식되어 온 대기업들이 DEIB 전담 조직 구성에 적극적으로 나서고 있다는 점은 매우 고무적이다. 특히 이들 기업이 실질적인 권한과 자원을 갖춘 전담 조직을 구축했다는 점에서 의미가 크다. 이러한 변화는 여러 긍정적 효과를 가져올 것으로 예상된다. 우선 대기업의 선도적인 움직임은 다른 기업들의 DEIB 도입을 가속화하는 촉매제 역할을 할 것이다. 또한 전문적이고 체계적인 DEIB 정책 실행은 글로벌 시장에서 한국 기업의 경쟁력을 높이는 데 기여할 것이다. 이러한 변화가 한국 사회 전반의 다양성과 포용성을 높이는 중요한 전환점이 될 가능성이 크다.

DEIB를 멈춘 글로벌 기업들

"DEIB를 중단하겠습니다."

글로벌 기업들의 충격적인 발표가 이어지고 있다. 무슨 일이 있었던 걸까? 불과 1~2년 전만 해도 DEI를 외치며 앞다투어 도입하던 기업들이 왜 갑자기 브레이크를 걸고 있는 걸까?

2024년 7월, 미국 인사관리협회(SHRM)는 DEI 대신 'I&D'를 채택하겠다고 발표했다. 형평성(Equity)을 제외하고 포용(Inclusion)을 다양성(Diversity)보다 앞세우기로 한 이 결정은 단순한 용어 변경 이상의 의미를 담고 있다. 이는 현재 DEIB가 직면한 도전 과제들을 여실히 보여주는 신호탄이었다.

최근 글로벌 기업들의 행보는 더욱 충격적이다. 금융권의 선도기업인 PwC와 JP모건은 소수자 대상 인턴 프로그램을 전격 중단했으며, S&P 500 기업들 중 임원 성과급 기준에서 DEI 지표를 포함하는 기업의 비율은 2023년 75%에서 2024년 66%로 급감했다.

이번 사례에서 가장 눈에 띄는 변화는 세계 최대 유통기업 월마트(Walmart)의 전격적인 정책 변화다. 2024년 11월, 월마트는 기존 DEI 정책을 대폭 수정하겠다고 발표했다. 160만 명을 고용한 미국 최대 민간 기업의 이런 움직임은 DEI 흐름에 큰 변곡점을 만들었다. 변화의 폭도 크다. 2020년 조지 플로이드 사건 이후 운영하던 인종 평등 센터를 정리하고 LGBTQ+ 임직원을 위한 직장 포용성 지표 참여도 중단했다. 또한 공급업체 선정 시에도 인종이나 성별을 우선순위로 고려하지 않겠다고 밝혔다(CBS News, 2024). 무엇보다 흥미로운 점은 이제 'DEI' 대신 '소속감(Belonging)'이라는 표현을 사용하기 시작했다는 점이다.

"우리는 모든 직원이 환영받고 가치 있게 여겨지며 소속감을 느끼는 문화를 만드는 데 집중하고 있다."라는 월마트의 성명은 형식적인 다양성 추구보다 포용문화 조성에 무게를 두겠다는 의지로 해석된다. 월마트뿐만 아니라 포드, 로우스, 트랙터 서플라이, 할리 데이비슨 등 주요 기업들도 잇따라 DEI 정책을 수정하고 있다. 제조업계에서도 비슷한 움직임이 감지된다. 중장비 제조업체인 디어앤컴퍼니(Deere & Company)는 여성 및 유색인종 고용 할당제를 폐지하고 DEI 전담 부서를 축소했다. 미디어 업계에서도 CNN이 인종/평등 보도 부서를 폐지하고 다양성 관련 콘텐츠 제작을 줄이는 등 DEIB 정책의 후퇴 현상이 뚜렷하게 나타나고 있다.

이러한 변화의 배경에는 여러 요인이 복합적으로 작용하고 있다. 가장 직접적인 원인은 법적 도전의 증가다. 2023년 6월 미국 대학입시의 어퍼머티브 액션(Affirmative Action, 소수집단·소수인종 우대정책)에 대한 위헌 판결은 기업들의 DEI 정책에도 상당한 영향을 미쳤다. 대표적으로 케이블업체 컴캐스트(Comcast)는 유색인종 기업을 대상으로 한 보조금 정책을 보수 단체의 소송 압박으로 폐지해야 했다(김진영, 2024). 동시에 새로운 관점도 부상하고 있다. 테슬라의 CEO 일론 머스크를 비롯한 영향력 있는 기업인들은 MEI(Merit·Excellence·Intelligence) 개념을 제시하며 능력주의 중심의 인사 정책으로의 회귀를 주장하고 있다. 이는 형평성 정책에 대한 사회적 합의가 아직 부족하다는 현실을 여실히 반영하고 있다.

앞서 살펴본 글로벌 기업의 사례와 같이 DEIB 정책은 도입 후 수정될 수 있다. 하지만 우리 실정에 맞지 않는 제도를 무분별하게 도입했다가 오히려 역효과를 내는 일은 막아야 한다. 글로벌 기업의 최근 행보를 통해 세 가지 핵심 딜레마를 알아보고 한국 사회에 맞는 효과적인 DEIB 운영 방안을 모색해 보고자 한다.

첫째 법적 리스크와 사회적 가치의 충돌이다. 2023년 미국 대법원의 어퍼머티브 액션 위헌 판결은 기업들의 DEI 정책에 지각변동을 일으켰다. 이번 판결은 법적 판단의 문제를 넘어, "적극적 우대 조치가 또 다른 형태의 차별로 이어질 수 있는가?"라는 근본적인 질문을 던졌다. 실제로 컴캐스트가 유색인종 기업 지원 정책을 중단하고 월마트가 공급업체 선정에서 인종·성별 요소를 제외한 결정은 이러한 딜레마를 단적으로 드러낸다. 기업들은 포용성이라는 사회적 가치와 역차별 논란이라는 법적 리스크 사이에서 새로운 균형을 모색해야 하는 상황에 놓여 있다.

둘째 '능력주의'와 '형평성' 사이의 긴장 관계다. PwC와 JP모건이 소수자 대상 인턴 프로그램을 중단하고, 일론 머스크가 주창한 MEI(Merit, Excellence, Intelligence) 개념이 확산되는 흐름은 능력주의로의 회귀 움직임을 여실히 보여주고 있다. 특히 성과 중심의 실리콘밸리 문화와 형평성 정책이 충돌하면서 "진정한 공정이란 무엇인가?"라는 질문이 제기되고 있다. 이는 '공정성의 착각(Fairness Illusion)'이라는 심리학적 현상으로도 볼 수 있다. 즉, 사람들은 자신의 성공 기준을 가장 공정한 것으로 인식하는 경향이 있어 다양한 배경을 고려한 형평성 정책의 도입을 더욱 어렵게 만든다.

셋째 실효성 측정과 투자 지속성의 딜레마다. S&P 500 기업들의 DEI 지표 반영 비율이 급감한 것은 DEIB 정책의 효과성 측정이 얼마나 어려운지를 말해준다. 구글의 '옥시젠 프로젝트'나 월마트의 '소속감 중심 전략'과 같은 혁신적 시도들이 있지만 이러한 정책들의 장기적 효과를 정량화하기는 쉽지 않다. 특히 경기 침체기에 즉각적 성과를 보여주기 어려운 DEIB 정책에 대한 투자를 지속하기는 더욱 어려워진다.

이러한 딜레마들은 DEIB가 제도나 정책 몇 개로 해결될 문제가 아니라 조직의 근본적인 변화를 요구하는 과제임을 시사한다. 월마트가 'DEI'에서 '소속감'으로 무게중심을 옮긴 것처럼 형식적인 다양성 추구보다는 실질적인 포용문화 조성이 더 중요할 수 있다. 우리는 글로벌 기업들의 시행착오를 통해 배우되 한국 사회의 맥락에 맞는 고유한 해법을 찾아야 할 것이다.

국내 기업의 DEIB 도입 시 고려사항

구분	현재 상황	개선 방향	실행 전략
문화적 준비도	위계적 조직문화	수평적 소통 강화	단계적 변화 관리
	연공서열 중심	성과 중심 문화	리더십 교육 강화
제도적 기반	관련 법 제도 미비	가이드라인 구축	선진사례 벤치마킹
	전문인력 부족	인프라 확충	전담 조직 설립
인식 수준	세대 간 가치관 차이	공감대 형성	인식 개선 교육
	다양성 이해 부족	포용 문화 조성	성공 사례 공유

MIT 슬론 경영대학원의 에밀리오 J. 카스틸라(Emilio J. Castilla) 교수가 제시한 '능력주의의 역설'은 우리에게 중요한 시사점을 준다. 객관성과 공정성을 추구하는 과정에서 오히려 더 큰 편향이 생길 수 있다는 것이다. 따라서 DEIB는 제도만 갖춰서는 충분하지 않다. 구성원 개개인의 인식이 바뀌어야 비로소 실질적인 변화가 일어난다.

실패 사례에서 배우고, 우리의 현실에 맞는 방식으로 DEIB를 재해석하고 적용할 때 비로소 조직의 진정한 혁신과 성장을 이끌어낼 수 있을 것이다.

DEIB는 하나의 프로그램이나 정책으로 완성될 수 없으며, 이는 베스트바이의 성공 사례를 통해 잘 드러난다. 2011년 심각한 위기에 직면했던 베스트바이는 CEO 휴버트 졸리(Hubert Joly)의 리더십 아래 DEIB를 핵심 전략으로 채택했는데 그의 철학은 놀라울 정도로 단순했다. "모든 구성원이 인간적인 대우를 받고 개인의 목적과 회사의 목적이 연결되어 있다고 느낄 때 우리는 재기할 수 있다." 이 간단한 철학은 조직 전반에 걸쳐 놀라운 변화를 이끌어냈고 직원 만족도는 물론 고객 경험까지 개선되면서 베스트바이는 위기를 극복하고 새로운 도약의 기회를 만들어냈다. 이처럼 DEIB는 단순한 구호나 일시적인 캠페인으로 끝낼 일이 아니다. 조직 전체의 방향과 문화를 근본적으로 다시 설계해야 하는 기나긴 여정이다.

하지만 이 여정을 막막하게 느낄 필요는 없다. 우리는 단계적이고 체계적인 접근을 통해 우리 조직에 맞는 DEIB를 실천할 수 있기 때문이다. 이제 세 가지 핵심 전략을 통해 그 구체적인 실천 방안을 살펴보고자 한다.

Step by Step 실천 전략

1) 문화 지수(CQ) 높이기

오늘날 글로벌 기업들이 새롭게 요구하는 인재상이 있다. 바로 문화 지수(CQ; Cultural Quotient)가 높은 사람이다. 문화 지수란 서로 다른 문화 간의 차이점을 선입견 없이 인정하고 잘 활용하는 능력을 말한다.

과거 기업들은 지능 지수(IQ; Intelligence Quotient)가 높은 인재를 선호했다. 시험을 잘 치르고 논리적인 사고가 뛰어난 사람들이 조직의 성과를 높일 것이라 믿었기 때문이다. 이후 '사람'이 중요해지면서 감성 지수(EQ; Emotional Quotient)가 주목받았다. 타인의 감정을 이해하고 공감하는 능력이 리더의 핵심 덕목으로 부상한 것이다. 하지만 이제는 한 걸음 더 나아가야 한다. 오늘날처럼 다양한 문화와 세대가 공존하는 환경에서는 상대의 문화를 이해하고 수용할 수 있는 CQ가 꼭 필요하다. 문화 지수의 핵심은 '핵심(Core)'과 '유연성(Flex)'의 균형이다. 자신의 핵심 가치는 단단히 지키되 다른 부분에서는 유연성을 발휘할 줄 아는 능력이 바로 문화 지수다. 예를 들어, 우리 조직에 이슬람 문화권 동료가 입사했다면 회식 문화나 기도 시간에 대한 유연한 접근이 필요하다. 술이 없는 회식을 계획하거나 기도 시간을 배려한 회의 일정을 잡는 것은 조직의 포용성을 보여주는 동시에 구성원의 문화 지수를 높이는 기회가 된다. 반면 업무의 전문성이나 성과 기준과 같은 핵심 가치는 모든 구성원에게 동일하게 적용함으로써 공정성을 유지할 수 있다.

문화 지수는 다른 문화를 이해하는 데서 출발하지만 결국 자기 문화를 제대로 이해할 때 비로소 완성된다. 자신의 문화적 배경이 언제 도움이 되고 조심해야 하는지를 아는 것이 바로 문화 지수를 깊이 통찰하는 자세라고 생각한다.

슈나이더 일렉트릭의 사례는 이러한 문화 지수 함양의 좋은 예시를 제시한다. 이들은 CP(Country President) 사운딩 보드라는 독특한 프로그램을 운영한다. 주니어 직원들이 경영진과 직접 소통하며 다양한 관점을 경험하고, 유연한 사고를 기르는 것이다. 이 프로그램의 강점은 멘토링을 넘어서는 경험을 제공한다는 점이다. 경영진의 관점과 고객의 입장을 함께 이해하며 경력 초기부터 문화 지수를 높일 수 있는 기회를 제공한다. 세계가 더욱 긴밀하게 연결될수록 다양한 문화와 가치관을 이해하고 조화를 이룰 수 있는 능력이 더욱 중요해질 것이다. 특히 미래의 리더들에게 문화 지수는 필수적인 경쟁력이 될 것이며 조직의 지속 가능한 성장을 위한 핵심 동력이 될 것이다.

2) 포용적 리더십(Inclusive Leadership) 구축

요즘 리더의 핵심 덕목으로 '포용적 리더십'이 주목받고 있다. 포용적 리더십(Inclusive Leadership)은 모든 구성원이 존중받고 가치를 인정받는다고 느끼게 해주는 리더십을 말한다. 구성원과의 상호작용이 기본으로 설정되어 있기 때문에 리더십 문헌에서 어떤 연구자들은 포용적 리더십을 특정한 형태의 관계적 리더십으로 보기도 한다.

포용적 리더가 강조되는 이유는 '다양성의 수용'이 기본 전제가 되기 때문이다. 그래서 포용을 잘하려면 편견에서 자유로워야 한다. 사람은 누구나 복잡한 문제를 덜 복잡하게 풀어가기 위해 '인지적 구두쇠(Cognitive miser)' 전략을 활용한다. 이는 마치 구두쇠가 돈을 아끼듯 인지적 노력을 최소화하려는 경향을 의미하는 심리학 용어다. 예를 들어, 하버드 비즈니스 스쿨의 한 연구에 따르면 채용 면접에서 면접관들은 첫 10초 만에 지원자에 대한 판단을 내리고 나머지 시간은 그 판단을 정당화하는 데 사용하는 경향이 있다고 한다. 실제로 인사 분야의 베테랑들은 종종 자신들의 직관적 판단을 자랑스럽게 이야기하지만 이러한 경험적 판단도 편견에서 자유로울 수는 없다. 사람을 많이 본 데이터를 무시할 수는 없겠지만 포용적 리더로 성장하길 원한다면 '백인백색(百人百色)'처럼 사람들이 저마다 다른 특색이 있음을 잊어서는 안 되며 본인의 편견을 인정하는 동시에 고정관념을 잠시 내려두고 있는 그대로를 관찰해 보는 연습이 필요하다.

다문화 시대를 코앞에 둔 포용적 리더라면 다음의 행동을 지켜야 한다. 무엇보다 리더 스스로가 문화의 다양성을 받아들이고, 그들과 함께 성장하는 조직을 만들어야 하기 때문이다.

첫째 능동적으로 문화 인식을 훈련할 필요가 있다. 리더는 다양한 문화권의 비즈니스 관행과 의사소통 방식을 이해하기 위한 능동적인 태도가 무엇보다 중요하다. 필요하다면 리버스 멘토링(Reverse Mentoring)처럼 젊은 세대의 도움을 기꺼이 받을 수 있는 자세가 필요하다.

둘째 포용적인 의사소통 체계를 구축해야 한다. 언어의 장벽을 낮추기 위해 다국어 기반의 내부 커뮤니케이션 시스템을 도입하고, 문화적 차이를 고려한 회의 진행 방식을 채택해야 한다. 특히 한국의 빠른 업무 처리 문화나 수직적 의사소통 방식이 다른 문화권 구성원에게는 부담이 될 수 있음을 인지하고 이를 보완하는 노력이 필요하다.

셋째 문화 간 가교 역할을 수행해야 한다. 서로 다른 문화권 구성원들이 서로를 이해하고 존중할 수 있도록 돕는 것이 리더의 역할이다. 문화적 차이로 인한 갈등을 예방하고 조정하며 이러한 다양성이 오히려 조직의 창의성과 혁신을 높이는 원동력이 되도록 이끌어야 한다. 다양한 문화가 공존하는 팀에서 시너지를 창출하는 것, 이것이 바로 포용적 리더의 진정한 경쟁력이 될 것이다.

이를 통해 포용적 리더십은 구성원에게 소속감을 부여하여 결과적으로 지지받는 리더가 될 것이며 팀 성과에도 긍정적인 영향을 미치게 된다. 최근 국내 다양한 기업의 306명을 대상으로 한 연구에 따르면, 포용적 리더십은 구성원의 직무성과에 유의미한 영향을 미치는 것으로 나타났다. 특히 포용적 리더십이 구성원의 심리적 안전감을 크게 높이고 이를 통해 직무성과가 향상되는 것으로 입증되었다. 더욱 주목할 만한 점은 권력거리 성향이 높은 구성원일수록 포용적 리더십의 효과가 더욱 강화된다는 사실이다(김미경 & 문재승, 2019). 이는 포용적 리더십이 수직적 조직문화에서도 효과적으로 작동할 수 있음을 시사한다.

이러한 실증적 근거들은 구성원들의 다양한 배경과 관점을 인정하고, 이를 조직의 혁신 동력으로 전환할 수 있는 포용적 리더를 양성하는 것이 오늘날 기업의 중요한 과제임을 확인시켜 준다. 포용적 리더십을 갖춘 조직은 문화가 바뀌는 데서 그치지 않고 실질적인 성과 향상으로 이어지는 핵심 경쟁력을 갖추게 될 것이다.

3) 가치에 따른 체계적인 관리

DEIB를 조직에 성공적으로 정착시키기 위해서는 체계적인 접근이 필요하다. Beach와 Segars(2022)가 제안한 가치/원칙(VPM, Values/Principles Model)모델은 다양성, 형평성, 포용성이 조직 전반에 걸쳐 어떻게 실현되고 있는지를 네 가지 관점에서 진단하고 관리하는 프레임워크를 제공하고 있다.

이들은 DEI 실천에서 선도적인 것으로 평가받는 17개 조직을 대상으로 한 현장 연구를 통해 이를 입증했으며 구글, 디즈니, 메이요 클리닉 등 다양한 산업의 성공 사례들을 통해 이 프레임워크의 효과성을 검증했다(PR Newswire, 2022).

- 대표성(Representation): 누군가를 대신하여 말하거나 행동하는 것을 의미한다. 다문화 시대를 맞이한 국내 기업들에게 다양한 배경의 인재를 영입하고 육성하는 프로그램을 도입하고 소수 그룹의 리더십 파이프라인을 구축하는 등 이들의 목소리가 조직 의사결정에 실제로 반영되도록 하는 것을 뜻한다.
- 참여(Participation): 조직 활동에서 의미 있고 적극적인 역할을 수행하는 것을 말한다. 한국의 기업들은 멘토링이나 태스크포스와 같은 직원 참여형 프로그램을 활성화하고 다양한 관점을 존중하는 의사결정 구조를 고민해야 한다. 기존의 형식적 참여가 아니라 직급과 관계없이 모든 구성원이 자유롭게 의견을 개진하고 실질적인 영향력

을 행사할 수 있는 환경을 조성해야 한다.

- 적용(Application): DEIB를 실제 운영 상황에 구현하는 행위다. 이는 평가와 보상 체계에 DEIB 요소를 반영하고 유연근무제와 같은 포용적 업무 프로세스를 도입하며 제도와 정책의 형평성을 정기적으로 점검하는 등 조직의 시스템, 정책, 절차에 DEIB의 가치를 녹여내는 실천적 과정을 의미한다.
- 감사(Appreciation): DEIB의 긍정적 가치를 인정하고 향유하는 것이다. DEIB 성과에 대한 공식적 인정과 보상을 제도화하고, 우수 사례를 발굴하여 전사적으로 공유하며 다양성이 가져오는 혁신 사례를 적극적으로 홍보함으로써 구성원들이 함께 그 가치를 누릴 수 있도록 해야 한다.

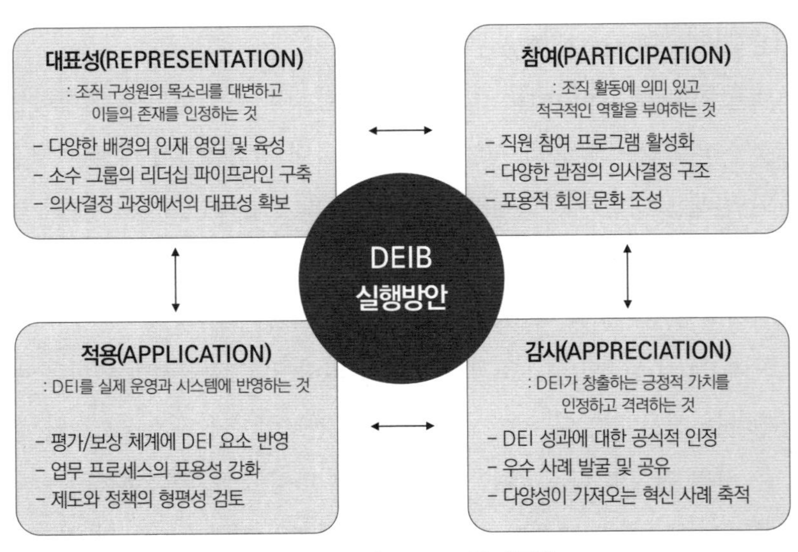

〈국내 기업 적용 VPM 모델 재구성〉

이러한 네 가지 요소는 독립적으로 운영되는 것이 아닌, 상호 연결된 하나의 시스템으로 작동해야 한다. 예를 들어, 다양한 인재 채용(대표성)은 의사결정 참여(참여)로 이어지고 이는 다시 제도 개선(적용)과 성과 인정(감사)으로 순환되어야 한다. 이처럼 VPM 모델은 한국 기업들이 DEIB를 체계적으로 실천할 수 있는 실용적인 프레임워크를 제공한다.

결국 DEIB는 그저 선언에 그치거나 단발성 캠페인으로 끝날 일이 아니다. 조직의 모든 구성원이 존중받고 공정한 기회를 얻으며 소속감을 느낄 수 있는 문화를 만드는 것이다. VPM 모델을 통한 체계적 관리는 이러한 문화 형성의 견고한 기반이 될 것이다.

마무리

대한민국은 이제 DEIB 실천이 조직의 지속 가능한 성장을 위한 중요한 과제가 되었다. 서론에서 언급했던 필리핀 가사관리사 시범사업은 시작에 불과하다. 앞으로 호텔, 요양, 간병 등 인적서비스 산업을 중심으로 외국인력 수급은 더욱 가속화될 것이다. 특히 인구구조의 변화, 글로벌화의 가속화, Z세대의 부상은 DEIB의 중요성을 한층 더 부각시키고 있다. 그러나 최근 글로벌 기업들의 DEIB 정책 수정 사례에서 보았듯이 형식적인 도입이나 성급한 접근은 오히려 역효과를 낳을 수 있다.

성공적인 DEIB 실천을 위해서는 세 가지 요소가 중요하다. 첫째 장기적 관점의 전략 수립이다. 단기 성과나 외부 압박에 흔들리지 않는 일관된 방향성이 필요하다. 둘째 체계적 접근이다. 앞서 살펴본 VPM 모델과 같은 프레임워크를 활용해 조직 전반에 걸친 통합적 변화를 추구해야 한다. 셋째 진정성 있는 실천이다. 형식적 다양성보다는 실질적인 소속감과 포용성 증진에 초점을 맞춰야 한다.

이러한 맥락에서 필자는 3개월간 인터내셔널 호텔 H사의 호텔리어 양성 프로젝트에 참여하며 DEIB가 실현된 조직문화를 직접 경험했다. 전 세계 70여 개국에 진출해 있는 H사는 다양한 국적의 직원들이 하나의 팀으로 자연스럽게 어우러진 모습을 보여주었다. 가장 인상적이었던 점은 기업의 핵심 가치가 '배려(Care)'라는 것이었다. H사는 구성원 모두가 최고의 역량을 발휘할 수 있도록 배려하고 지원하는 것을 사명으로 삼고 있다. 이러한 철학은 인사 제도, 근무환경, 직원 웰빙 등 조직 전반에 깊이 스며들어 있었고 이는 '케어받는 직원 경험'으로 이어진다고 한다. 보수적인 조직문화에 익숙했던 필자에게 H사의 '케어' 중심 문화는 신선한 충격이자 새로운 지향점이 되었다.

사회심리학자 커트 레빈(Kurt Lewin)의 '변화의 3단계 모델'에 따르면, 성공적인 변화는 조직의 체질을 바꾸는 일은 과거의 관행을 녹여내는 해빙(Unfreeze)에서 시작해 이동(Change)을 거쳐, 새로운 가치로 다시 굳어지는 재동결(Refreeze)에 이르는 인고의 과정이 필요하다. 현재 한국 기업들은 DEIB라는 새로운 패러다임 속에서 '해빙'과 '이동' 단계를 거치고 있다. 다문화 시대를 살아가는 오늘, 우리의 과제는 이러한 변화를 조직의 DNA로 만드는 '재동결' 과정이다.

무엇보다 중요한 것은 한국 기업들이 글로벌 기업의 DEIB 정책을 그대로 답습하는 것이 아니라 우리만의 고유한 해법을 찾아야 한다는 점이다. 2025년 시작부터 미국은 DEI 정책에 대한 찬반 논쟁이 첨예하게 대립하고 있다. 일부 기업들이 DEI 정책을 축소하거나 폐지하는 움직임을 보이는 반면, JP모건체이스나 골드만삭스와 같은 금융권은 오히려 다양성이 사업 경쟁력의 핵심이라며 기존 정책을 강화하겠다는 입장을 보이고 있다. 이런 현상은 DEIB가 단순한 정치적 이슈가 아니라 기업의 지속 가능한 성장을 위한 전략적 선택임을 시사한다.

H사의 사례에서 보았듯이 '배려'라는 따뜻한 가치를 중심으로 다양성을 포용하고 결속하는 조직문화가 확산되길 기대하는 마음으로 필자는 글을 써 내려갔다. "어느 나라에서 왔어요?"라는 질문이 더 이상 거리감의 표현이 아닌 새로운 가치 창출의 시작점이 되어야 한다. 다양성은 우리 조직문화의 새로운 조각이 되어, 이 조각들이 모여 하나의 아름다운 모자이크를 이룰 것이다. 이것이 바로 Cultural Mosaic DEIB가 그리는 미래이자, 우리가 함께 만들어가야 할 새로운 조직문화의 모습이다. 정부 정책이나 거시 환경의 변화에 따라 DEIB의 형태와 강조점은 달라질 수 있지만 다양성을 포용하고 존중하는 기업문화의 본질적 가치는 변함없이 지켜 나가야 할 것이다.

3-2 방 안의 코끼리, ESG

"본부장님, ESG가 뭔가요? 요즘 여기저기서 듣긴 하는데…" Z 사원이 조심스레 물었다.

M 본부장은 잠시 생각하다가 웃으며 편하게 답했다.

"환경, 사회, 투명한 경영. 어렵게 들리지만, 쉽게 말하면 수익구조가 오래가는 방식이야. 그냥 당연한 걸 지키면서도 오래 살아남자는 거지."

Z 사원이 걱정 어린 목소리로 물었다.

"근데 솔직히요, 우리 같은 작은 회사가 그걸 하면 손해 보는 거 아닌가요? 돈도 들고, 당장 이익이 줄어들잖아요."

M 본부장은 고개를 저으며 말했다.

"단기적으론 비용이 들 수 있어. 하지만 오래 보면 달라. 투자자도, 고객도, 요즘 구직자들도 이런 가치를 보고 회사를 고르거든. 결국은 잃는 게 아니라 얻는 거지."

Z 사원이 다시 물었다.

"그럼 우리 회사는 어디서부터 시작해야 할까요?"

M 본부장은 진지하게 말했다.

"크게 말고 작게 시작하면 되지 않을까? 환경을 생각해서 일회용 컵 대신 텀블러를 사용하고, 채용 과정에서 차별을 없애며, 출장 대신 온라인 회의로 대체하는 것처럼 이런 작은 습관부터 바꿔 가면 좋겠어."

Z 사원은 고개를 끄덕이며 미소 지었다.

"생각보다 간단하네요. 결국은 우리가 어떻게 일하느냐의 문제군요."

M 본부장은 창밖을 바라보며 짧게 말했다.

"맞아. 결론은 하나야. 어떤 형태로든 ESG는 시작해야 해."

Z 사원이 메모를 하며 제안했다.

"그럼 지금 얘기하신 부분을 정책화할 수 있는 방안을 찾아볼까요? 개인의 입장에서 알아서 하려니 좀 어렵게 느껴지는 것 같아요."

M 본부장은 고개를 끄덕이며 답했다.

"좋은 생각이야. 솔직히 다들 마음속으로는 환경을 지켜야 한다고 생각하지만, 분리수거처럼 일정 수준의 강제성이 없으면 잘 실천되지 않잖아. ESG 정책도 마찬가지로 어느 정도의 기준과 강제성이 필요할 것 같아. 아무래도 일정한 불편함은 감수해야 할 테니까….”

“그럼 제가 각 회의실 ‘일회용품 줄이기 문화’에 대한 정책부터 만들어 볼게요!”

Z 사원이 의욕적인 표정으로 말을 이었다.

1973년, 미국 캘리포니아 벤츄라에서 암벽 등반가 이본 쉬나드(Yvon Chouinard)가 작은 장비 회사를 세운 것이 파타고니아의 시작이다. 처음에는 자신과 동료들이 쓸 튼튼한 장비를 직접 만들기 위해 시작했지만 이들은 곧 자연을 지키는 방식의 생산을 고민하게 되었다. 등반가로서 자연을 직접 마주했던 경험이 회사의 가치관이 되었고 이는 브랜드 정체성의 뼈대가 되었다(에이빙뉴스, 2024).

파타고니아는 일찍부터 “더 적게 사고, 오래 써라.”라는 메시지를 내걸며 소비자에게 불필요한 소비를 줄이라고 말해왔다. 유기농 면과 재활용 소재 사용, 유해 화학물질 최소화, 오염을 줄이는 공정 등은 운영 전반에 녹아든 원칙이었다. 이런 철학은 시간이 흐를수록 더 단단해졌고 소비자와 직원 모두에게 파타고니아를 ‘아웃도어 브랜드 그 이상’으로 인식하게 만들었다.

가장 상징적인 장면은 2022년에 일어났다. 창립자 쉬나드는 파타고니아의 모든 지분을 두 개의 조직에 넘겼다. 하나는 회사의 방향을 지켜줄 파타고니아 퍼포스 트러스트(Patagonia Purpose Trust), 다른 하나는 기후 위기 대응과 자연보호를 위한 비영리 단체 홀드패스트 컬렉티브(Holdfast Collective)였다. 이제 파타고니아의 이익은 오롯이 환경 문제 해결과 지속 가능성 증진을 위해 쓰이게 된 것이다(Patagonia, Inc., 2022). 이 사건은 파타고니아가 'ESG를 실천하는 회사'를 넘어서 'ESG 자체가 곧 브랜드'라는 사실을 보여준 결정적 사례였다.

파타고니아의 성공은 기능성과 디자인에만 기인한 것이 아니다. 브랜드가 지향하는 가치와 실제 경영 방식, 심지어 소유 구조까지 ESG(Environment·Social·Governance) 정신으로 무장되어 있다는 점이 차별점이다. 소비자는 제품을 구매하면서 곧바로 환경 보호와 사회적 책임 실천에 동참하는 경험을 얻고, 직원들은 그 철학 속에서 자부심을 느끼며 일하게 된다.

이처럼 파타고니아의 사례는 ESG가 외부 평가 지표나 일시적 유행이 아니다. ESG가 브랜드의 뿌리가 되고 조직문화와 일상적 행동으로 스며들 때 그것은 강력한 경쟁력이 된다. 바로 이런 맥락에서 'ESG 컬처십'이 나오게 되었다. ESG 컬처십이란 구성원의 업무 방식과 생활 속에 지속 가능한 가치가 자연스럽게 배태되어 문화로 드러나는 것을 의미한다. 이는 제도를 정착시키고 조직의 DNA로 자리 잡는 단계라 볼 수 있다.

최근 기업들의 ESG 경영이 확산되면서 ESG가 경영 전략이나 일시적 유행으로만 다뤄질 수 없으며 구성원의 일상적인 행동양식과 조직의 가치관 속에 뿌리내려야 한다는 목소리가 커지고 있다. 이러한 배경에서 등장한 'ESG 컬처십'은 개인의 업무 방식과 조직 생활에 지속 가능한 가치들이 자연스럽게 배태되어 조직문화로 발현되는 것을 의미한다.

SK에코플랜트, 한전KPS, 프랑스 우체국, 당근마켓 등 국내외 기업들은 다양한 방식으로 ESG 컬처십을 실천하고 있다. SK에코플랜트는 탄소감축 프로그램과 임직원 참여형 캠페인을 통해 구성원들의 자발적 참여를 이끌어내고 있으며 한전KPS는 순환경제, 탄소중립을 위해 노력하고 있다. 프랑스 우체국은 환경보호를 위한 전기차 도입과 재생에너지 사용 확대 등 직원들과 함께 친환경 경영을 실천하고 있다. 당근마켓은 ESG 경영을 통해 자원 손실 방지, 수평적 구조와 소통에 힘쓰고 있다.

ESG 컬처십의 성공을 위해서는 구성원들의 공감대 형성이 우선되어야 한다. 경영진의 Top-down 방식이 아닌 구성원들이 ESG의 필요성과 중요성을 이해하고 자발적으로 참여할 수 있도록 해야 한다. 또한 조직의 규모와 상황에 맞는 실천 가능한 활동부터 시작하여 점진적으로 확대해 나가는 것이 중요하다.

앞으로 ESG 컬처십은 기업의 지속 가능성을 평가하는 중요한 기준이 될 것으로 전망된다. 대기업은 체계적인 ESG 프로그램 운영을, 공공기관은 사회적 가치 창출을 위한 구성원 참여형 문화를, 중소기업은 실천 가능한 소규모 활동부터 시작하여 각 조직의 특성에 맞는 ESG 컬처십을 구축해 나가야 할 것이다. 또한 AI를 ESG 경영 엔진으로 사용하여 지속 가능성을 높여 가야 한다.

ESG가 조직 성장과 구성원에 진짜 영향을 미칠까?

ESG가 조직의 재무적 측면, 비재무적 측면 그리고 조직 구성원 측면 모두 영향을 미친다는 것은 많은 연구를 통해 증명된 사실이다.

재무적 측면에서 ESG는 투자 유치와 자금조달을 용이하게 하고 환경·사회적 리스크를 선제적으로 관리함으로써 잠재적 손실을 예방하는 효과가 있다. 특히 ESG 경영 우수기업들은 녹색금융 혜택을 통한 우대금리 적용과 ESG 채권 발행 등 다양한 금융적 이점을 누릴 수 있으며 이는 기업의 재무건전성 향상으로 이어진다. 변영조, 우승한(2022)은 1970년 이후 발표된 2,000여 개 연구 문헌들 중 90%에서 ESG 활동과 기업의 재무성과는 정(+)의 효과가 있음을 보여주면서 ESG 활동이 경영성과에 도움이 된다고 주장하였다. 우리나라에서도 ESG 평가를 발표하는 모건스탠리 MSCI의 ESG 평가 자료를 활용하여 ESG 현황을 분석한 결과, 기업의 사회적 책임과 자본 시장에서의 재무성과 간에 양의 상관관계가 있음을 발견했다.

비재무적 측면에서 ESG를 바라보면 기업 브랜드와 평판을 제고하고 이해관계자들과의 신뢰 관계를 공고히 하는 것이 중요하다. 정부기관, 지역사회, 고객사 등 다양한 이해관계자들과의 우호적 관계 형성은 장기적인 기업 경쟁력을 확보할 수 있는 밑바탕이 된다.

조직문화적 관점에서 ESG를 정리하면 다음과 같다. 먼저 직무 만족도와 조직 몰입도를 높이는 중요한 동인되는 것이 ESG다. 조직의 사회적 가치 창출활동에 조직원들이 참여함으로써 내가 속한 조직과 자신에 대한 자부심과 성취감을 느낀다. 이는 내적 동기부여로 이어지며

ESG 활동 참여를 통해 조직 구성원들은 사회에 대한 새로운 지식을 습득하고 사회적·개인적 성찰을 할 수 있는 기회가 생긴다. 또한 다양한 이해관계자와 협업 경험을 통해 개인의 전문성과 역량 향상에도 발전적인 영향을 미친다.

'ESG', '컬처십' Deep Dive

ESG를 알아보기 전 기업의 자선, CSR, CSV, ESG의 역사를 살펴보면서 자연스럽게 ESG를 파악해 보고자 한다. ESG의 변천 과정은 '산업혁명과 기업가의 자선(산업혁명~20세기 초반)'을 거쳐 'CSR, CSV(2000~2010년대)'로 진화했고 지금에 와서야 'ESG(2020년~)'란 개념이 나오게 되었다.

ESG는 환경(Environment), 사회(Social), 지배구조(Governance)의 영어단어 머리글자의 조어로 2003년 유엔 환경계획 금융이니셔티브(UNEP FI)에서 처음 사용되었다. 여기서 Environment는 기업의 친환경 경영, Social은 기업의 사회적 책임, Governance는 기업의 투명한 지배구조 등을 의미한다(대한상공회의소 & 삼정KPMG, 2021).

기업 입장에서 보면, 이러한 ESG의 직관적인 의미보다는 ESG가 기업에게 어떠한 영향을 미치는지 그 실질적 의미가 더 중요할 것이다. 정리하면 ESG는 환경, 사회, 지배구조라는 단어의 조합이지만 숨은 키워드는 바로 '기업의 지속 가능성, 기업가치, 그리고 비재무적 성과지표'라고 할 수 있다.

ESG의 기원은 기업의 자선활동이 그 첫 출발이다. 18세기 산업혁명과 함께 등장한 근대 기업의 시작점에 우리가 지금 알고 있는 ESG가 있었다. 초기 기업 사회공헌은 성공한 기업가 개인의 자선활동에서 시작되었고 이는 18~19세기에 이르러 두드러지는 현상이 되었다. 당시 성공한 기업가들은 자신이 '구두쇠'로 비판받는 것을 두려워했기 때문에 19세기 말과 20세기 초, 미국의 대표적인 기업가들은 사회공헌을 위해 애를 썼다. 앤드루 카네기(Andrew Carnegie), 존 록펠러(John Davison Rockefeller), 헨리 포드(Henry Ford) 모두 위대한 자선가로 남기를 원했다. 65세에 앤드루 카네기가 집필한 『부의 복음(The Gospel of Wealth)』은 당시 성공한 기업가들이 가진 이러한 정서를 잘 나타내 준다. 이들은 죽어서도 좋은 이미지를 남기기 위해 노력했고 카네기, 록펠러, 포드가 막대한 재산을 기부하여 설립한 개인 및 가족 재단은 이후 서구의 성공한 기업가들에게 큰 영향을 미쳤다. 20세기에 이르러 교육, 복지, 과학, 의료, 문화예술 발전에 크게 기여하는 사회공헌 활동들이 늘어났고 점차 발전하게 되는 기준점이 된 시기이다.

1990년대에 들어서는 마케팅, PR, 리스크 관리와 결합된 전략적 기업 사회공헌이 급속히 확산되며 미국과 유럽에서는 사회공헌 활동 조직의 역할이 분리되기 시작했다. 기존의 공익 기부 중심 사회공헌은 기업의 공익재단이 담당하고 전략적 사회공헌은 기업 내 CSR(Corporate Social Responsibility, 기업의 사회적 책임)팀이 전담하는 체제로 변화한 것이다. 이 시기 CSR은 사회적으로 중요한 의제로 부상하며 기업의 가치사슬과 이해관계자 사이에서 발생하는 사회적, 환경적 문제를 관리하고 대응하는 조직으로 자리 잡았다. 미국과 유럽의 CSR팀은 비즈니스 차원에서 사회와 환경 문제를 관리하는 역할을 맡았고 이로 인해 수행되는 사회공헌 프로젝트는 자연스럽게 비즈니스와 결합된 전략적 접근 방식을 띠게 되었다. 한편, CSV(공유가치창출) 개념도 이 시기 등장했지만 2010년 HBR에 실린 마이클 포터의 CSV 관련 논문이 미국과 유럽 기업에서 크게 주목받지 못한 이유는 이미 2000년대 CSR팀이 수행하던 전략적 사회공헌 프로젝트 대부분이 CSV 개념을 내포하고 있었기 때문이다. 이후 2000년대 중반부터 ESG가 유럽과 미국의 금융산업 및 투자계에서 주요 의제로 떠올랐으며 우리나라에서는 2020년대 후반부터 빈번히 논의되기 시작했다.

주요 사회가치 구현활동 용어 비교표

(출처: Deal Site 2024경제 TV)

	CSR	CSV	SV	ESG
논의 시점	1953	2011	2017	2020
주장 및 확산 계기	Helslin & Ochoa(2008)	Michael Porter	정부	블랙록 래리핑크
주문 내용과 기대 (기업 성격)	소외계층과 사회문제 해결 (선한 기업)	사회와 기업의 공유 가치 창출 (현명한 기업)	사회적 가치를 경영에 반영	투자 대상으로의 지속성 (건강한 기업)
기업의 조직 명칭	사회공헌부	CSV팀	사회가치 구현실	ESG 대응팀
주요 보고 및 평가 기준	GRI, UN SDGs	GRI, UN SDGs	경영평가편람	SASB, TCFD

컬처십(CultureShip)이란 '문화(Culture)'라는 단어와 명사의 뒤에 붙어서 그것과의 관계, 부류, 권리 등의 뜻을 더한 명사를 만드는 접미사 'Ship'이 결합한 단어다. 결국 ESG 컬처십은 ESG 문화가 조직문화

속에서 어떠한 관계를 갖는지, 어떻게 지속 가능한 가치를 실천하는 조직문화인지를 탐색하는 의미가 된다.

조직문화는 한마디로 정의가 어렵고 학자마자 조금씩 다르다. Jones의 경우, 조직문화를 조직 내의 개인과 집단이 상호작용하고 고객, 공급자 등 조직 외부의 사람들과 상호작용하는 방법을 통제하는 일련의 비공식적 가치, 규범 및 신념이라고 정의했다. Ouchi는 조직의 전통과 분위기로서 조직의 가치관, 신조 및 행동패턴을 규정하는 기준이라고 보았다(변영조 & 우승한, 2022). 이렇듯 조직의 가치관, 신조 및 행동패턴의 자연스러운 관계 속에서 ESG가 어떻게 발현되는지를 나타내는 용어가 ESG 컬처십이다.

ESG 내재화를 넘어 ESG 컬처십으로

2024년 현대자동차는 지속 가능 보고서를 발표했다. 이번 현대자동차 지속 가능 보고서는 'ESG 경영 내재화 노력'으로 요약해 볼 수 있겠다. 한발 빠르게 지속 가능 보고서를 낸 현대자동차는 ESG 내재화를 통해 조직에 자연스럽게 그 가치를 담으려 한다.

그러나 본 챕터에서는 그보다 한발 더 나아간 ESG 컬처십을 소개하려 한다. 기존의 ESG 내재화는 ESG 관련 제품 및 서비스 개발, ESG 연구로의 투자, 내부 ESG 정책 수립 및 이행, 사회적 책임이나 헌신, 포용도를 의미했다. 그렇기 때문에 '조직원, 조직문화' 관점이 아닌 '회사'의 관점이 되었고 구성원 개인의 관점에서 자발적으로 가치를 실현하는 것이 쉽지 않았다. 이러한 고민 끝에 ESG 컬처십이 나오게 되었다. ESG 컬처십을 잘 설명한 인터뷰가 있어 잠깐 소개하려 한다. 동아ST 지속 가능 경영실 전무는 한국제약바이오협회와 인터뷰에서 "ESG를 정말 잘하는 회사가 있어요. 그 회사 직원들한테 물어보니까, 'ESG가 뭐야?'라고 답하는 겁니다. 그들은 이미 ESG를 잘하고 있기 때문에 인증을 받을 필요도 없고 ESG가 이미 내재화돼 있는 거죠."라고 했다(김진구, 2022). 이러한 '내재화된 문화'의 힘은 실제 압도적인 성과로 증명되고 있다. 동아ST가 속한 동아쏘시오그룹은 ESG를 조직의 DNA로 이식해 왔다. 그 결과 2023년 MSCI(모건스탠리캐피털인터내셔널) ESG 평가에서 국내 제약기업 중 최고 수준인 'AA 등급'을 획득했으며, 한국 ESG기준원(KCGS) 통합 평가에서도 3년 연속 'A 등급'을 유지하는 등 대외적으로 그 진정성을 인정받았다. 이처럼 조직 구성원 모두가 이러한 가치를 공유하고 자연스럽게 실천하여 별도로 의식하지 않아도 행동과 생각에 ESG가 배태된 상태가 바로 'ESG 컬처십'이 구현된 조직의 모습이라 할 수 있다. 그렇다면 왜 우리는 이토록 생소한 '컬처십'이라는 단어까지 써가며 ESG를 조직의 DNA로 심어야 할까?

ESG 컬처십이 조직의 DNA가 되어야 하는 이유는 세 가지로 설명할 수 있다. 첫째 '외부환경 대응' 측면이다. 점차 강화되는 ESG 관련 규제와 정책, 시장의 변화, 사회적 요구에 효과적으로 대응하기 위해서는 조직 전반에 ESG가 깊숙하게 내재되어야 한다. 둘째 '내부역량 강화' 측면이다. ESG는 지속 가능한 성장 기반을 구축하고 우수한 인재를 확보·유지하는 데 핵심적인 요소이다. 특히 MZ세대 구성원들은 가치 중심적으로 직장을 선택하고 있는 추세다. 내재화된 ESG 문화가 있는 기업들은 이러한 인재 확보 시 경쟁력을 가질 수 있다. 셋째 '실행력 제고'이다. ESG가 내재화된 문화로 정착될 때 구성원들이 자발성을 가지고 ESG 활동에 참여한다. ESG가 일상적 생활양식으로 자리 잡아야 조직 내에 진정한 변화와 혁신이 시작된다.

ESG 컬처십은 조직의 지속 가능한 성장과 구성원의 발전을 이끄는 핵심 동력이다. 이는 간단한 경영 전략이나 일시적 트렌드가 아닌, 조직의 DNA로 자리 잡아야 할 필수적인 문화적 요소다. ESG 컬처십의 구축은 조직의 미래 경쟁력을 좌우하는 결정적 과제가 될 것이며 조직과 구성원의 동반 성장을 이끄는 엔진이 될 것이다.

ESG 컬처십으로 가야 하는 이유

ESG 컬처십은 개인의 업무 방식과 조직 생활에 지속 가능한 가치를 자연스럽게 실천하는 조직문화로 정의할 수 있다. '의미 있는 일'과 '가치 있는 조직'에 대한 구성원들의 니즈가 증가하고 있고 지속 가능성을 개인의 업무 방식과 조직 생활에 자연스럽게 녹여내는 문화적 접근 필요성이 대두되기 시작했다. 그래서 ESG를 구성원들의 일상적 행동양식과 조직 가치관으로 내재화하는 방안이 필요하다. 단기적·이벤트성 ESG 활동이 아닌 중장기적 ESG 개념을 조직문화에 배태시키고 발현시키는 활동을 통해 우리는 ESG 컬처십이 필요한 이유를 정확하게 알 수 있다.

한국경제인협회(한경협)가 발간한 '2023 K기업 ESG 백서'에 따르면 매출 기준 국내 상위 200대 기업 중 지속 가능 경영보고서를 발간한 곳은 162개 기업이다. 이 중 92.0%가 이사회에 ESG 위원회를 설치했고 ESG 전담 조직과 별도로 유관부서가 참여해 ESG 경영을 논의하는 협의체를 운영 중인 곳도 보고서 발간 기업 중 74.1%에 달했다.

임직원 및 협력사에 대한 ESG 가치 내재화 노력

(출처: 한국경제인협회, 2023)

경영진	임직원			협력사		
KPI에 ESG 요소 반영	준법·윤리경영 교육 참석자 수 (기업당 평균 참석 인원)			ESG 평가받는 협력사 수 (기업당 평균 ESG 평가 협력사 수)		
	2020년	2021년	2022년	2020년	2021년	2022년
76.0% (123개사)	4,471명	5,106명	5,497명	230	268	378

* 준법·윤리교육: n=124, 온오프라인 교육 포함 / 협력사 ESG 평가현황: n=81

물론 이렇게 ESG 열풍이 전 세계적으로 불었지만 러시아-우크라이나 분쟁 장기화 등으로 인한 글로벌 경기불황 지속과 투자심리 위축에 빠르게 식어가는 모습도 있다. 래리 핑크 회장도 "과도한 ESG는 고객사의 재정적 이익에 부합하지 않는다."라며 ESG에 회의적인 입장으로 돌아섰다. 기업 입장에서는 투자유치 등을 위해 내키지 않더라도 ESG를 실천해야 한다. 기존 재무제표를 챙기기도 어려운 시기에 비재무적 수치인 ESG가 경영평가에 중요한 요소로 작용하면서 기업 운영 부담이 더욱 커지는 상황이기 때문이다. 한때는 '좋은 일', '회사가 해야 할 일'로 여겨졌던 ESG가 어느 순간 조직 구성원들에게 부담으로 느껴지기 시작했다.

이러한 한계점을 극복하기 위해서는 조직의 ESG 활동 내재화를 넘어 ESG 컬처십까지 나가야 한다. 또한 ESG 컬처십으로 ESG를 내재화해야 중장기적으로 기업에 도움이 되는 문화를 만들 수 있을 것이다.

SK에코플랜트, ESG는 누구나 할 수 있다(대기업)

"우리는 모두 SK에코플랜트의 구성원이에요." 당연한 듯 보이는 이 말에는 기업의 핵심 가치관을 함께하겠다는 운명공동체적인 마인드가 숨어 있다. 해가 거듭될수록 중요성을 더해 가는 ESG. SK에코플랜트 역시 ESG를 기업의 핵심 가치로 삼고 사업을 비롯한 모든 행보에 ESG를 담아내기 위한 노력을 기울이고 있다. 하지만 수치로 평가되는 ESG의 실적보다 더 중요한 것은 기업의 자양분인 '구성원들의 진심'이다.

SK에코플랜트는 구내식당에서 저탄소 식사를 구성원들에게 제공한 것을 시작으로 소등 캠페인 등의 탄소 감축 프로그램 진행, ESG 행동 규범을 담은 메신저 이모티콘 제작까지 전 구성원을 대상으로 진정성 있는 ESG를 진행했다. ESG 내재화를 위한 전략과 실행 방안을 마련하고 이를 현실화했는데, 그 대표적인 사례가 구성원들이 일상 속에서 즐겁게 참여할 수 있도록 설계된 '탄소 감축 프로그램'이다. 특히 2022년 7월에는 ESG 경영 체질화를 위해 ESG 경영 원칙과 행동 규범을 선포하며 전 구성원이 이를 준수하겠다는 서약을 했다. 이러한 약속의 실질적 의미를 더하기 위해 ESG 행동 규범이 구성원들의 업무와 일상 속에 자연스럽게 스며들도록 노력해 왔다.

탄소 감축 프로그램은 '회사가 주도하는 ESG가 아니라 구성원이 직접 만들어가는 ESG는 가능할까?'라는 고민에서 시작되었다. 회사의 지시에 따라 한 번으로 끝나는 이벤트가 아닌 구성원들이 자발적으로 참여하며 지속 가능한 ESG 문화를 구축하는 것을 목표로 했다. 이를 위해 프로그램은 매달 새로운 방식으로 운영되며 구성원들이 흥미를 잃지 않고 즐겁게 참여할 수 있도록 재미 요소를 강조해 설계되었다. 탄소감축 프로그램은 '행가래'라는 애플리케이션을 통해 진행된다. 잔반 제로(ZERO) 챌린지부터 디지털 다이어트, 소등 챌린지 등 매달 새로운 탄소 감축 프로그램을 공지하면 구성원들이 실천한 후 사진을 올려 인증하는 방식이다. 그렇게 올라온 사진들은 심사를 통해 탄소 저감량을 인정받고 포인트로 보상받게 되는데 이렇게 쌓인 포인트들은 연말에 아프리카 어린이 교육을 위한 태양광 충전 스테이션인 '솔라카우'에 기부된다.

SK에코플랜트에서 구성원 1인당 연간 12kg의 탄소 감축을 처음 목표로 세웠고 이 목표를 단 4개월 만에 달성했다. SK에코플랜트 구성원 4,900명 중 83%가 이 프로젝트에 참여하며 총 70톤 이상의 탄소를 감축하는 기염을 토했다. 처음 예상했던 것보다 훨씬 많은 구성원들이 열정적으로 프로그램에 동참했고 작은 실천이 기부로 이어진다는 프로그램의 취지에 많은 공감을 하고 있다.

하나의 프로그램당 매일 평균 400건, 많게는 700~800건의 인증 사진이 사내 플랫폼 '행가래'에 업로드되고 있다. 사진의 양이 방대해 확인하는 데 시간이 걸리지만 그만큼 많은 구성원이 탄소 감축에 진심을 보이고 있다. 심지어 구성원들이 먼저 새로운 프로그램에 대한 아이디어를 제안하는 경우도 많아 자발적인 참여 열기를 보여준다.

2022년 4월에 시작되어 꾸준히 사랑받고 있는 프로그램 중 하나는 텀블러 사용을 장려하는 프로그램이다. 프로그램 참여 후 "텀블러를 사용하는 습관이 생겼다." 등의 긍정적인 후기가 다수 이어지고 있다. 특히 SK에코플랜트 사옥 각 층에 마련된 텀블러 세척 공간은 프로그램의 성공을 상징한다. 세척된 텀블러가 가득 진열된 선반은 탄소 감축 프로그램이 회사의 일상과 문화를 변화시키고 있음을 실감케 한다.

또 다른 인기 프로그램으로는 '에피 마켓'이 있다. 중고 물품을 거래하는 이 프로그램은 탄소 감축뿐 아니라 구성원 간의 친밀도 또한 높아졌다. 사내 포털의 에피 마켓 카테고리에 사용하지 않는 물품을 올리고 거래하는 방식으로 운영되며 현재까지 활발한 거래가 이어지고 있다. 구성원 간 신뢰가 바탕이 되어 거래 과정에서 문제가 발생하지 않고 무료 나눔을 위해 만나는 자리에서 음료수를 주고받으며 얼굴을 익히는 등 자연스럽게 교류가 이루어지고 있다. 에피 마켓은 구성원들이 즐기고 가장 선호하는 프로그램 중 하나로 자리 잡았다.

탄소 감축 프로그램들은 실제로 SK에코플랜트가 감축하는 탄소량이나 기업 ESG 실적에 포함되는 것은 아니다. 그럼에도 이러한 ESG 내재화 프로그램들이 구성원들의 호응을 얻고 중요한 의미를 지니는 이유는 분명하다. 이는 '글로벌 환경·에너지 사업자 1위를 하겠다', '구성원이라면 이 정도의 ESG 마인드셋은 갖추고 있어야 한다'는 내적 동기에서 출발했기 때문이다. 이 사례는 기발한 아이디어와 진심 그리고 구성원의 공감이 결합될 때 ESG가 조직의 문화로 자리 잡을 수 있음을 보여준다.

한전KPS의 ESG 컬처십 실험(공공기관)

공공기관에서 ESG를 하는 솔직한 이유는 경영평가를 위해서다. 처음 시작은 평가를 위해 시작했지만 전 사원 모두가 적극적으로 참여하는 ESG가 되어야 한다. 한전KPS가 그 사례이다. 한전KPS는 3년 연속 ESG 관련 부문 A등급 이상을 받았고 ESG를 잘하는 기업이라고 소개하고 싶다. 들어가기 앞서 한전과 한전KPS는 다르다는 것을 알고 가야 한다. 한전KPS는 국내·외에서 전력설비의 성능과 신뢰도를 제고하여 전력의 안정적 공급 및 전력 산업 발전에 이바지하는 것을 목적으로 1984년 4월 설립된 발전·송변전 설비 정비 전문 공기업이다. 반면 한전은 송배전사업, 전력판매, 전력 수요관리, 에너지 신사업, 해외사업 등의 업무를 수행하고 있다. 조금 더 쉽게 이야기하면 한전KPS는 한전의 자회사다.

한전KPS는 'E-Waste 자원순환 협력체계 구축'을 통해 '임직원 환경 인식 개선'을 중점으로 두고 ESG 활동이 조직 생활에서 내재화되도록 노력한다. 다양한 사내 캠페인을 통해 온실가스 저감과 임직원의 환경에 대한 인식 제고 등 친환경 경영을 실천하고 있다. 2023년에는 E-순환거버넌스와 MOU를 체결하여 폐전기·전자제품 친환경 회수를 위한 민·관·공 협업형 자원 순환 캠페인을 시행, 온실가스 3톤 감축 및 Scope3 인증 등의 성과를 달성하였다. 또한 불필요한 메일함 지우기, 전사 소등행사 등 직원 참여형 캠페인 시행을 통해 온실가스 감축 실적에 기여하고 있다.

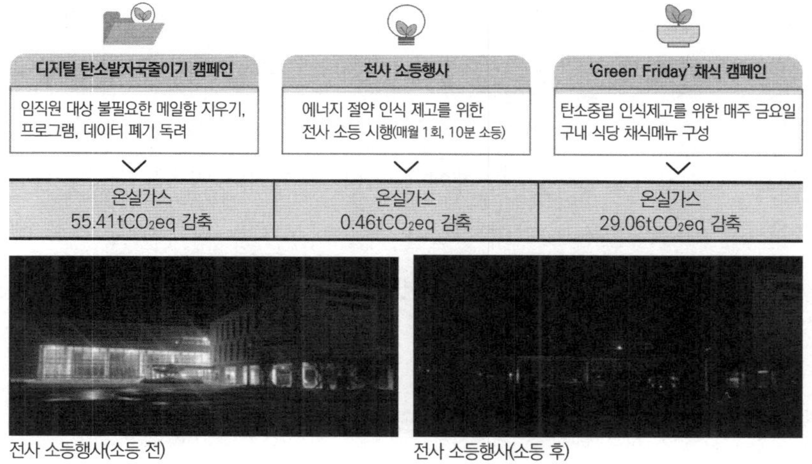

전사 소등행사(소등 전)

전사 소등행사(소등 후)

〈한전KPS ESG 캠페인 – 한전KPS, 2024〉

한전KPS 서인천사업처는 2년 연속 사업장 소재지인 인천시 공촌천 일대에서 '2050 에코체인지 강강살필래' 사업 추진을 통해 건강한 지역 생태계 조성을 위해 노력한다. 먼저 하천 수질개선 및 유해생물 제거를 위해 미꾸라지를 공촌천에 방류하였고 하천 주변의 생태계 교란 유해식물을 제거했다. 대신 국화 등 식재를 식목하여 지역 생태보존과 지역주민들의 쾌적한 공원 이용에 기여하고 있다. 그뿐만 아니라 2024년 2월에는 공기업 최초로 TNFD Forum에 가입하여 환경 보존 및 생태계 회복을 위한 기관의 관심과 의지를 대내외적으로 표명하였다. 이러한 노력은 임직원들이 서로의 단합을 도모하고 환경과 서로를 생각하도록 했다.

한전KPS의 한 직원은 "회사는 사람들이 모여 함께 일하는 공간이기에 모두가 행복할 수 있는 조직문화와 제도 개선이 중요합니다. 세대와 성별을 아우르는 포용적인 조직문화는 필수적이며 직원들이 각자의 역량을 최대한 발휘하고 성장할 수 있도록 공정하고 투명한 경영 방향이 설정되어야 합니다."라고 언급했고 "임직원이 ESG 경영에 쉽게 참여할 수 있는 프로그램을 개발하고 홍보하여 ESG 경영의 중요성을 인식하고 이를 실천할 수 있도록 해야 합니다."라며 자신의 의견을 남겼다. 더불어 "이러한 ESG 노력이 결실을 맺을 때 회사는 더 강하고 지속 가능한 조직으로 발전할 수 있다."라고 전했다.

프랑스 우체국, ESG 컬처십의 힘(해외 공공기관)

프랑스 우체국(La Poste)은 공공기관으로 우편 및 택배 업무와 금융 서비스를 제공하고 있다(이태호 et al., 2022). 프랑스 우체국의 홈페이지는 기본적으로 La Poste의 존재 이유는 일반 이익에 봉사하는 것임을 천명한다. 오늘날 국가 공동체의 도전 과제는 지구 온난화를 통제하는 것이다. La Poste는 역사적 사명에 충실하며 경제 주체가 환경을 위해 행동하도록 돕는다. 15년 이상 동안 La Poste는 활동의 기술적, 조직적, 행동적 측면에 대한 조치를 취함으로써 탄소 발자국을 줄여 왔다. 또한 우편 및 소포의 최적화된 적재를 개발하여 거의 8만 명이나 되는 우체국 직원에게 친환경 운전을 교육하고 세계에서 가장 큰 전기 자동차(35,000대) 운영하는 기관이다. 2013년에서 2020년 사이에 탄소 배출량을 22% 줄였다. 2016년부터 1만 2,000개 건물에 재생 가능한 전기를 공급하고 에너지 성능을 개선하고 있다.

2015년부터는 프랑스의 자발적 보상 기준인 저탄소 라벨 제정을 가능하게 한 프로젝트(조림, 혼농임업 등)에도 프랑스 우체국은 투자하고 있다. 이러한 조치 덕분에 La Poste는 자발적 탄소 상쇄 분야에서 세계의 리더로 부상했으며 2021년부터 모든 우편, 소포, 특송 및 디지털 서비스는 완전히 탄소 중립적이 되었다. 온실가스 배출량을 줄여야 할 필요성은 지금부터 2050년 사이에 더욱 심화될 것이므로 La Poste는 기술 및 조직적 돌파구를 포함하는 점점 더 과감한 감축을 준비하고 있고, 1.5℃의 온난화를 초과하지 않기 위해 노력하고 있다. La Poste는 온실가스(GHG) 배출에 있어서 파리 협정 목표(1.5도)에 맞추어 감축시키는 것과 그룹의 탄소중립을 확보하고 고객의 탄소발자국을 감소시키는 대책을 만들었다.

또한 프랑스 우체국은 생물 다양성 보호 작업에 힘쓰고 있다. 부동산의 운영이 생물다양성에 미치는 영향을 제한하고 물 관리를 최적화하며 투자 포트폴리오가 동식물에 주는 영향을 측정하여 부정적인 영향을 줄이도록 노력하고 있다. 그리고 공기의 질을 보전하고 지속 가능한 도시를 건설하기 위해 오염물질 배출을 줄이고 공기의 질을 개선하는 이해관계자들을 지원하며 도심의 물류를 재설계한다. 아울러 자원의 합리적 사용을 선도하는 것을 목표로, 순환경제 개념을 그룹의 일상 경영에 도입하고 중고시장과 폐기물 재생시장에서 촉매 역할을 수행하고 있다. 이를 뒷받침하기 위해 순환경제 환경 시스템과 지역 기반 시스템에 대한 지원도 함께 추진하고 있다.

구체적으로 2040년까지 우체국은행의 포트폴리오를 탄소중립으로 만들고 또 다른 물류회사인 CNP의 경우 2050년까지 탄소중립을 달성하는 것을 목표로 한다. 그리고 전 그룹의 전기를 100% 재생에너지로 조달하는 것을 목표로 하고 있다. 또한 196개 빌딩이 ISO 50001

의 인증을 받아 효율적인 에너지 경영 시스템을 운영하고 있다. 이에 2022년에는 2015년보다 50% 정도 우체국의 차량의 오염물질 배출이 감소했다.

프랑스 우체국의 ESG 노력은 모든 직원들에게 책임 있는 고용주로서 역할을 요구하고 있다. 직장에서 평등을 보장하며 인권과 근본적 자유를 존중하는 문화를 만들어 간다. 또한 질 높은 고용을 제공하고 납품업자와 하청업자에 대하여도 관대한 사회적인 기준을 적용한다.

이는 직원들에게 공익적 가치를 자연스럽게 내재화시키고 회사에 대한 자부심과 주인의식을 갖게 한다는 점에서 의의가 있다. ESG 활동이 장기적이고 효과적으로 수행된 이유는 바로 직원들의 적극적인 참여다. 우체국 구성원들은 환경 문제를 내가 당면한 문제라고 여기며 ESG 활동을 실천한다. 더욱이 프랑스 우체국 직원들은 공공기관이 이러한 활동을 하는 것을 자랑스러워하며 사명처럼 여기고 있다.

ESG도 당근마켓처럼(중소기업/스타트업)

당근마켓은 시리즈D 투자를 마무리하며 국내 16번째 '유니콘 기업'으로 자리 잡았다(이용준, 2021). 설립 7년 만에 기업가치 3조 원, 가입자 수 2,100만 명을 보유한 대형 플랫폼 기업으로 성장했다. 당근마켓의 성공 요인에 대해 많은 이들은 ESG 실천 전략을 충실히 수행했기 때문이라는 분석을 내놓고 있다. 당근마켓의 사업 모델 자체가 ESG 경영의 핵심을 반영하고 있어 지속 가능한 성장의 모범 사례로 평가받고 있다.

환경적인 측면에서 당근마켓은 그 자체로도 환경 보호에 기여하고 있다고 할 수 있다. 2020년 당근마켓 연말정산 자료에 따르면, 플랫폼에서 이루어진 1억 건 이상의 거래는 2,770만 그루의 나무를 심는 효과와 동일한 것으로 나타났다. 또한 당근마켓 사용자들은 무료 나눔 게시글을 통해 어려운 이웃들에게 도움의 손길을 전하기도 한다. 이뿐만 아니라, GS25와 협력하여 '마감 할인 판매' 서비스를 도입하며 자원 손실 문제 해결에 동참하는 모습을 보여주었다.

당근마켓의 여러 캠페인 중에서도 사회적 기여도가 두드러진 사례는 '부품 나눔 캠페인'이다. 2021년 1월, 당근마켓은 강서구와 협력하여 코로나19로 심화된 '디지털 격차' 문제 해결에 나섰다. 캠페인을 통해 모인 부품들은 강서구의 저소득층 학생들에게 전달되어 디지털 교육 접근성을 높이는 데 기여했다.

당근마켓 공식 홈페이지에 따르면, 회사는 수평적인 조직 구조를 바탕으로 자유로운 소통, 책임감 있는 업무 처리, 사용자 중심의 서비스 구축을 목표로 하고 있다. ESG 경영이 내재화된 기업인 당근마켓은 이러한 수평적 구조와 소통 문화를 기반으로 ESG를 실현하는 강력한 도구로 활용하고 있다. ESG 내재화는 현재 모든 기업들의 경영 목표라고 해도 과언이 아니다. 수익 창출과 이익만을 목표로 삼던 과거와 달리 환경 보호, 사회 기여, 수평적인 회사 구조 등 비재무적인 요소도 고려해야 하는 만큼 이 모든 것들을 갖추고 긍정적인 평가까지 받는 기업들이 소비자들의 높은 만족도를 기록하고 사랑받는 것은 당연한 수순이다. 당근마켓은 이러한 점에서 ESG 경영의 대표적인 모범 사례로 항상 꼽히고 있다. ESG 경영을 기초로 하며 다양한 서비스와 캠페인에 도전하는 당근마켓은 오랜 기간 동안 중고거래 분야 1위를 차지하고 있다. 이것이 도화선이 되어 같은 업계인 번개장터, 중고나라 역시 ESG에 열을 올리고 있다. 당근마켓처럼 잘 형성된 ESG 컬처십은 중소기업 및 스타트업에 더 많은 인재와 투자가 늘어나는 선순환 구조가 될 것이다. ESG를 실천하기 어려운 중소기업 및 스타트업일수록 발상의 전환을 통해 ESG 컬처십을 만들어나가는 것이 필요하다.

AI와 ESG는 함께할 수 있을까?

인공지능(AI)은 이미 모든 산업 부문에 영향을 미치고 있으며 ESG도 예외가 될 수 없다. 새로운 AI 기술은 ESG 영향 평가를 수행하는 방식을 바꿀 수 있는 무한한 잠재성이 있고 AI를 활용한 ESG 활동이 계속적으로 증가하고 있는 추세다. AI는 다양한 산업에서 자원 활용을 최적화하고 환경문제를 포함한 사회 문제를 줄이는 데 도움이 되며 우리 사회의 지속 가능성을 위한 혁신적인 솔루션과 혜안을 준다.

특히 Microsoft(MS)는 AI를 활용하여 ESG를 실천하는 대표적인 기업이다. 2023년 샤올레이 런 캘리포니아대학 교수는 연구 논문을 통해 AI로 인해 발생시킨 환경 문제를 AI를 통해 해결할 수 있다고 주장했다. 런 교수는 AI 서비스 수요가 증가함에 따라 연간 물 소비량이 2027년까지 약 42~66억㎥에 이를 것으로 전망했고 이는 현재 영국 연간 물 취수량의 약 절반에 해당하는 엄청난 수치다. MS의 2024 환경 지속 가능성 보고서를 보면 워터 포지티브의 개념이 나온다. 이것은 물 소비량을 줄이는 것을 넘어 물을 소비한 양보다 더 많은 물을 벌충하는 것이다. 또한 물과 관련된 정책들을 혁신성, 접근성 개선, 효율적 추진 등 다양한 분야를 포괄하여 통합적 접근 방식으로 다루려고 한다. MS는 데이터센터 사업의 지속적인 성장으로 물 사용량을 급격하게 증가하고 있다는 것을 지적했다. 정보통신(IT) 업계 전문가들은 AI의 발전으로 데이터센터가 늘어나면서 물 부족 문제의 심각성을 우려하고 있다. 실제로 MS의 최신 데이터센터에서 GPT-3를 훈련시키는 데 약 70만 리터의 물이 사용된 것으로 추산된다. 데이터센터 열을 식히기 위한 대량의 냉각수 사용 때문에 물 사용량이 급증했다. 이렇듯 MS에게 물관리가 중요한 이유는 데이터센터를 냉각하고 전 세계적으로 흩어져 있는 건물 운영을 할 때 상당량의 물이 필요하기 때문이다. 그렇기 때문에 MS는 2030년까지 물 포지티브를 발표하고 Water Resilience Coalition에 가입을 통해 여러 노력들을 지속적으로 하고 있다(그리니엄, 2024).

※ MS의 워터 포지티브 목표 다섯 가지 방향

① 물발자국(Water footprint)의 감축
② 효율적인 물 자원 관리
③ 수자원·위생에 대한 접근성 향상
④ 혁신·디지털화를 통한 물에 대한 솔루션 개발 및 확장
⑤ 물과 관련된 혁신적이고 효율적인 정책 지지

더 나아가 MS는 물 사용량을 40% 절감하는 목표를 세우고 그 기반을 마련했다고 밝혔다. 이것이 가능한 이유는 물 소비 절감 정책, 물 재사용 확대 그리고 인공지능 기술의 지원 덕분이라고 밝혔다. 특히 최

신 데이터센터는 물을 거의 사용하지 않는 냉각 시스템으로 설계되었고 실시간 기후 데이터를 활용한 물 소비 예측 모델도 개발 중이다. 이러한 노력을 통해 MS는 2020년 이후 총 6,100만㎥의 물을 보전했으며 이는 올림픽 수영장 약 24,000개를 채울 수 있는 규모다. AI의 훈련과 딥러닝이 있었기 때문에 이러한 일들이 가능했다. 또한 영국의 워터테크 스타트업 피도테크와 협력해 AI 기술로 오래된 수도관의 누수를 감지하는 프로젝트를 진행하고 있고 이를 통해 런던, 멕시코 케레타로, 애리조나 피닉스 등 세계 곳곳에서 발생하는 누수 방지를 위해 안간힘을 쓰고 있다.

현재 MS는 세계자원연구소(WRI)의 온라인 플랫폼 '애퀴덕트 프로(Aqueduct Pro)'와 세계자연기금(WWF)의 '하이드로셰드(HydroSHEDS)' 프로젝트를 지원하며 물 관련 데이터를 기반으로 한 의사결정을 돕는 기술 개발에 기여하고 있다. MS는 아프리카와 동남아시아 등 물 자원 접근성이 낮은 지역에 대한 지원도 강조하며 물 스트레스가 높은 지역에 우선적으로 투자하겠다는 방침을 밝혔다. 이제 AI를 활용하여 ESG를 적극적으로 실천할 수 있는 시대가 된 것이다 (Microsoft, 2024).

마무리

ESG 컬처십의 가장 중요한 부분은 구성원들의 공감대 형성이다. 구성원들의 공감을 얻지 못하고는 아무리 좋은 ESG 활동이 있어도 문화화되지 못한다. 경영진의 Top-down 방식으로도 결코 해결될 수 없다. 구성원들의 공감대를 형성하기 위해 ESG가 왜 필요한지, 기업에게 왜 중요한지, 개인에게 어떤 영향을 미치는지를 조직 구성원들에게 설명하고 이해시키는 것이 필요하다. 금융유관기관에서 근무하면서 ESG 컬처십을 직접 만들고 경험했던 사례를 잠깐 언급하고 싶다. 어느 날 ESG를 직접 실현하는 기관의 직원들이 한자리에 모였다. 그들은 자신들이 왜 이 일을 해야 하는지, 각 부서별로 어떠한 마인드셋을 가져야 하는지 토론했고 그것을 패들렛을 통해 기록하기 시작했다. 매달 한 번 독서 토론과 비전 공유의 시간을 가지며 서로의 의견을 나누고 생각을 정리했다. 그 과정에서 우리는 사회공헌사업에 대한 이해와 일하는 방식, 문화를 먼저 공감하고 실천해야 한다는 결론에 이르렀다. 수직적이었던 금융권 분위기에서 수평적이고 보다 따뜻한 조직이 되는 첫걸음이었다. 따뜻한 사업을 진행하기 위해서는 그 속한 구성원들이 따뜻해야 한다. 그 작은 발자국은 조직문화의 새바람을 일으키고 있다.

앞서 언급한 이야기처럼 ESG 컬처십을 형성하기 위해서는 작은 실천부터 시작하여 점진적 확대로 나아가야 한다. 대기업, 해외의 Best Practice만 찾아서 학습하지 말아야 하고 잘된 사례를 참고는 하되 기업의 규모와 상황에 맞게 실천할 수 있는 것부터 시작해야 한다. 특히 문화를 만들기 위해서는 강제가 아닌 자발적 참여 유도가 필요하다. 강제적인 ESG 활동은 오래가지 못한다. 단회성, 이벤트성으로 끝나는 활동으로는 ESG가 기업문화로 자리 잡지 않는다. 어떻게 자발적으로 참여할 것인지는 앞서 언급한 사례들을 바탕으로 조직에 맞게 구체화할 필요가 있다. ESG 컬처십은 자발성을 바탕으로 하되 조직문화의 아이덴티티가 반영되어 있어야 한다. 그 아이덴티티는 기업의 미션과 비전에도 관련이 있다. 각 기업의 주력사업을 토대로 ESG 활동을 찾고 조직 구성원들이 각인할 수 있게 해야 한다.

조직 규모가 큰 대기업은 체계적인 ESG 문화 프로그램 운영과 성과 측정을 바탕으로 ESG 컬처십을 내재화할 필요가 있고 자발성과 창의성이 돋보이는 조직문화를 만들어야 한다. 공공기관의 경우 사회적 가치 창출을 위한 구성원 참여형 문화 조성이 필요하다. ESG를 경영평가를 위한 도구로만 활용해서는 안 된다. ESG 컬처십을 통해 구성원들에게 공공의 가치를 기준으로 일한다는 자부심을 심어줄 필요가 있다.

중소기업과 스타트업은 실천 가능한 소규모 ESG 활동부터 시작하고 창업 시점부터 ESG를 조직 미션과 문화에 반영해야 한다. 조직 규모가 영세한 조직은 ESG 관련 문화를 만들고 프로그램을 운영하기가 쉽지 않지만 미래를 내다보는 심정으로 미션과 문화를 만들어야 한다. 대기업이나 조직 규모가 큰 곳에서 진행되었던 프로그램을 그대로 가져오는 방식은 지양하고 실현 가능한 ESG 활동을 찾아야 한다. 또한 조직의 특성과 규모에 맞는 ESG 컬처십을 수립하고 모두가 그 지향점을 공유하도록 만드는 일은 특히 소규모 조직에 중요한 과제다.

대한민국은 2021년 1월에 국제 신용평가사 Moody's(무디스)에서 발표한 ESG 신용영향점수(CIS)에서 독일, 스위스, 스웨덴, 싱가포르 등과 함께 최고등급인 1등급을 부여받았다(전경운, 2021). 이러한 성과에서 보듯 우리나라 조직문화는 긍정적으로 배태된 ESG 컬처십이 있다. 각 기업은 조직에 맞는 ESG 컬처십을 발견하고 곳곳에 ESG 컬처십이 뿌리내릴 수 있도록 노력해야 한다.

특히 앞으로의 ESG 속에는 AI가 깊숙하게 자리 잡을 것이다. IT 업계에선 기업의 지속 가능성과 사회적 노력의 중요성이 강조되고 IT를 접목한 ESG 경영을 그 이행 방안이 나오고 있다. 오라클이 발표한 보고서에 따르면 조사 응답자 92%는 지속 가능성과 ESG 프로그램이 기업의 성공에 매우 중요하다고 생각했다. 또한 93%의 경영인은 '지속 가능성과 사회적 활동을 위한 앞으로의 의사결정에 사람보다 AI를 더 신뢰할 것'이라고 밝혔다(오라클, 2025). 그러한 이유는 다양한 데이터 수집, 합리적이고 편견 없는 의사결정 등을 AI의 강점으로 뽑았기 때문이다. 하지만 지속 가능성의 증대와 사회적 노력의 성공을 위해 사람의 노력을 배제해야 한다는 것은 아니다. 일종의 위기가 발생 했을 때 사람의 힘이 반드시 필요하다고 생각하며 그것은 AI와 인간이 공존함을 뜻한다. 결국 앞으로 ESG는 AI와 협업하여 지속 가능성과 사회적 목표 달성을 위해 함께 보폭을 맞추며 나아갈 것이다. AI가 ESG의 실행력을 높이는 또 다른 축이 되었고 제도적 측면에서는 기술 기반의 환경 규제 의무화가 강화되고 있다. UN, OECD, EU를 비롯한 국제기구들은 기후위기 대응과 순환경제 전환을 위해 데이터와 블록체인 등의 탈중앙화된 기술을 활용한 규제적 기준을 마련하고 있으며 특히 ESG 성과를 정량적으로 측정하고 검증 가능한 방식으로 관리할 것을 요구하고 있다. 이는 앞으로는 기업의 환경적·사회적 책임이 규제 준수를 위한 행동에서만 머무르는 것이 아니라 기업의 전반적인 생산 활동 기저에 편입되어야 한다는 것을 의미한다. 따라서 기업은 ESG를 필수과제로 인식하고 기술적 역량을 활용하여 기업의 활동 전반의 흐름을 트래킹하고 공유할 수 있는 준비가 필요하다.

유럽연합(EU)이 추진 중인 디지털 제품 여권(DPP; Digital Product

Passport) 제도는 이러한 흐름을 상징적으로 드러낸다. DPP는 기업들이 제품의 원재료, 제조 과정, 재활용 가능성 등 제품 전 생애주기에서 발생하는 환경 관련 데이터를 디지털 ID(NFC, RFID 등)에 담아 추적하고 대중에 공유하도록 의무화한다. 2027년부터는 섬유·배터리 산업을 시작으로 2033년까지 단계적으로 확대 적용될 예정이며(European Commission, 2022), 규정을 지키지 않은 기업의 제품은 EU 시장에서 판매와 유통이 제한된다. 이에 따라 H&M과 같은 유럽 패션 기업들은 이미 제품별 소재 정보와 재활용 가능성을 공개하는 디지털 라벨을 시험 도입하며 DPP 규제 변화에 미리 대비하고 있다. 이는 ESG 활동이 공급망 전반에서 데이터 기반의 투명성 강화와 검증 체계로 전환되고 있음을 보여준다. 결국 기업은 AI, 블록체인 등 차세대 기술을 활용해 ESG 성과를 고도화하는 동시에 이러한 인프라가 ERP와 같은 기업의 핵심 경제활동 관리 시스템에 통합되어야 할 것이다. 이렇게 기업의 생산 활동과 환경 활동이 일체화될 때 비로소 ESG는 기업의 생산과 경영 전 과정을 추적하고 최적화하는 새로운 성장 엔진으로 자리매김할 수 있을 것이다.

"본부장님, 우리 팀에 육아 단축 근무를 신청한 직원이 있대요."
Z 사원이 소식을 전했다.

M 본부장은 고개를 끄덕이며 잠시 생각에 잠겼다.
"지금 상황을 보면 이해는 가. 요즘 워낙 출산이 쉽지 않잖아. 근데 솔직히 기업 입장에서는 부담이지. 인력이 줄어들면 프로젝트 속도가 늦어질 수밖에 없으니까."

"그러니까요. 정부가 도와준다지만, 결국 업무는 우리가 채워야 하잖아요. 당장은 손해처럼 보일 수밖에 없죠."
Z 사원이 현실적인 걱정을 내비쳤다.

M 본부장은 창밖을 바라보며 말을 이었다.
"맞아. 그런데 우리 같이 특정 전문 기술이 중요한 회사는 상황이 달라. 한번 키운 사람을 잃으면 대체하기가 힘들거든. 그래서 육아휴직이나 단축근무 외에도 재택근무 같은 추가 혜택을 주면서 직원이 회사를 계속 다니게 만드는 게 장기적으로는 이득이야."

Z 사원이 고개를 끄덕였다.

"그러니까 전문 기술 기반 회사 같은 경우엔 사람을 붙잡는 게 낫다는 거군요."

"그렇지. 하지만 모든 회사가 그런 건 아니야. 일반적인 업무가 중심인 작은 회사들은, 빠진 인력을 비교적 쉽게 채울 수 있어서 굳이 높은 비용을 들여 붙잡는 게 오히려 부담이 될 수도 있거든."

M 본부장이 설명했다.

Z 사원은 잠시 생각하다가 입을 열었다.

"결국 정답이 하나는 아니군요. 다만 우리 같은 회사라면, 사람을 지키는 게 더 큰 이득이라는 거네요."

M 본부장은 미소를 지으며 고개를 끄덕였다.

"그래. 적어도 우리한테는 육아 때문에 회사를 떠나지 않게 만드는 게 가장 현명한 선택이야."

한국의 합계출산율은 2024년 기준 0.75명으로 전 세계 최저 수준에 도달해 있다(통계청, 2025). 이는 숫자로만 볼 수 있는 문제가 아니라 우리 사회의 기반을 흔드는 현실적 위험요소다. 아이들의 웃음소리가 사라진 도시, 활기를 잃은 산업 현장, 노인의 고독과 빈곤이 만연한 사회는 더 이상 영화 속 디스토피아가 아니다. 이제 '저출산·고령화'가 낳을 문제를 먼 미래의 이야기로 치부할 수 없다. 이 위기는 경제 활동의 핵심

축인 기업 생존과 직결된 경고이자 새로운 성장 패러다임을 만들 기회이기도 하다.

'저출산'은 '고령화'가 가져오는 문제를 더욱 심화시키며 사회경제 전반을 근본부터 흔든다. 내수 시장은 소비 인구 축소와 함께 구조적으로 줄어들고 노동력은 만성적 부족 상태에 빠질 가능성이 크다. 그러나 위기의 이면에는 '실버 이코노미의 부상', '기술 혁신을 통한 생산성 혁명', '인적자원 관리 패러다임 전환'이라는 새로운 성장 동력도 잠재해 있다. 이 장에서는 인구 구조 변화가 사회와 기업에 어떤 영향을 미치는지 살펴보고 변화의 시기에 기업이 어떤 선택을 할 수 있을지 생각해 보고자 한다. 이는 앞선 챕터들(MZ 세대·EX, AI·ESG, DEIB)에서 다룬 '사람-기술-가치' 축을 인구 변화라는 전제 아래 재정렬하는 과정이기도 하다. 위기 관리에 그치지 않고 지속 가능한 경쟁력과 활로를 찾기 위한 탐색 과정이 될 것이다.

인구 절벽 이후의 사회, 무엇이 달라지는가

저출산·고령화가 가져올 가장 근본적인 변화는 사회 전반의 패러다임이 '성장'에서 '축소'로 전환된다는 점이다. 이는 단지 인구가 줄어드는 양적 변화가 아니라 새로운 질서가 출현하는 변화다. 이 질서는 기업 생태계를 급격히 낯설게 만들고 경제·사회 전반에 적지 않은 부담을 안길 수 있다.

먼저 복지 시스템의 지속 가능성이 한계에 직면할 가능성이 높다(국가

과학기술연구회, 2024). 국민연금과 건강보험 등 현행 사회보험 제도는 기본적으로 인구 증가와 경제 성장을 전제로 설계되어 왔다. 그러나 부양해야 할 노인 인구는 늘고 비용을 부담할 세대는 줄어드는 축소 사회에서는 기존 모델의 유지 자체가 어려워진다. 사회보장제도의 지속 가능성에 대한 불신이 커질수록 기업의 사회보험료 부담도 증가할 것이며 특히 고령 인구 증가로 인한 의료비 급증은 인건비 부담을 키우고 투자 여력을 제약할 수 있다.

또한 지역 소멸과 국토 공간의 불균형이 심화될 가능성도 크다. 인구 감소와 수도권 집중이 맞물리면서 지방 중소도시는 소멸의 위기로 내몰리고 있다. 향후 인프라가 집중된 소수의 거점 도시를 중심으로 초고밀도의 도시가 형성되고 그 외 지역은 다른 형태의 공간으로 재편되는 이른바 '콤팩트 시티' 전략이 본격적으로 논의될 수 있다. 이러한 흐름은 효율성을 높이는 대신, 지역 고유의 특성과 다양성을 약화시키는 결과로 이어질 가능성도 있다.

마지막으로 일과 육아의 딜레마가 더욱 심화될 것이다. 저출산의 주요 원인 중 하나로 지목되는 것은 일과 육아를 함께하기 어려운 현실이다. 돌봄 지원이 충분하지 않은 현실에서 출산과 육아는 개인에게 큰 부담으로 작용한다. 이는 아이를 낳지 않는 개인의 선택을 넘어 여성 인재의 노동시장 이탈로 이어져 국가적 손실로 확산될 수 있다. 결국 저출산 문제는 돌봄 시스템의 구조적 취약성과 깊이 연결되어 있다. 이제 이러한 문제의식을 바탕으로 산업별 대응 방향을 간략히 살펴보자.

모든 산업에 동시에 닥친 변화

1) 제조업

제조업은 숙련 인력 부족의 직격탄을 맞는 업종이며 내수 축소로 인한 수요 감소 우려도 크다(전자신문, 2025). 대응의 핵심은 스마트 제조의 고도화다. 한국의 로봇 밀도는 이미 세계 최고 수준이지만 인력 부족을 메우기 위해 자동화·협동로봇 도입은 더 확대될 전망이다.

실제 산업 전망 보고서에 따르면 한국의 산업용 로봇 시장은 2024년 20억 6,650만 달러에서 2025년 23억 5,590만 달러 규모로 성장할 것으로 예상되며, 2030년에는 연평균 8.19% 성장률을 기록해 약 34억 9,260만 달러 수준에 이를 것으로 전망된다(Next Move Strategy Consulting, 2025). 특히 자동차, 전자, 반도체 등 주요 산업 분야를 중심으로 AI와 사물인터넷(IoT)이 결합된 첨단 로봇 솔루션 도입이 활발해지고 있다. 이는 실시간 모니터링과 예측 유지보수를 가능하게 하여 운영 효율성을 극대화하고 수작업 의존도를 획기적으로 낮추는 결과로 이어지고 있다.

다만, 높은 도입 비용과 로봇을 운용할 숙련된 기술 인력의 부족은 여전히 해결해야 할 과제다. 따라서 기업은 기술 도입과 더불어 내부 인력의 디지털 리스킬링(Re-skilling)에 집중해야 한다. 내수 축소에 대응하는 과정에서 해외 시장 개척의 중요성은 더욱 커지고 있으며, 아세안·아프리카 등 신흥시장과 한류 기반 소비재 수출 확대는 새로운 성장 축으로 자리 잡고 있다.

2) 서비스업

서비스업은 내수의 핵심이자 일자리의 대부분을 차지한다. 인구 감소와 고령화는 위협이지만 디지털 전환의 촉진 요인이기도 하다. 무인 점포, 키오스크, AI 챗봇 상담 등 비대면 서비스는 비용 절감 차원을 넘어 인력 부족과 결합되며 더 보편화될 것이다.

최근 통계에 따르면 국내 서비스업의 온라인 플랫폼 활용 비중은 갈수록 높아지고 있으며, 특히 식당과 주점업 분야의 키오스크 도입률은 사상 처음으로 10%를 돌파하며 빠른 무인화 흐름을 보여주고 있다(통계청, 2024). 무인 프랜차이즈 점포 수는 최근 5년간 4배 이상 증가해 1만 개를 넘어섰다(조선일보, 2025). 이는 인건비 상승과 구인난 속에서 무인 서비스가 사실상 필수 전략으로 자리 잡고 있음을 시사한다.

빅데이터·AI 기반 개인 맞춤형 서비스는 새로운 성장 동력이 될 수 있다. 금융권의 로보 어드바이저·AI 신용평가, 플랫폼 기반 맞춤 추천은 이미 확산 중이다(TF미디어, 2023). 다만 무인화 급증의 이면에는 매출 정체와 과당 경쟁이라는 리스크도 존재한다. 서비스업 전체 매출은 소폭 증가했으나 업체당 매출은 정체된 상태라는 통계는(통계청, 2024), 서비스업이 데이터 기반의 상권 분석과 차별화된 고객 경험을 결합한 '스마트 서비스'로의 질적 전환이 불가피하다는 점을 분명히 드러낸다.

3) 유통 및 소매업

유통·소매업은 소비층과 소비 패턴 변화에 가장 민감하게 반응해야 하는 업종이다. 온라인·오프라인 경계가 무너지면서 소비자는 이제 하나의 채널이 아니라 '경험의 흐름'을 기준으로 구매를 설계한다. 이 과정에서 옴니채널(Omni-Channel) 전략이 필수가 되었고 앱 기반 주문-픽업-배송 통합 제공이 일반화되고 있다.

실제로 글로벌·국내 유통 분석 자료에서는 '장바구니를 모바일에서 시작해 오프라인 매장에서 결제·수령을 마무리하는' 방식, 즉 이러한 통합 서비스가 한국 소매업의 기본 UX로 자리 잡았다고 평가한다. 소비자는 모바일 앱에서 상품 탐색과 결제를 마친 뒤 매장 픽업, 드라이브스루, 새벽·당일 배송 등 다양한 수령 방식을 상황에 맞게 선택하며, 유통 기업은 이러한 채널 통합을 통해 고객 접점을 끊임없이 연결하려 한다. 이러한 옴니채널 전략의 고도화와 함께 기존의 MZ세대를 중심으로 실시간 소통과 구매가 결합된 라이브 커머스가 급성장하고 있다는 점도 중요한 변화로 읽힌다.

4) 건설 및 부동산업

건설업은 기능 인력 부족과 고령화 영향이 큰 업종이며 인구 감소에 따른 주택 수요 변화와 도시 공간 재편이라는 구조적 변화도 함께 직면하고 있다. 이러한 환경 변화 속에서 3D 프린팅, 모듈러 공법, 로봇 건설 등 신기술 도입이 가속화되고 있다.

특히 '21세기 연금술'로 불리는 건설 3D 프린팅(3D Construction Printing)은 이러한 변화의 핵심 축으로 부상하고 있다. 전통적인 건설 방식이 재료를 깎거나 거푸집을 만드는 방식이었다면, 3D 프린팅은 디지털 설계도에 따라 재료를 층층이 쌓아 올리는 적층 제조 방식으로 비정형 구조물을 자유롭게 구현할 수 있다. 이는 거푸집 제작과 같은 부수 공정과 폐기물 발생을 크게 줄여 공사 기간과 비용을 동시에 절감하는 효과를 가져온다.

글로벌 건설 3D 프린팅 시장은 2021년 약 12억 달러에서 2031년 33억 달러 규모로 연평균 40.3%라는 높은 성장률을 기록할 것으로 전망된다(Hyundai E&C, 2024). 국내에서도 현대건설 등 주요 기업을 중심으로 다관절 로봇을 활용한 콘크리트 3D 프린팅 기술이 상용화되고 있으며, 세계 최초로 3D 프린팅 어린이 놀이터를 조성하는 등 그 범위를 넓히고 있다.

이러한 기술적 진보는 건설·부동산 서비스의 성격도 바꾸고 있다. 고령친화 주거 환경에 최적화된 맞춤형 공간 설계, AI 기반 스마트홈 시스템, 에너지 효율을 극대화한 그린 리모델링 등은 인구 구조 변화 속에서 건설·부동산업의 새로운 성장 축이 될 것이다.

기업 생존 전략과 성장 이후의 선택

인구 구조가 바뀌면서 기업이 겪는 변화는 매출이나 인력 문제에 그치지 않는다. 기업이 그동안 당연하게 여겨왔던 성장과 확장의 방식 자체를 다시 고민하게 만든다. 저출산·고령화가 본격화된 환경에서 기업의 생존은 '얼마나 더 성장할 수 있는가'보다 '어떤 기준으로 조직을 유지하고 재구성할 것인가'로 이동하고 있다.

총인구 감소는 내수 시장의 구조적 축소로 이어지고, 생산 가능 인구 감소는 거의 모든 산업에서 만성적인 인력 부족을 초래한다(통계청, 2023). 특히 젊고 숙련된 인재에 대한 수요는 공급을 크게 웃돌며, '사람이 부족하다'는 문제를 넘어 채용과 운영 전반에서 의사결정 및 관리의 부담이 커지는 상황으로 이어질 수 있다. 여기에 조직의 평균 연령이 높아지면서 혁신 속도가 둔화되고, 기존의 연공 중심 문화는 변화에 대한 저항을 키울 가능성도 커진다.

하지만 이러한 변화가 곧바로 위기만을 의미하지는 않는다. 통계청 장래인구추계에 따르면 한국의 65세 이상 인구 비중은 2025년 20%를 넘어 초고령사회에 진입한 뒤, 2036년 30%, 2050년 40%를 초과할 것으로 전망된다(통계청, 2023). 고령 인구 확대는 헬스케어·돌봄·여가·금융 등 시니어 중심 수요를 키우며, 기업에 '실버 이코노미'라는 새로운 시장 기회를 연다. 헬스케어는 치료 중심에서 예방·관리·웰니스 중심으로 이동 중이며, 디지털 기술이 이를 가속한다. 또한 글로벌 디지털 헬스 시장은 2024~2029년 연평균 8.5% 성장해 2029년 약 2,580억 달러 규모로 전망되며, 원격의료·웨어러블 모니터링·AI 서비스가 사업 기회를 확대한다(정보통신정책연구원, 2024).

한국은 저출산·고령화로 인한 구조적 노동력 부족에 직면해 있으며, 기업과 정부는 AI·자동화 중심 디지털 전환으로 생산성을 높이는 전략을 강화하고 있다(OECD, 2025). 제조업에서는 AI 기반 스마트공장과 생산 공정 자동화가 인력 부족 완화와 효율성 제고의 핵심 해법으로 추진되고 있으며(중소벤처기업부, 2025), 서비스업에서도 고객상담·행정·유통·금융·공공 영역을 중심으로 AI 챗봇과 무인화 기술 도입이 확대되고 있다(조선일보, 2025). 이러한 흐름은 인력 구조 변화와 맞물려 업무 방식 전반의 전환을 가속하고 있다(통계청, 2024).

인구와 시장이 동시에 줄어드는 환경에서 기업에게 외형적 확장을 전제로 한 전략은 점점 더 큰 부담이 된다. 대신 기업은 핵심 사업과 고객 경험의 밀도를 높이는 방향으로 자원을 재배치해야 한다. 선택과 집중은 조직의 지속 가능성을 좌우하는 전략적 결단이다.

조직 내부의 인력 구성 역시 다시 점검할 필요가 있다. 고령화 자체는 피할 수 없는 흐름이지만, 경험을 비용으로 볼 것인지 자산으로 활용할 것인지는 기업의 선택에 달려 있다. 직무와 성과 중심의 체계, 재교육과 역할 전환은 고령 인력을 부담이 아닌 조직의 안정성과 학습을 함께 만들어 내는 자원으로 전환하는 기반이 될 수 있다. 또한 국내 인력 부족을 보완하기 위한 글로벌 인재 영입과 다문화 조직 운영 역량 역시 보조적 수단이 아니라 경쟁력 차원에서 검토되어야 한다.

※ 저출산·고령화 시대에 기업이 던져야 할 핵심 질문 3가지

① 사람: 어떤 인재 구성과 세대·다양성을 전제로
조직을 설계할 것인가?

② 일: 기술·자동화를 어디까지 받아들이고, 어떤 일을
사람에게 남길 것인가?

③ 기준: 성장이 멈추거나 줄어드는 시기에,
무엇을 지표로 '좋은 회사'를 정의할 것인가?

저출산·고령화의 시대에 모든 선택이 단기간의 성과로 이어지지는 않는다. 그러나 시간이 지날수록 조직이 어떤 기준을 유지해 왔는지는

분명한 차이를 만든다. 성장이 어려워진 시대에 기업의 생존 전략이란 유행하는 해법을 따라가는 것이 아니라 변화된 조건 속에서도 판단의 기준을 분명히 세우는 일에 가깝다. 이러한 기준 위에서 이루어진 결정만이 이후 등장하는 다양한 사례와 실험을 일관된 방향 속에서 의미 있게 이끌 수 있다.

축소 사회를 선택한 도시, 라이네펠데

인구 감소와 고령화는 기업과 조직이 당연하게 여겨왔던 '성장'의 공식을 흔드는 구조적 변화다. 인구가 줄어드는 사회에서 중요한 질문은 더 이상 어떻게 다시 성장할 것인가가 아니라 성장이 어려운 조건에서 무엇을 남기고 어떤 기준으로 다시 짤 것인가이다.

독일 튀링겐주의 소도시 라이네펠데는 이 질문에 대해 방향을 분명하게 보여준 사례다. 이 도시는 1990년대 이후 산업 쇠퇴와 함께 급격한 인구 유출을 겪었고, 일부 시기에는 단기간에 인구의 약 6%가 감소하기도 했다. 기존의 확장 중심 접근으로는 회복이 어렵다는 판단이 내려졌다. 라이네펠데의 선택은 분명했다. 다시 키우는 시도를 멈추고 축소된 현실을 관리하기로 한 것이다. 당시 이 도시의 라인하르트 시장은 경제적 확대를 통한 재성장이 현실적으로 어렵다고 판단했고 도시 규모를 더 키우는 대신 운영 방식 자체를 근본부터 다시 짜는 방향을 택했다. 이는 실패의 인정이 아닌 전제를 바꾼 판단이었다. 도시는 외곽의 비효율적인 주거지를 정리하고 행정·교육·생활 인프라를 중심부로 집중시키는 '축소 도시(Shrinking City)' 방식을 선택했다. 그 결과 2000년대 초반 1,300여 채에 달하던 외곽 빈집은 수년 만에 300채 이하로 줄어들었다. 핵심은 규모의 확대가 아니라, 유지할 것과 정리할 것을 명확히 구분했다는 점이다.

이 과정에서 시는 일방적인 추진보다 주민과의 소통을 중시했다. 철거와 이전이라는 민감한 과제를 반복적인 설명과 설득을 통해 도시 축소가 '지속 가능성을 위한 선택'으로 받아들이게 했다. 인구 감소라는 현실을 숨기지 않고, 그 안에서 삶의 질을 높이겠다는 방향을 분명히 한 것이다.

경제 기반 역시 재구성했다. 교통망의 연결 거점이라는 지리적 장점을 활용해 물류·서비스 관련 기업을 유치했고, 도시 재정비 과정에서 축적된 건설·리모델링 경험은 지역 일자리로 이어졌다. 그 결과 실업률은 안정됐고, 인구 유출의 흐름도 점차 완화되었다(헤럴드경제, 2023).

라이네펠데의 사례는 특정 도시의 예외적인 이야기로 한정되지 않는다. 이 도시는 인구 감소를 극복해야 할 문제로 보기보다 선택의 조건으로 받아들였다. 그리고 그 조건 안에서 무엇에 집중하고 무엇을 정리할지를 분명히 했다. 기업에게 라이네펠데식 선택은 사업 포트폴리오와 인력 구조에서 '축소를 전제로 한 재설계'를 공식 안건으로 올리는 일에 가깝다. 이 사례가 던지는 메시지는 명확하다. 성장이 쉽지 않은 시대에도 다른 희망적 선택이 충분히 있다는 것이다. 인구 감소를 먼저 경험한 지역에서 나타난 변화는 기업과 조직이 언젠가 마주하게 될 과제를 미리 드러낸다. 축소 사회는 이미 시작되었고, 선택을 미룰 수 있는 시간은 많지 않다.

마무리

저출산·고령화는 기업에게 전례 없는 중대한 질문을 던진다. 내수 시장의 축소, 노동력 부족, 조직의 고령화는 기업 활동의 지속 가능성을 위협할 수 있다. 이는 기업을 둘러싼 경영 환경의 구조 자체가 달라지고 있음을 의미한다. 그러나 이러한 변화는 기업의 선택과 대응에 따라 새로운 가능성으로 전환될 수 있다. 일부 기업은 기술 혁신을 통해 생산성을 높이고, 해외 시장 확대로 내수의 한계를 보완하며 새로운 기회를 만들어가고 있다. 또 고령화된 조직을 경직된 구조로만 바라보기보다 축적된 경험과 새로운 시도가 공존하는 조직문화로 전환하려는 움직임도 나타나고 있다.

각 기업은 자신이 처한 산업 환경과 조직 특성에 맞는 선택을 내려야 한다. 중요한 것은 변화를 외면하지 않고 어떤 영역에 집중하고 무엇을 재설계할 것인지를 스스로 결정하는 일이다. 이 책 전반에서 살펴본 MZ, AI, ESG, DEIB, 인구 구조 변화는 결국 같은 질문으로 수렴된다. 분명한 사실은 이러한 큰 변화가 기업에게 확장의 속도보다는 '성장 이후의 선택'을 요구하고 있다는 점이다. 향후 기업의 성패는 이 변화를 어떻게 받아들이고 어떤 방식으로 대응하느냐에 따라 크게 달라질 것이다. 인구 감소를 피할 수 없는 조건으로 받아들이되, 이를 미래 경쟁력을 키우는 기회로 바꾸려는 선택이 그 어느 때보다 중요해지고 있다. 좋은 회사란 조건이 좋을 때 성과를 내는 조직이 아니라, 조건이 바뀌었을 때도 기준을 잃지 않는 조직일지도 모른다. 이 질문에 어떤 답을 내릴 것인가는 더 이상 제도나 환경이 대신해 주지 않는다. 그 선택은 이제 각 기업과 구성원이 직접 내려야 할 몫이다.

에필로그

길었던 프로젝트가 끝나고, M 본부장과 Z 사원은 오랜만에 점심을 함께하러 나섰다.

"본부장님, 고생 많으셨어요. AI로 일하는 방식을 바꾸는 게 생각보다 어렵네요. 기술보다 사람이 훨씬 더 변수라는 걸 이제야 깨달았어요."

M 본부장은 고개를 끄덕였다.

"그렇지, 기술은 금방 도입할 수 있어도, 조직이 그걸 받아들이려면 시간이 필요하고, 구조도 바뀌어야 하고, 사람들의 습관도 달라져야 하잖아. 그걸 설득하는 게 제일 힘들지."

Z 사원이 공감하며 말을 했다.

"맞아요. 특히 익숙한 방식이 있는 팀일수록 더 그런 것 같아요. AI를 도입하면 일이 줄어드는 줄 알았는데… 오히려 해야 할 판단이 늘었어요. 결과가 맞는지, 데이터가 신뢰할 만한지, 누가 어떤 기준으로 만들었는지 계속 확인해야 하더라고요."

M 본부장은 짧게 웃었다.

"AI가 시간을 벌어주긴 하지. 대신 그만큼 '판단의 부담'을 우리에게 넘기는 거지."

Z 사원도 따라 웃었다.

"그래서 요즘엔 'AI가 사람을 대체한다'는 말이 별로 와닿지 않아요. 결국 사람이 해야 할 일이 달라진 거잖아요."

"그렇지." M 본부장이 말했다.

"예전엔 누가 더 많이 아느냐가 중요했다면, 이제는 누가 더 올바르게 판단하느냐가 중요해졌어. 이번 프로젝트를 하면서 느낀 건, AI가 효율을 올려준다고 해서 조직이 자동으로 좋아지는 건 아니라는 거야."

Z 사원이 고개를 끄덕였다.

"저도 공감해요. 결국 사람들의 태도, 일하는 기준이 바뀌어야 하는 것 같아요. AI는 도구이니까요."

M 본부장은 이어서 말했다.

"요즘은 단순히 사람 수를 늘려서 해결할 수 있는 문제가 점점 줄어들고 있어. 그래서 기술보다도, '사람이 어떤 역할을 맡아야 하는가'를 먼저 생각하게 되더라.

이런 상황이다 보니 요즘은 'AI 전략'보다 '조직 전략'을 먼저 세워야 한다고 느껴.

AI로 무엇을 자동화할지 고민하기 전에, 우리가 사람에게 반드시 남겨야 할 일이 무엇인지부터 정하는 게 더 중요해졌어.

AI가 할 수 있는 건 점점 많아질 거야. 그런데 반대로, 사람만이 책임져야 할 판단과 선택은 더 또렷해지고 있지.

판단, 책임, 협업, 신뢰… 이런 것들은 자동화할 수 없어.

조직 전략은 결국 '무엇을 자동화할 것인가'가 아니라, '무엇을 사람의 영역으로 지킬 것인가'를 정하는 일이더라."

식당 앞에 도착하자 Z 사원이 웃으며 문을 잡았다.

"이번 프로젝트가 의미 있었어요. 기술이 문제라기보다, 우리가 일의 기준을 다시 세우고 있다는 느낌이 들었거든요."

"그게 전부야." 뒤따라오던 M 본부장이 말했다.

"우린 단지 다음 변화를 준비하는 방법을 배운 거지. 아마 다음 프로젝트도 비슷할 거야. 기술이 바뀌어도 결국 사람 문제로 돌아오겠지. 사람을 이해하는 일이 곧 변화를 이해하는 일이 될 테니까."

독자에게 전하는 말

— 질문이 남은 자리에서

이 책의 마지막 페이지에 남은 건, 하나의 질문이다.

"2030년, 우리 회사는 좋은 회사일까?"

이 책은 처음부터 정답을 말하려 하지 않았다. 좋은 회사의 기준을 하나로 정리하려는 시도도 아니었다. 우리가 하고 싶었던 건, 지금까지 너무 쉽게 흘려 보내왔던 의문을 조금 더 또렷하게 바라보게 만드는 일이었다.

좋은 회사는 애초에 완성형으로 존재하지 않는다. 선언으로 만들어지지도 않고, 제도 하나로 갑자기 달라지지도 않는다. 우리가 현장에서 확인한 내용은, 좋은 회사는 늘 불완전한 상태로 스스로를 점검하고, 고치고, 다시 시도하는 '진행형' 조직에 가깝다는 점이었다. 그래서 이 책에서는 AI나 데이터, 조직 구조와 리더십을 이야기하면서도 계속 사람과 선택의 문제로 돌아왔다. 기술은 빠르게 바뀌지만 그 기술을 어떤 기준으로 쓰고 누가 책임지도록 설계할지는 언제나 사람이 결정한다. 조직문화 역시 문장이나 슬로건이 아니라 일상의 판단과 행동 속에 쌓인다.

대부분의 조직은 이미 문제를 알고 있다. 다만 그 문제를 말로 꺼내지 못할 뿐이다. 그 과정이 불편함으로 돌아오고, 의견을 낸 사람이 손해를 본다는 경험이 반복되면 조직은 조용해지고, 에너지는 서서히 빠져나간다.

좋은 회사는 모든 답을 가진 조직이 아니다. 오히려 불편한 질문이 쉽게 사라지지 않는 조직에 가깝다. 그리고 좋은 리더는 답을 정리해주는 사람이 아니라 질문이 살아남을 수 있도록 버텨주는 사람이다. 이는 비단 조직에만 해당되는 이야기가 아니다. 이 책을 읽는 각자의 자리에서도 그대로 이어진다.

- 지금 내가 있는 곳은 마음껏 질문할 수 있는 조직인가?
- 나는 누군가의 질문을 막고 있지는 않은가?
- 오늘 내가 내린 작은 선택들은 이 조직을 더 나은 방향으로 이끌고 있는가?

조직은 추상적인 개념이 아니다. 결국 개인의 선택이 쌓여 만들어진 결과다. 회의에서 침묵을 선택할지, 근거를 말할지, 실패를 덮을지, 기록으로 남길지 같은 작은 판단들이 조직의 방향을 조금씩 바꾼다.

이 책은 여기서 끝난다. 하지만 이 물음은 여기서 끝나지 않는다.

2030년이라는 숫자보다 중요한 건 오늘 어떤 질문을 붙들고, 어떤 선택을 하느냐다.

이 책을 덮고 난 뒤 "왜 우리는 이렇게 하고 있을까?"라는 질문이 한 번이라도 떠올랐다면 충분하다. 침묵 대신 이유를 생각하고, 조심스럽게 질문을 꺼내 보고 싶어졌다면, 이 책은 이미 할 일을 다했다.

좋은 회사는 누군가 만들어주는 곳이 아니다. 함께 만들어가는 과정이다. 그리고 그 시작에는 언제나 궁금증을 갖고 있는 사람이 있다.

이제 이 질문은 당신의 손에 놓여 있다.
어떤 방식으로 이어갈지는 각자의 몫이다.

『2030년, 우리 회사는 좋은 회사일까?』 저자 일동

참고 문헌

1-1) 참고 문헌

강다은. (2022, August 22). “5년째 같은 회사 다니는데… 나는 뒤처진 건가요?”. *조선일보*. https://www.chosun.com/economy/market_trend/2022/08/22/OJMRPORRCBAVTM6G2DYFQXXL74/

김민재. (2020, September 24). 코로나19 대세 ‘재택근무’, 업무효율·만족도 둘 다 잡았다. *노컷뉴스*. https://www.nocutnews.co.kr/news/5418104

김유민. (2024, September 6). 연봉 2억에 재택근무 도입, 야근 없앴더니… 출생률 ‘3배’ 됐다. *서울신문*. https://www.seoul.co.kr/news/international/2024/09/06/20240906500009

대웅제약 뉴스룸. (2021, August 11). [조직문화] MZ세대를 사로잡는 직원경험 #3.사례편_성장요인. 네이버 블로그. https://m.blog.naver.com/psi5432/222433804160

이세미. (2022, January 16). [청년을 Job아라①] 반도체 인재 양성소 ‘SK하이닉스’. *투데이신문*. https://www.ntoday.co.kr/news/articleView.html?idxno=82261

조상은. (2024, October 30). 소통·융합으로 조직문화 혁신… ‘제2의 도약’ 꿈꾸는 농관원. *아시아투데이*. https://www.asiatoday.co.kr/kn/view.php?key=20241031010017314

한미진. (2021, February 9). 마이크로소프트, 최초의 직원 경험 플랫폼 ‘비바’ 출시. *한국금융경제신문*. https://www.kfenews.co.kr/news/articleView.html?idxno=576395

한지은. (2024, October 3). K-배터리, 인재 확보 '속도 조절'…사내 복지로 내실 다진다. 연합뉴스. *https://www.yna.co.kr/view/AKR20241002132500003?input=1195m*

Amazon. (2024, August 15). Our Upskilling 2025 programs. *About Amazon*. https://www.aboutamazon.com/news/workplace/our-upskilling-2025-programs

Berry, L. L., Mirabito, A. M., & Baun, W. B. (2010). What's the hard return on employee wellness programs? *Harvard Business Review*, 88(12), 104-112.

Deloitte. (2023). *Mental health deep dive based on the 2023 Gen Z and Millennial Survey*. https://www2.deloitte.com/content/dam/Deloitte/global/Documents/deloitte-2023-genz-millennial-survey-mental-health.pdf

Diener, E. (2000). Subjective well-being: The science of happiness and a proposal for a national index. *American Psychologist*, 55(1), 34-43. https://psycnet.apa.org/doi/10.1037/0003-066X.55.1.34

Edmondson, A. C. (2018). The fearless organization: Creating psychological safety in the workplace for learning, innovation, and growth. John Wiley & Sons.

LG경영연구원. (2011). 웰니스 프로그램, 기업과 구성원을 건강하게. *LG Business Insight*, 1076호.

Ryff, C. D., & Keyes, C. L. M. (1995). The structure of psychological well-being revisited. *Journal of Personality and Social Psychology*, *69*(4), 719-727. https://doi.org/10.1037/0022-3514.69.4.719

SK Careers Journal. (2024, March 28). 구성원이 수강 신청하는 반도체 대학, SKHU. *SK Careers Journal*. https://www.skcareersjournal.com/3217

Stahl, A. (2019, May 20). How Google uses mindfulness to boost employee productivity. *Forbes*. https://www.forbes.com/sites/ashleystahl/2019/05/20/how-google-uses-mindfulness-to-boost-employee-productivity/

The DRK. (2023). *The MZ Generation in South Korea*: Key Consumer Behaviors. https://www.thedrk.com/post/the-mz-generation-in-south-korea-key-consumer-behaviors

Twenge, J. M. (2017). iGen: Why Today's Super-Connected Kids Are Growing Up Less Rebellious, More Tolerant, Less Happy—and Completely Unprepared for Adulthood. Simon & Schuster.

1-1) 참고 이미지

어피티. (2024, June 7). MZ세대의 절반이 이직과 직무 변경 고민 중! [Half of MZ generation considering job changes]. 2030리서치3. *어피티*.

손해용. (2021, December 29). 계급장 떼고 배운다…MZ세대 '리버스 멘토링' 공기관도 확산 [Learning without ranks: Reverse mentoring by MZ generation spreading to public institutions]. *중앙일보*. https://www.joongang.co.kr

한지안. (2022, May 30). 휴넷, MZ세대 신입사원 대상 진행 '직장 만족도' 설문조사 결과 발표. *여성소비자신문*. https://www.wsobi.com

1-2) 참고 문헌

고미혜. (2024, March 19). 2028년부터 일할 수 있는 인구 줄어든다…2032년 '90만명' 부족. *한국경제*. https://www.hankyung.com/article/202403191120Y

김동훈. (2024, October 4). 日 퇴직 대행 서비스 왜 쓰나?…'붙잡힐 것 같아서'. *디지털투데이*. https://www.digitaltoday.co.kr/news/articleView.html?idxno=535880

김명준. (2024, October). 인력난 심해진 日기업들, '알럼나이 채용' 붐. *월간 인재경영, 2024*(10).

신동면 & 양기근. (2003). 고령화사회의 노인고용정책 방향에 관한 연구.한국노년학회, 23(3), 111-128.

슬로워크. (n.d.). *슬로워크의 문화가 궁금하면*. https://slowalk.co.kr

엠브레인 트렌드모니터. (2023, July 4). 2023 이직의향 및 '조용한 사직(Quiet quitting)' 관련 인식 조사. https://trendmonitor.co.kr/tmweb/trend/allTrend/detail.do?bIdx=2813&code=0402&trendType=CKOREA

유네린LIN. (2023, November 12). 3년간의 회사 생활을 마치며 [Video]. *YouTube*. https://www.youtube.com/watch?v=cCUKxLuEMUY

이호영. (2021, December 26). 롯데, 내년부터 계열사 내 이직 제도 도입..." 우수 인재 이탈 방지". *이코노믹 데일리*. https://www.economidaily.com/view/20211226142605908

이현아. (2024, March 22). LG에너지솔루션_구성원들의 역량 발휘를 위한 사내 제도 운영. *HR insight*.

인크루트. (2024, May 28). 예전 회사 러브콜 온다면? 직장인 67.9% "다시 돌아간다". *인크루트 뉴스룸*.

장하나. (2024, March 26). 직장인 2명 중 1명은 '조용한 퇴사' 중…"연봉·복지에 불만족". *연합뉴스*. https://www.yna.co.kr/view/AKR20240326024700003

전진영. (2024, October 13). "사직서 좀 대신 내주세요" 日 전국에 100곳 이상 있는 퇴사대행업체. *아시아경제*. https://www.asiae.co.kr/article/2024101112274522192

GitLab. (n.d.). *All-remote 가이드*. https://about.gitlab.com/company/culture/all-remote/

Paluch, R. (2024, April 2). 기업 동문 프로그램을 설계하고 계신가요? 여기서 시작하세요. *Harvard Business Review*.

SKCareers Journal. (2022, June 21). 직무이동이 가능하다고? 최정원 매니저님과 알아보는 SKB의 Job Posting 제도. *SK Careers Journal.* https://www.skcareersjournal.com/2589

Toyota Motor Corporation. (2023). *Integrated report 2023*. https://global.toyota/pages/global_toyota/ir/library/annual/2023_001_integrated_en.pdf

YTN. (2024, March 29). 가슴 속 품은 사표...'조용한 퇴사' vs '시끄러운 퇴사' 선택은? [뉴스라이더]. *YTN. https://www.ytn.co.kr/_ln/0103_202403290928167725*

1-2) 참고 이미지

모무리. (n.d.). *회사 홈페이지*. https://momuri.com

Jennis, L. (1625). 우로보로스 삽화. *In De lapide philosophico* [연금술 서적 삽화].

1-3) 참고 문헌

국민권익위원회. (2024, October). *청렴윤리경영 브리프스, AI 윤리 원칙 사례.* https://www.acrc.go.kr/briefs/849fd88ee13c7cd5dd9ac923ef2ed1549f966439a132a5597faa3c1df6f805c5/sub_2.html

김경애. (2024, April 14). 카카오는 AI Safety 위해 어떻게 하고 있을까. 보안뉴스 https://www.boannews.com/media/view.asp?idx=128788

당근마켓. (2024). *프로젝트 리더 제도 운영.* https://about.daangn.com

박항서. (2019, February 11). 박항서 감독의 리더십. *시사전북닷컴.* http://m.sisajb.com/view.php?idx=39268

송민교. (2024, June 12). 야놀자, 즐거운 조직문화 확산 중. 우리뉴스. https://www.woorinews.co.kr/news/articleView.html?idxno=65981&utm_source=chatgpt.com

애드가. (2020, February 15). 채용 시장에서 AI와의 면접 등 인공지능 채용 장단점. *네이버 블로그*. https://blog.naver.com/PostView.naver?blogId=iknowiknow&logNo=221809981058&categoryNo=3

유승주. (2024). 디지털 전환시대 AI, 빅데이터 기반 정부 전자인사관리시스템 구축 방안 연구. *인사혁신처*.

윤우란. (2023, May. 19). 2030 직장인 리더 포비아 현상 증가 “리더 원치 않는다”. *이슈N팩트*

https://www.issueinfact.com/news/articleView.html?idxno=78110

이중학, 김민석, 이윤희. (2023, September 12). 인사관리의 미래: AI 도입과 활용. *클랩 블로그*. https://blog.clap.company/hr_ai/

월간 HR Insight. (2022, November 11). 놀기만 한다고? 야놀자의 조직문화 프로그램 근황. *BLABOR*. https://m.elabor.co.kr/report/view.asp?atc_idx=1&b_idx=88032&comm_type=1&utm

Airbnb. (2025, April 17). Brian Chesky. *Airbnb*. https://news.airbnb.com/ko/about-us/leadership/brian-chesky/

Boudreau, J. W. (2010). IBM's Global Talent Management Strategy. *IBM*.

Buurtzorg. (2022). *Buurtzorg case study*. https://www.buurtzorg.com/wp-content/uploads/2022/11/Buurtzorg-Case-Final.pdf

Carson, J. B., Tesluk, P. E., & Marrone, J. A. (2007). Shared leadership in teams: An investigation of antecedent conditions and performance. Academy of Management Journal, 50(5), 1217-1234.

ClickUp. (2024). *Delegative Leadership Style: Definition, Examples, Pros & Cons*. https://clickup.com/ko/blog/252375/delegative-leadership-style

Day, D. V., Gronn, P., & Salas, E. (2004). Leadership capacity in teams. The Leadership Quarterly, 15(6), 857-880.

Ethisphere. (2024, March 4). Ethisphere Announces the 2024 World's Most Ethical Companies. *The AI Journal.* https://aijournal.com

Gronn, P. (2002). Distributed leadership as a unit of analysis. The Leadership Quarterly, 13(4), 423-451.

Homebase. (2024, August 23). *Independent Contractor Laws: Key Guide for Employers.* https://www.joinhomebase.com/blog/independent-contractor-laws

Impro. (2024, May 14). *The Future of Work: The Power of the Liquid Workforce Model.* https://impro.ai/the-power-of-the-liquid-workforce-model/

Index.dev. (2025, June 4). *Why Big Tech Companies Are Hiring More Contractors.* https://www.index.dev/blog/why-big-tech-companies-hire-contractors

JTBC. (2025). 서울 자가에 대기업 다니는 김 부장 이야기 [Television series]. https://tv.naver.com/jtbc.thedreamlifeofmrkim

LG경영연구원. (2011). 기업계의 이단아, Gore社. 뉴스와이어. https://www.newswire.co.kr/newsRead.php?no=439379

Medium. (2024, November 19). AI Does Not Replace Humans: Jensen Huang's Optimistic Message for the Future of Work. https://python.plainenglish.io/ai-does-not-replace-humans-jensen-huangs-optimistic-message-for-the-future-of-work-f4a720374a34

NVIDIA Blog. (2025). *What Is Trustworthy AI?* https://blogs.nvidia.com/blog/what-is-trustworthy-ai/

Pearce, C. L., & Conger, J. A. (Eds.). (2003). Shared leadership: Reframing the hows and whys of leadership. Sage Publications.

Richter, S., & Weiermair, K. (2022). Authentic Leadership and Improved Individual Performance. *Frontiers in Psychology*. https://www.frontiersin.org/journals/psychology

SheAI. (2025, June 17). *AI governance in 2026: Ethical frameworks for human-centered AI*. https://www.sheai.co/blog/ai-governance-ethical-frameworks-for-human-centered-a

Silva, S. (2025, March 22). Leadership as a Service (LaaS) and the Importance of Inspirational-Servant Oriented Leaders. *LinkedIn*. https://www.linkedin.com/pulse/leadership-service-laas-importance-oriented-leaders-sergio-silva-edfcc/

tom'sHARDWARE. (2025, April 10). AI costs drop 280-fold, but harmful incidents rise 56% in last year — Stanford 2025 AI report highlights China-US competition. https://www.tomshardware.com/tech-industry/artificial-intelligence/ai-costs-drop-280-fold-but-harmful-incidents-rise-56-percent-in-last-year-stanford-2025-ai-report-highlights-china-us-competition

Uber. (2024). *Uber's Project Leadership. 2024 ESG Report*.

Varela Fallas, L. (2025, May 13). *Authentic leadership in the age of AI: Balancing technology with human values*. https://www.lauravarelafallas.com/authentic-leadership-in-the-age-of-ai-balancing-technology-with-human-values/

W. L. Gore & Associates. (n.d.). The lattice organization [Company report]. Retrieved December 8, 2025, from https://www.cpj.fyi/content/files/2022/12/The-Lattice-Organization-W.-L.-Gore---Associates--Inc.pdf

2-1) 참고 문헌

강성전. (2024, March 10). 아모레퍼시픽, 생성형 AI 도입…디지털전환 가속. *전자신문*. https://www.etnews.com/20240308000149

권동준. (2025, January 28). 엔비디아, 딥시크 등장에 846조원 증발. *전자신문*. https://www.etnews.com/20250128000010

문상덕. (2022, January 4). 수익화 시동 거는 AI 에듀테크 "입시 교육업계 뒤흔들 수도". *이코노미스트*. https://economist.co.kr/article/view/ecn202201040014/

이방실. (2010, December 21). 코카콜라와 가격공정성. *동아비즈니스리뷰, 61*. https://dbr.donga.com/article/view/1202/article_no/3095/ac/search

장길수. (2022, February 24). 노인들, 공감 능력 있는 '사회적 보조 로봇'에 호의적. *로봇신문*. https://www.irobotnews.com/news/articleView.html?idxno=27813

Allan, K. (2023, October 4). Dell names Jeff Boudreau as first ever Chief AI Officer. *AI Magazine*. https://aimagazine.com/articles/dell-names-jeff-boudreau-as-first-ever-chief-ai-officer

Business Insider. (2024, November 15). GE Healthcare's AI tools help with medical imaging and patient care. *Best of AI / Business Insider*. https://bestofai.com/article/ge-healthcares-ai-tools-help-with-medical-imaging-and-patient-care

Camilla, J. M. & Mezitis, T. A. (2023, October 13). Harvard Business School partners with BCG on AI productivity study. *The Harvard Crimson*. https://www.thecrimson.com/article/2023/10/13/jagged-edge-ai-bcg/

Crunchbase. (n.d.). Heltti. https://www.crunchbase.com/organization/heltti

DC Velocity Staff. (2024, December 3). Schneider Electric debuts three new cobots. *DC Velocity.* https://www.dcvelocity.com/articles/60181-schneider-electric-debuts-three-new-cobots

Diaz, M. (2024, January 10). Rabbit sells 10,000 of its R1 AI pocket companions in one day. *ZDNet.* https://www.zdnet.com/article/rabbit-sells-10000-of-its-r1-ai-pocket-companions-in-one-day/

Deloitte Anjin LLC. (2025, February). 딥시크가 촉발한 새로운 AI 경쟁 시대. *Deloitte Insights.*

Garza, A. (2024, June 18). This AI software is 'coaching' customer service workers. Soon it could be bossing you around, too. *TIME.* https://time.com/5610094/cogito-ai-artificial-intelligence/

Kotorchevikj, I. (2021, June 30). Deep Brew: Transforming Starbucks into an AI & data driven company. *Medium.* https://towardsdatascience.com/deep-brew-transforming-starbucks-into-an-ai-data-driven-company-8eb2e370af7b

Kramer, A. (2024, January 12). This is the C-suite job we need to create this year. *Fast Company.* https://www.fastcompany.com/91011764/c-suite-job-we-need-to-create-2024-caio

Mercer. (2025, February 4). Three HR trends for 2025: How to navigate the future with confidence? *Mercer.com.* https://www.mercer.com/en-au/insights/talent-and-transformation/attracting-and-retaining-talent/hr-trends-2025-embracing-ai-flexibility-and-a-skills-powered-future/

Raines, J. (2024, December 11). ChatGPT scrambled the Chegg. *Sherwood News.* https://sherwood.news/business/chegg-biggest-chatgpt-gen-ai-loser/

2-1) 참고 이미지

세정그룹. (n.d.). 세정그룹 챗봇 홍보영상. [Video]

천소진. (2024, March 2). 세정그룹, 'DT 경영' 본격화…"업무 혁신 선도". *데일리 한국*. https://daily.hankooki.com/news/articleView.html?idxno=1202692

Anuj Bhatia. (2024, January 15). Rabbit R1 and other 'AI-first devices' are in the pager era, far from replacing our smartphones yet. *Technology News*. https://indianexpress.com/article/technology/tech-news-technology/rabbit-r1-humane-ai-pin-replace-smartphones-9118578/

Dash, S. (2020, January 27). Deep Brew: The latest AI-driven recommendation platform from Starbucks. *LinkedIn*. https://www.linkedin.com/pulse/deep-brew-latest-starbucks-ai-driven-recommendation-platform-dash/

Schneider Electric. (2024, April 5). Schneider Electric debuts new cobot line. *Automation World*. https://www.automationworld.com/factory/robotics/article/33039447/schneider-electric-debuts-new-cobot-line

2-2) 참고 문헌

곽노필. (2024, October 21). 스페이스X, 올해 팰컨9 발사 100회 돌파…14년간 성공률 99%. *한겨레*. https://www.hani.co.kr/arti/science/technology/1163532.html

김난도, 전미영, 최지혜, 권정윤, 한다혜, 이혜원, 이수진, 서유현, 전다현, 이준영, 이향은, & 김나은. (2025). *트렌드 코리아 2026*. 미래의창.

네이버. (2024). 1784 THE TESTBED. *네이버*.

뉴스핌. (2025, June 19). 스페이스X '스타십' 지상 시험 도중 폭발…10차 시험비행 차질 불가피. *뉴스핌*. https://www.newspim.com/news/view/20250619001028

동아일보. (2023). 스테판 톰키 교수 "MS·구글·아마존…美 빅테크는 모두 실험조직이었다". *동아일보*.

동아일보. (2025, March 7). 스페이스X 스타십 8차 발사, 또 실패…"통신 두절". *동아일보*. https://news.nate.com/view/20250307n14146

매일경제. (2019). "400건 넘는 연구실패 공유"…SK하이닉스의 열린 실험. *매일경제*.

문가영. (2023, November 20). 8분 만에 실패·폭발했는데 "축하한다"…찬사 쏟아진 스페이스X, 왜. *매일경제*. https://www.mk.co.kr/news/world/10878688

박현익. (2022, April 14). "건물이 AI비서"…네이버 신사옥 '1784' 첫 공개. *서울경제*. https://www.sedaily.com/NewsView/264OVAIYON

백종민. (2024, October 21). 스페이스X도 실패했었다··韓 스타트업 용기있는 발사연기. *아시아경제*. https://www.asiae.co.kr/article/2024102115440269813

이재철. (2024, October 16). 스페이스X '파괴적 혁신'에 다시 써야 할 경제학 교과서. *매일경제*. https://www.mk.co.kr/news/world/11141559

정재상. (2019). *애자일 컴퍼니*. 흐름출판.

톰키, S. H. (2023). *실리콘밸리의 실험실*. 한국경제신문.

한경BUSINESS. (2022). *구글에는 공동묘지가 있다는데…실패의 경영학*. 한경BUSINESS.

Booking Holdings. (2023). Annual report 2023. https://s201.q4cdn.com/865305287/files/doc_financials/2025/ar/f5dcbbb5-f583-4915-96bf-e36f21875eaa.pdf

Booking.com. (2019, August 16). The role of experimentation at Booking.com. Click Partner Hub. https://partner.booking.com/en-gb/click-magazine/industry-perspectives/role-experimentation-bookingcom

Booking.com. (2023). Genius loyalty program. https://www.booking.com/genius.html

Booking.com. (2024). Booking.com enhances travel planning with new AI-powered features for easier, smarter decisions. Booking.com Newsroom. https://news.booking.com/bookingcom-enhances-travel-planning-with-new-ai-powered-features--for-easier-smarter-decisions/

Booking.com. (n.d.). Booking.com engineering blog. https://blog.booking.com

Booking.com. (n.d.). Booking.com tech blog. https://technology.booking.com

Cosmos Times. (2023, April 20). 머스크는 이렇게 또 '소중한 실패'를 얻어냈다. Cosmos Times. https://www.cosmostimes.net/news/article.html?no=23339

Gonzalez, I. (2017, March 6). Ideas come to life in USAA's innovation lab. San Antonio Report. https://sanantonioreport.org/innovation-lab-incubates-novel-ideas-at-usaa/

Harvard Business Review. (2020, March). Building a culture of experimentation(S. Thomke). Harvard Business Review. https://hbr.org/2020/03/building-a-culture-of-experimentation

Hern, A. (2014, December 3). Jeff Bezos: I've made billions of dollars of failures at Amazon. The Guardian. https://www.theguardian.com/technology/2014/dec/03/jeff-bezos-billions-dollars-failures-amazon

Honeycomb. (2022, January 24). How reliability and product teams collaborate at Booking.com. Honeycomb.io. https://www.honeycomb.io/blog/how-teams-collaborate-at-booking-com

KBS News (2025, October 14). '또 한 걸음 화성에' 스타십 11번째 지구궤도 시험비행 성공. *KBS News*. https://news.kbs.co.kr/news/pc/view/view.do?ncd=8380042&ref=A

MIT Sloan Management Review. (2024). How GenAI helps USAA innovate. MIT Sloan Management Review. https://sloanreview.mit.edu/article/how-genai-helps-usaa-innovate/

MIT Technology Review. (2023). Interview with Gillian Tans. MIT Technology Review.

MIT Technology Review. (2023). The science of digital transformation. MIT Technology Review.

Mueller, M. (2024, June 25). Meta-experiments: Improving experimentation through experimentation. Booking.ai. https://booking.ai/meta-experiments-improving-experimentation-through-experimentation-6bdee314c512

Mueller, M. (2024, October 22). A recap of the Experimentation Conference 2024 at Booking.com. Booking.ai. https://booking.ai/a-recap-of-the-experimentation-conference-2024-at-booking-com-2f7ad237d95a

Pflaeging, N. (2011). *언리더십*. 흐름출판.

Robertson, B. J. (2017). *홀라크라시*. 흐름출판.

San Antonio Report. (2024). Ideas come to life in USAA's innovation lab. San Antonio Report. https://sanantonioreport.org/innovation-lab-incubates-novel-ideas-at-usaa/

SK hynix Newsroom. (2019). 혁신은 실패를 먹고 자란다! 실패사례 경진대회 시즌2 현장 스케치. *SK hynix Newsroom.* https://news.skhynix.co.kr/post/failed-case-contest-season-2-site

Skift. (2024, October 30). Booking.com's AI Trip Planner got an update. Here's how it works. *Skift.* https://skift.com/2024/10/30/booking-coms-ai-trip-planner-got-a-big-update-heres-how-it-works/

Thomke, S. (2020, March). Building a culture of experimentation. *Harvard Business Review.* https://hbr.org/2020/03/building-a-culture-of-experimentation

Tirpak, J. (2018, October 2). Bezos touts experiments, willingness to fail, core ideas. Air & Space Forces Magazine. https://www.airandspaceforces.com/bezos-touts-experiments-willingness-to-fail-core-ideas/

Toss. (2023.05.16). 토스뱅크 프론트엔드 개발자의 일주일. *Toss Career Blog.* https://toss.im/career/article/tossbank-frontend-oneweek

Toss. (2023.11.09). 토스의 조직문화. 토스 공식 블로그. https://blog.toss.im/article/toss-culture

Tossfeed. (2024, January 24). 토스가 만드는 커머스의 가능성. *Tossfeed.*

2-2) 참고 이미지

스페이스X. (2023, November 20). 스페이스X의 우주 발사체 '스타십'. *매일경제.* https://www.mk.co.kr/news/world/10878688

톰키, S. H. (2023). 실리콘밸리의 실험실(안진환, 옮김). *한국경제신문.*

Railsware. (2024, October 31). 수직적 계층 조직 vs 홀라크라시 조직 . In Holacracy in action: How each Railswarian can influence company strategy. https://railsware.com/blog/holacracy-in-action-how-each-railswarian-can-influence-company-strategy/

2-3) 참고 문헌

박시현. (2020, October 16). 깃랩은 어떻게 원격근무를 시작하고 정착시켰을까? *디지털경제뉴스*. https://www.denews.co.kr/news/articleView.html?idxno=15903

번개장터. (2022, October 31). 번개장터의 자유롭고 투명한 커뮤니케이션 문화를 소개합니다. *번개장터*. https://bgzt.co.kr/article/181

이재훈 & 최익봉. (2004). *공정성의 의미*. 새행정학 3.0, 부분 발췌.

일렉포. (2020, October 15). 깃랩 "한국 시장에 원격근무에 대한 성공적인 노하우 제공. 일렉포. https://www.elec4.co.kr/article/articleView.html?idx=26380&utm (링크 안열림)

크래프톤. (2024, October 23). 크래프톤의 기업 문화가 궁금하다면? *크래프톤*. https://blog.krafton.com/6557/

크래프톤. (2025, January). 생산적 소통과 투명한 조직문화. 월간 인사관리, 425.

LG경영연구원. (2008, May 19). 산업 및 기업 동향분석. *LGBR*. https://www.lgbr.co.kr/report/view.do?idx=15437

심재현. (2021, January 28). SK하이닉스 기본급 400% 성과급 확정…과장급 1200만원. 머니투데이. https://www.mt.co.kr/industry/2021/01/28/2021012817024977131iew.php?no=2021012817024977131

Edelman. (2023). Edelman trust barometer. Edelman. https://www.edelman.com/trust/trust-barometer

Ernst & Young. (2021). Work reimagined employee survey. EY.

GDC Vault. (2019). The number one educational resource for the game industry. GDC Vault. https://www.gdcvault.com/play/1025004/The-Cell-Structure-How-Supercell

GitLab. (n.d.). Company. GitLab. https://about.gitlab.com/company/

GitLab. (n.d.). GitLab handbook: Transparency. GitLab. https://handbook.gitlab.com/handbook/values/#transparency

McKinsey & Company. (2022, January 27). The data-driven enterprise of 2025. McKinsey & Company. https://www.mckinsey.com/capabilities/quantumblack/our-insights/the-data-driven-enterprise-of-2025

McKinsey & Company. (2023, September 11). Some employees are destroying value, others are building it—Do you know the difference? McKinsey & Company. https://www.mckinsey.com/capabilities/people-and-organizational-performance/our-insights/some-employees-are-destroying-value-others-are-building-it-do-you-know-the-difference

Supercell. (2020). 10 learnings from 10 years. Supercell. https://supercell.com/en/news/10-learnings-10-years/7436/

양대규. (2020, December 29). 코로나시대, NO-Office 기업 '깃랩'이 알려주는 '원격근무' 잘하는 법. AI타임스. https://www.aitimes.com/news/articleView.html?idxno=132853

CEO&. (2023, May 9). 사내 소통을 증진시키는 방법. CEO&. https://www.ceopartners.co.kr/news/articleView.html?idxno=13836

DBR. (2008, December). 한 명의 탐욕이 조직을 망친다. 동아비즈니스리뷰. https://dbr.donga.com/article/view/1206/article_no/1249

PwC. (2023, September 20). 더욱 불안정하고 복잡한 세상에서 신뢰는 새로운 통화. PwC. https://www.pwc.com/gx/en/about/global-annual-review/trust.html

Wikipedia contributors. (2010, December 9). 과학적 관리법. Wikipedia. https://ko.wikipedia.org/wiki/%EA%B3%BC%ED%95

2-3) 참고 이미지

Nate뉴스. (2021, June 24). "한국 사회는 공정하지 않다" MZ세대 3명 중 2명이 부정적 . Nate뉴스. https://news.nate.com/view/20210624n36135

EOplanet. (2024, November 16). 360° 커뮤니케이션 전략. EOplanet. https://eopla.net/magazines/23317

매일신문. (2024, July 25). '어닝 서프라이즈' SK하이닉스 성과급 최대치 지급. 매일신문. https://www.imaeil.com/page/view/2024072510272630202

전국경제인연합회. (2023, April 10). MZ세대의 기업(인) 인식조사. 전국경제인연합회. https://www.fki.or.kr/main/news/statement_detail.do?bbs_id=00034952&category=ST

Buffer. (n.d.). Homepage. Buffer. https://buffer.com/

Buffer. (n.d.). Blog & resources. Buffer. https://buffer.com/resources/?cta=bufferSite-globalNav-blog-resources-1

3-1) 참고 문헌

고대신문. (2022, September 5). [시론] 지금, 여기, 우리의 다양성: 다름을 인정하고 포용하는 대학의 실천. *고대신문*. https://www.kunews.ac.kr/news/articleView.html?idxno=34071

김대훈. (2023, October 27). 한국, 내년부터 '다인종 국가'. *한국경제*. https://www.hankyung.com/article/2023102721681

김민준, 박주해, 고세진, & 정복문. (2024). 외국인 유학생 관리를 위한 지원 방안 탐색: S대학교 외국인 유학생 실태를 중심으로. *에듀테인먼트연구, 6*(2), 273-287.

김용섭. (2024). *결국 Z세대가 세상을 지배한다*. 퍼블리온.

김진영. (2024, April 22). "美기업들 소수 인종 우대 탈피"…사라져가는 '다양성'. *아시아경제*. https://www.asiae.co.kr/article/2024042209342125497

나상현. (2023, November 27). 외국인 근로자, 음식점서도 고용 가능…내년 16.5만명 들어온다. *중앙일보*. https://www.joongang.co.kr/article/25210433

더나은미래. (2024, August 13). 2023-2024 지속 가능 경영보고서 대해부 〈1〉. *더나은미래*. https://www.futurechosun.com/archives/96546

머스트 뉴스. (2024, August 29). 직장인 10명 중 6명, '외국인 인재 채용 활발해질 것'. *머스트 뉴스*. http://mustnews.co.kr/View.aspx?No=3349454

서지원. (2023, April 3). [글로벌인사이트] 기업에 선택이 아닌 필수로 다가올 'DEI'. *헤럴드경제*. https://biz.heraldcorp.com/article/3095520

안영진 & 최병두. (2008). 우리나라 외국인 유학생의 이주 현황과 특성: 이론적 논의와 실태 분석. *한국경제지리학회*, *8*(11), 476-491.

월간인재경영. (2021, April 21). IBM, Employee Experience Index 기반으로 직원 경험 실천. *월간인재경영*, 194. https://www.abouthr.co.kr/news/articleView.html?idxno=4779

월간인재경영. (2024, March 4). 선택이 아닌 필수, 실리콘밸리 기업의 DEI. *월간인재경영*, 229. https://www.abouthr.co.kr/news/articleView.html?idxno=6454

임우경. (2024, June 13). [TREND] Z세대, 조직의 새로운 동력: 소속감과 멘토링의 중요성. *KtN*. https://www.k-trendynews.com/news/articleView.html?idxno=169846

이진경. (2024, October 14). 유학생 78% "한국 취업 희망"… 현실은 '외국인 채용 기업 부족'. *세계일보*. https://www.segye.com/newsView/20241014519875

캐롯 HR캐스터. (2024, October 8). 성공적인 조직 다양성 확보와 DEIB 추진전략. *캐롯 HR캐스터*. https://stibee.com/api/v1.0/emails/share/VUMJfNgGejMmWoAx9XUZDtE9Iy6GR0I

한국대학신문. (2024, June 3). [연재기획 '해외 유학생 유치, 지금부터 시작이다'] ① 외국인 유학생 유치, 국가·사회적 정책 목표 분명해야. *한국대학신문*. https://news.unn.net/news/articleView.html?idxno=564020

허태균. (2015). 어쩌다 한국인. 중앙북스.

Business Insider. (2022, December 18). These are the 10 best cities for expats — and the 10 worst. *Business Insider*. https://www.businessinsider.com/the-best-cities-for-expats-worst-mercer-ranking-2023-12

Edmondson, A. (1999). Psychological safety and learning behavior in work teams. *Administrative Science Quarterly, 44*(2), 350-383.

Equileap. (2022, May). Schneider Electric ranked 20th in the world's top 100 for gender equality. *Equileap*. https://equileap.com/wp-content/uploads/2022/03/Equileap_Global_Report_2022.pdf

Fair Play Talks. (2024, October 17). Feelings of workplace belonging plunge among employees & CEOs despite increased focus on DEIB initiatives. *Fair Play Talks*. https://www.fairplaytalks.com/2024/10/17/feelings-of-workplace-belonging-plunge-among-employees-ceos-despite-increased-focus-on-deib-initiatives/

OSSMEP & Unilever. (2021, August 17). Suppliers diversity & inclusion project. *Office of SMEs Promotion & Unilever*. https://www.weareaptn.org/2021/08/17/ossmep-x-unilever-suppliers-diversity-inclusion-project/

Pew Research Center. (2024, November 19). Views of DEI have become slightly more negative among U.S. workers. *Pew Research Center*. https://www.pewresearch.org/short-reads/2024/11/19/views-of-dei-have-become-slightly-more-negative-among-us-workers/

Schneider Electric Korea. (2024, October). 다양성, 형평성, 포용성(DEI)으로 혁신하는 기업 문화를 소개합니다 [YouTube]. *Schneider Electric Korea*. https://www.youtube.com/watch?v=0BG3eppdNIw

Stamps, D. C. & Foley, S. M. (2023). Strategies to implement diversity, equity, inclusion, and belonging in the workplace. *American Organization for Nursing Leadership, 21*(6), 675-680.

US News & World Report. (2024, September 9). The 10 worst countries for racial equity. *U.S. News & World Report.* https://www.usnews.com/news/best-countries/slideshows/worst-countries-for-racial-equity

World Economic Forum. (2024, January 8). These companies are successfully scaling up diversity, equity and inclusion(DEI) initiatives across the globe. *World Economic Forum.* https://www.weforum.org/stories/2024/01/organizations-impactful-corporate-dei-initiatives/

3-1) 참고 이미지

교육부; 한국교육개발원. (2023, August 30). 교육기본통계 조사 결과 발표. 교육기본통계.

권연수. (2016, December 6). 한국, 사회갈등지수 OECD 34개국 중 3위 '갈등 심해'. *디지틀조선일보.* https://digitalchosun.dizzo.com/site/data/html_dir/2016/12/06/2016120612454.html

김윤호. (2024, May 1). 외국인노동자 25만명…'3D 업종' 일꾼? 이제는 사장님 됐다 [외노자 52만명, 공존의 시대]. *중앙일보.* https://www.joongang.co.kr/article/25246356

민동훈. (2024, June 20). '다인종·다문화' 대한민국, 생존 위해 더 커진 '우리' 받아들여야. *머니투데이.* https://news.mt.co.kr/mtview.php?no=2024061111313513621 MT 뉴스

Google. (2024). *Google Diversity Annual Report 2024:* Driving innovation, bridging gaps. https://belonging.google/diversity-annual-report/2024/

Internations. (2023). *The Best(& Worst) Cities for Expats in 2023*. Internations. https://www.internations.org/expat-insider/2023/best-cities-for-expats-40421 internations.org

Pew Research Center. (2023, May 17). Diversity, Equity and Inclusion in the Workplace. Pew Research Center. https://www.pewresearch.org/social-trends/2023/05/17/diversity-equity-and-inclusion-in-the-workplace/

3-2) 참고 문헌

그리니엄. (2024, May 21). MS가 꼽은 2024년 ESG과제, 워터 포지티브 "AI로 인한 물 과소비, AI로 해결". *그리니엄*. ttps://greenium.kr/news/33196/

김진구. (2022, Jun 28). "ESG 경영 잘 하려면 6가지 명심해야"…모범기업의 조언: 소순종 동아에스티 지속가능경영실장, 제약바이오 ESG 세미나서 발표. *데일리팜*. https://m.dailypharm.com/newsView.html?ID=289436

대한상공회의소, & 삼정KPMG. (2021, Jul 21). 알기쉬운 ESG. *대한상공회의소*. https://www.korcham.net.kr/news/articleView.html?idxno=291540

박영주. (2021, Sep). 해외 미디어 기업의 ESG활동(넷플릭스의 ESG보고서 분석). *한국표준협회 ESG경영혁신센터*. https://www.kca.kr/Media_Issue_Trend/vol46/download/KCA_Media_Issue_Trend_vol46_featured_report_02.pdf

변영조, & 우승한. (2022). 기업의 ESG 경영에 대한 국내·외 연구동향. *청정기술, 28*(2), 193-200. https://doi.org/10.7464/KSCT.2022.28.2.193

이용준. (2021, Sep 14). 당근마켓, '로컬 ESG 경영' 통해 '유니콘 기업' 등극. *녹색경제신문*. https://www.gree*에이빙뉴스*. (2024, Jul 9). 현대자동차, 2024년 지속가능성 보고서 발간. https://kr.aving.net/news/articleView.html?idxno=1792084

이태호, 김광기, 황성주, & 전대현. (2022, Nov 21). 공공기관 ESG 현황과 경영 전략: 해외 사례를 중심으로. KIEP 정책연구, 제22-19호. *대외경제정책연구원*. https://www.kiep.go.kr/gallery.es?mid=a10101060000&bid=0001&list_no=10682&act=view

전경운. (2021, Jan 19). 무디스, 한국 ESG 최고등급 평가…독일·스위스 등 11개국과 함께 '1등급'. *매일경제*.

정진호, & 박현숙. (2022). 기업 ESG 활동이 경영성과에 미치는 영향에 관한 연구: 기업가치관 인식의 조절효과를 중심으로. *가치경영연구*, *11*(2), 91-109.

ESG경제. (2022, Jan 3). ESG시대, 기업사회공헌의 역사적 흐름과 전략과제. *ESG경제*. https://www.esgeconomy.com/news/articleView.html?idxno=1731

Microsoft. (2024). 2024 environmental sustainability report. *Microsoft*. https://blogs.microsoft.com/on-the-issues/2024/05/15/microsoft-environmental-sustainability-report-2024/

Nakagawa, M. (2023, Mar 22). The journey to water positive. Microsoft CSO.

Netflix. (2020). Environment, social & governance report 2020.

Oracle. (2025). AI, 지속가능성에 눈뜬 기업들의 ESG 경영 엔진으로. *Oracle*. https://www.oracle.com/kr/news/connect/ai-more-than-humans-for-sustainability-and-esg/

Patagonia, Inc. (2022). Ownership transfer announcement. *Patagonia*. https://www.patagonia.com/ownership/

SK에코플랜트 뉴스룸. (2022, Sep 29). SK에코플랜트 구성원들이 만드는 ESG는?. *SK에코플랜트 뉴스룸*. https://news.skecoplant.com/for-earth/5612/

3-3) 참고 문헌

국가과학기술연구회. (2024, Dec 31). 저출산·고령화와 사회보장체계 대응. *정책과 이슈*. https://www.nrc.re.kr/board.es?mid=a30200000000&bid=0044&act=view&list_no=179602

전자신문. (2025, May 19). 제조업의 위기, AI 로봇으로 극복하자. *전자신문 미래포럼*. https://ls-thirautech.com/2025/05/20/미래포럼-제조업의-위기-ai-로봇으로-극복하자/

조선일보. (2025, Apr 29). 무인점포 5년 만에 4배 급증… 점주 30%는 2030. https://www.chosun.com/economy/economy_general/2025/04/29/YHLWHVQFHVFWBD5BVLNBKYG77Y/

조선일보. (2025, December 18). 식당·술집 키오스크 도입률 첫 10%대. https://www.chosun.com/economy/economy_general/2025/12/18/OFSQ75KYMNGBHDHTAG5OA2QEOU/

중소벤처기업부. (2025). AI 기반 스마트제조혁신 3.0 전략. https://www.chosun.com/economy/industry-company/2025/10/24/RFECVWVXYVAC7B4DGWI47ZAUMY/

정보통신정책연구원. (2024). 글로벌 디지털 헬스케어 시장 전망. https://www.hkn24.com/news/articleView.html?idxno=340526

통계청. (2023). 장래인구추계: 2022~2072년. 국가통계포털. https://kosis.kr/visual/populationKorea/PopulationDashBoardDetail.do?statJipyoId=3740&vStatJipyoId=5386&listId=A_02

통계청. (2024). 향후 고령인구에 대한 전망은? [장래인구추계 2023년 12월 공표자료]. https://www.kostat.go.kr/board.es?act=view&bid=3207&list_no=161820&mid=a10502020100&nPage=1&ref_bid=3203%2C3204%2C3205%2C3206%2C3207&tag=&utm_source=chatgpt.com

통계청. (2025, Feb 26). 2024년 출생·사망통계(잠정). *통계청*. https://kostat.go.kr/board.es?mid=a10301020300&bid=204&act=view&list_no=435209

TF미디어. (2023, Sep 12). [오익재의 활짝 핀테크] 로보어드바이저에게 투자를 맡길까?(上). https://www.tfmedia.co.kr/news/article.html?no=150281

헤럴드경제. (2023. Jul 31). 獨 '똑똑한 축소도시' 라이네펠데의 혁신 [70th 창사기획-리버스 코리아 0.7의 경고]. https://biz.heraldcorp.com/article/3178858

현대건설. (2024, Feb 26). Hyundai E&C Encyclopedia Vol. 10: 3D Printing, the 21st Century Alchemy of Innovation. *현대건설 뉴스룸*.

Korea JoongAng Daily. (2024). AI cashiers conspire to drive down retail worker numbers. Korea JoongAng Daily.

Mordor Intelligence. (2025). South Korea Retail Market - Growth, Trends, and Forecasts (2025-2030). Mordor Intelligence.

Next Move Strategy Consulting. (2025). South Korea Industrial Robotics Market: Opportunity Analysis and Industry Forecast, 2024-2030. Next Move Strategy Consulting.

OECD. (2025). Artificial intelligence and the labour market in Korea. OECD Publishing. https://www.oecd.org/en/publications/artificial-intelligence-and-the-labour-market-in-korea_68ab1a5a-en.html

Statistics Korea (KOSIS). (2023, December 14). Population projections and summary indicators (Korea): Population percentage (%) aged 65 and over [Data set]. https://kosis.kr/statHtml/statHtml.do?conn_path=I2&language=en&orgId=101&tblId=DT_1BPA002&utm_source=chatgpt.com